新时代法学学术文库

梁慧星 主编

美国301条款调查法律与实务

王建宇——著

法律出版社
LAW PRESS · CHINA

北京

图书在版编目(CIP)数据

美国301条款调查法律与实务 / 王建宇著. -- 北京 : 法律出版社, 2023
(新时代法学学术文库 / 梁慧星主编)
ISBN 978 -7 -5197 -7986 -3

Ⅰ. ①美… Ⅱ. ①王… Ⅲ. ①贸易法—研究—美国 Ⅳ. ①D971.222.9

中国国家版本馆CIP数据核字(2023)第101651号

美国301条款调查法律与实务 MEIGUO 301 TIAOKUAN DIAOCHA FALÜ YU SHIWU	王建宇 著	策划编辑 似 玉 责任编辑 似 玉 装帧设计 李 瞻

出版发行 法律出版社	开本 A5
编辑统筹 法律应用出版分社	印张 12 字数 300千
责任校对 朱海波	版本 2023年9月第1版
责任印制 吕亚莉	印次 2023年9月第1次印刷
经 销 新华书店	印刷 北京盛通印刷股份有限公司

地址:北京市丰台区莲花池西里7号(100073)
网址:www.lawpress.com.cn　销售电话:010-83938349
投稿邮箱:info@lawpress.com.cn　客服电话:010-83938350
举报盗版邮箱:jbwq@lawpress.com.cn　咨询电话:010-63939796

书号:ISBN 978-7-5197-7986-3　定价:76.00元
凡购买本社图书,如有印装错误,我社负责退换。电话:010-83938349

总　序

我于1988年起担任中国社会科学院法学研究所民法研究室主任，开始考虑学术发展和人才培养问题。在20世纪90年代，中国正遭遇学术著作出版难，尤其未成名的年轻学者的学术著作出版更难。我于是仿照王泽鉴先生担任台大法律系主任时编辑出版《台大法学丛书》的办法，编辑出版《中国民商法专题研究丛书》。自从1994年出版第一本以来，用了20年的时间，按照计划出版了100本。

回首这20年的时间，中国的民商法学快速发展，我相信这套丛书也起到了重要的作用。丛书中的大部分作者，都是在这套丛书中出版了他们的处女作。他们中许多人现在都成了著名学者，而在这套丛书中出版的处女作，则是他们学术生涯的起点。《中国民商法专题研究丛书》当时的编辑宗旨是，从中国改革开放和发展现代化的市场经济的实际出发，广泛参考发达国家和地区民商事立法的成功经验和最新判例学说，深入研究民商法的基本理论和实践中的重大法律问题，为中国民商事立法的现代化和民商事审判实务的科学化提供科学的法理基础，提升民商法理论水平，推出民商法理论研究人才，使中国民商法理论研究尽快赶上发达国家和地区的水平。我想，最初的想法应该是实现了。《中国民商法专题研究丛书》为我国的民商法理论做出了积累，为民商事立法提供了参考，为民商事司法也提供了借鉴。

2020年5月28日，举世瞩目的《中华人民共和国民法典》颁布了。可以说，这是中国几代民法学人的梦想。民法典的颁布，与民商法的学术积累是分不开的。除了编辑出版这套丛书,我还主编了民商法的学术性论文集《民商法论丛》,目前该论丛已经出版了70卷,并入选中文社会科学引文来源期刊(CSSCI)。为了更好地借鉴国外最新的立法成果与学术研究,我又于2013年组织翻译了《欧洲民法典草案》(十卷本),并已经出版。2014年,我还主编了《中国民法典建议稿附理由》(八卷本),该书出版后我还将其转送给相关立法部门。《中国民商法专题研究丛书》《欧洲民法典草案》《中国民法典建议稿附理由》分别入选国家“十一五”“十二五”“十三五”重点图书出版规划。

2014年,《中国民商法专题研究丛书》的第100本出版后,我就决定不再继续编辑出版了。同年,我来到北京理工大学珠海学院民商法律学院做名誉院长。2015年以来,《中国民商法专题研究丛书》第51到100本书的责任编辑刘文科先生不时找到我,希望我能够把编辑丛书的工作继续下去。由于我年龄大了,精力确实有限,几番推辞。后来学术界的许多朋友也来找我,希望我能够继续编辑丛书。我终于下定决心,将编辑丛书的工作继续下去。

二十几年前,我国民商事立法处于起步阶段,学术著作也多以立法论为主。而伴随着民法典的颁布与实施,解释论的研究会逐渐多起来。这也是我编辑新丛书时的最初想法。当然,继续深入研究发达国家和地区的立法与司法经验,依然十分重要。新的丛书,我希望能够秉持上面所说的两项宗旨。丛书的出版,不限于民商法学科,包括所有法学学科的专题研究著作和博士论文。鉴于中国的法学研究与法律实践正处在一个除旧革新、朝气蓬勃的新时代,我和出版社商量,将这套新的丛书定名为《新时代法学学术文库》。

是为序。

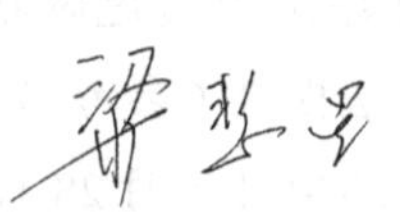

2018年7月

目 录

第一章　美国301条款的法律规定

第一节　301条款引论

一、301条款的主要内容

美国贸易法“301条款”是指《1974年贸易法》(*Trade Act of* 1974)第三编第一章(第301～310条[①])的内容,标题为“实施美国依贸易协定所享有的权利和反击外国政府的某些贸易做法”。美国据之可以对外国政府违反贸易协定或其他不公平国际贸易做法进行贸易报复。

依据301条款实施的贸易报复,原则上采用提高关税或限制性配额的形式,但也可以扩大到拒绝外国服务提供人在美国开展商业活动,以及美国总统权力范围内的所有措施,只要这些措施能促使贸易伙伴遵守其对美国的国际义务。301条款的目的不是报复,而是为谈判提供额外手段,目的是改善美国产品及服务的外国市场准入,加强美国对外投资及对知识产权的保护。

301条款是一个矛盾体,本质上,它授权美国总统以及其贸易政策谋划者及谈判者——美国贸易代表办公室(Office of the United States Trade Representative,USTR)封闭美国市场,其目的却是打开外国市场。

① 除非另有特别标明,本书中使用的“301条款”通常是指依《1974年贸易法》第301～310条适用的规则和程序,并不是仅指该法第301条。

简言之,301 条款是为拆除外国贸易壁垒而提高美国贸易壁垒。此外,301 条款是贸易大国的单边工具。尽管 301 条款被设计成同时与双边、区域或多边贸易安排一起实施(在许多方面促进尊重这些贸易安排),但在贸易界,301 条款是单边主义的典范象征。[①] 因此,301 条款是引发贸易战的工具,然而它的中心目标之一却是防止贸易战。

1995 年之前,301 条款一直是世界上最重要及最令人恐惧的贸易措施。301 条款为美国提供了一种重要手段,以迫使贸易伙伴开放其市场,非歧视地对待美国货物及服务。仅依据 301 条款贸易报复的威胁,美国几乎经常促使外国政府回到谈判桌,并足以获得其想要的结果——外国政府修改他们的贸易做法(政策)。301 条款一直是美国贸易伙伴各种抱怨的对象,并对多边贸易体制产生一定影响。美国贸易伙伴一直以来认为,301 条款生来就是矛盾体。301 条款的目标是打开外国市场,这种打开外国市场是建立在以封闭美国市场相威胁的基础上的,而乌拉圭回合贸易协定的签署几乎终结了作为美国贸易政策"大棒"的 301 条款。

二、301 条款的主要特征

(一)针对外国政府行为

不同于反倾销、反补贴、201 条款(保障措施)及 337 调查等常规贸易救济方式(它们通常针对的是外国私人公司的行为),作为非常规贸易救济手段,301 条款调查只针对外国主权政府的立法、政策或做法,301 条款调查容易造成被调查国家不满,可能引起贸易战。将"对反竞争活动的容忍"作为"不合理的"贸易行为,将使 301 条款扩展到外国政

---

① See e. g. Robert E. Hudec, Enforcing International Trade Law.

府措施的边界之外,几乎等于美国可以直接针对外国私人企业行为使用贸易报复。因此,相较于常规贸易救济方式案件数量,301 条款调查要少得多。据美国统计,至 2018 年 3 月中旬,仍然生效的反倾销命令有 327 件,反补贴命令 104 件,337 调查 117 起,1995 年至 2022 年 1 月的 27 年间只有 35 起 301 条款调查。

(二)主要考量政治因素

在 USTR 决定开始一项 301 条款调查时,是自行调查,还是根据私人团体的申请开始调查,政治因素起主要作用。不同于反倾销及反补贴调查,301 条款给予 USTR 极大的政治自由裁量权。这是有意而为的,因为美国国会认为,在决定如何最好地处理一项具体贸易问题时应有灵活性。换言之,USTR 是否发起 301 条款案件,部分原因是基于复杂而与生俱来的政治考量,可变因素可能有:(1)相关产业是否对 USTR 或白宫具有很强的游说能力;(2)该产业是否代表战略上敏感并且政治上有影响力的产业;(3)外国市场是否是 USTR 特别急于撬开的市场;(4)该调查是否针对一个美国需要其非经济(包括军事)支持的外国政府;(5)该调查是否针对最近涉及另外 301 条款调查的外国政府。

在所有 301 条款案件中,政策与政治都是重要的。USTR 完全明白,仅仅一份 301 条款调查申请的呈递即可对美国的外交关系产生重要影响,更不用说报复措施。因此,所有申请必须在其政策及政治影响的上下文中予以审查。特别是在争议事项不涉及世界贸易组织(World Trade Organization,WTO)协定的案件(非 WTO 案件)中,USTR 面临较少制约,因此政策及政治更加重要。在非 WTO 案件中,USTR 不受多边承诺或监督的约束,它的裁决首先被看作依据国内及全球政治考虑而作出的政策选择。这些裁决是以下两个因素之间的一种平衡试验:一是某外国贸易壁垒不公平地妨碍美国出口或投资的程度,二是贸易报复不符合最佳美国利益的建议。

(三)无须产生损害结果

反倾销与反补贴案件通常要求倾销或补贴对美国国内产业造成“实质性损害”(material injury),保障措施案件通常要求外国产品激增对美国国内产业造成“严重损害”(serious injury)。不同于反倾销、反补贴及保障措施,一项 301 条款措施没有损害要求(尽管一些执业律师一直将“对美国商业造成负担或限制”作为损害标准对待)。

(四)寻求更多市场准入

在美国贸易救济手段中,301 条款是非常规的,因为它主要用于寻求对外国市场更多的准入。其他贸易救济针对的是外国做法在美国境内的影响。比如,受到补贴并对美国国内产业造成损害的产品进口,或者产品进口一直增长,成为美国产业受到严重损害的实质原因。因此,如果某家美国公司在外国市场上遇到了因外国政府行为而产生的不公平贸易壁垒,301 条款就是该公司能使用的美国主要贸易救济,以为其产品及服务或投资进入该外国市场寻求更多的准入。

第二节　301 条款的立法背景及历史沿革

301 条款自 1974 年诞生以来,随着美国贸易政策的变化以及国际贸易协定的发展进行过多次修改、完善。

一、301 条款的最初概念

《1974 年贸易法》中写入 301 条款,强制执行美国贸易协定项下的权利,以确保外国贸易壁垒不会对美国商业产生不利影响。作为伊始构想,301 条款被设置成为一个灵活的谈判机制,影响政府之间就贸易协定的解释与遵守。

(一)1962 年:301 条款的孕育

301 条款起源于 20 世纪初美国倡导的对等贸易协定计划,成型于《1934 年对等贸易协定法》(*The Reciprocal Trade Agreement Act of 1934*,以下简称《1934 年贸易法》)。301 条款最早可追溯到《1934 年贸易法》,该法授予总统与 301 条款十分类似的权利。《1934 年贸易法》颁布之前,美国关税很大程度上只是美国国内关心的事,根据倾向于贸易保护的制造业利益集团与倾向于出口型的农产品集团之间权力博弈结果而发生变化。[①] 之后,美国关税成为美国外交政策不可分离的一部分,《1934 年贸易法》在此基础上出台,特别是,为换取贸易伙伴作出对等关税减让,该法使美国关税变得灵活多变(通过发布总统声明)。根据《1934 年贸易法》,美国关税首次成为一种可给予的"萝卜",以换取更低的外国关税。[②] 国际贸易自由化成为美国贸易政策的终极目标,关税对等减让协定成为实现该目标的手段。

因为《1934 年贸易法》及其后续立法,美国达成了许多对等贸易协定,据之双方签字国相互降低关税。[③] 然而,到了 20 世纪 60 年代初期,一些美国出口商及美国国会议员感觉到,美国贸易协定不是完全对等的,并且更为麻烦的是,美国贸易伙伴并没有诚信地履行这些协定。这些出口商及国会议员认为,需要建立一些机制,以确保外国遵守这些贸易协定。特别是农产品,当 1962 年美国行使其权利,想对欧共体限制

① See Antecedents of Present Commercial Policy, 1922 – 1934.

② See Antecedents of Present Commercial Policy, supra note 5, at 24 – 25.

③ See Antecedents of Present Commercial Policy, supra note 5, at 24 – 25.

美国家禽出口(所谓“鸡肉战”,chicken war)进行报复时,却找不到据以报复的美国国内立法[①],建立该机制就到了迫在眉睫的时刻。

因此,美国国会制定了《1962年贸易拓展法》(*The Trade Expansion Act of* 1962,以下简称《1962年贸易法》)第252条。[②] 该条授权总统对“损害了某外国对美国所做的关税承诺的价值,压抑了美国商业,或阻碍了在互利基础上拓展贸易等不公正的外国限制措施”进行回击。[③]

美国国会制定《1962年贸易法》第252条的主要目的是确保美国出口产品(特别是农产品)获得的关税减让不为其他外国进口限制所抵消。从广义上讲,《1962年贸易法》第252条宣布并明确了总统有权回击不正当的、不合理的,或实质负担的、歧视性的外国进口限制。但与301条款不同,在非农产品的案件中,《1962年贸易法》第252条对总统回击外国进口限制的权力作以下限制:(1)不得谈判进一步放松美国进口限制;(2)仅限于中止、撤回,或阻止贸易协定减让的适用或声明。[④]美国国会只规定了很少的程序要求,承认当行使可能产生贸易报复的权力时,很大程度上需要外交配合。

《1962年贸易法》第252条将决定是否采取措施完全交由总统自由裁量。[⑤] 它对此规定了极大的灵活性,对总统行使自由裁量权未作任何限制,也没有设定时限。[⑥] 事实上,对总统唯一的程序上限制就是要求他为公众提供评议的机会,但他没有义务必须采纳所收到的建议。[⑦]《1962年贸易法》第252条并没有规定公众有权提交要求总统采取何种

---

① See Bruce E. Clubb, United States Foreign Trade Law(1991) at 386.

② See Pub. L. No. 87 – 794, 76 Stat. 879(1962)(repealed 1975).

③ See Pub. L. No. 87 – 794, 76 Stat. 879(1962)(repealed 1975), Section 252(a).

④ 参见《1962年贸易法》第252条a款(1)、b款及c款。

⑤ See Section 252.

⑥ See Section 252.

⑦ See Section 252(d).

措施的申请。然而,实际上总统报复授权不是完全不受约束,在大多数案件中,仅授权总统中止、撤回或修改对该外国产品依据贸易协定适用的关税减让①,事实上没有授权总统提高关税或对进口实施新的贸易壁垒。② 这是因为美国国会授权总统以不违反现有美国国际义务的方式采取措施③,在行使授权时,总统必须考虑美国国际义务,比如有关外国国家产品的最惠国条约。针对美国负有最惠国待遇义务的被告国家,上述限制有效地剥夺了总统采取提高关税措施的可能,通过对被告国家提高关税,总统实际上给予这些国家比其他外国低的优惠待遇,这是构成违反最惠国待遇原则的必要条件。上述规则的唯一例外就是农产品案件,对于农产品案件,国会专门授权总统可以提高关税。④

(二)1974年:301条款的诞生

到1974年,国会感觉需要更大范围地处理贸易政策。但是,《1962年贸易法》第252条的主要目标未变:获得谈判手段,促使外国政府改变不公平进口限制措施。参议院财政委员会报告包括了对301条款目的最明确的诠释:"委员会感到,本条中包含的授权将起到谈判手段作用,以消除那些贸易壁垒及其他贸易扭曲,本法案第一章给予总统广泛授权就是要在对等基础上,统一减少或取消该贸易壁垒及其他贸易扭曲。"⑤

在12年之后的1974年,美国国会通过创设一个范围更大的救济,

---

① See S. Rep. No. 2059, 87th Cong, 2d Sess. at 2–3(1962).

② See S. Rep. No. 2059, 87th Cong, 2d Sess. at 2–3(1962).

③ See S. Rep. No. 2059, 87th Cong, 2d Sess. at 2–3(1962).

④ See Section 252(a)(3).

⑤ S. REP. No. 1298: 93d Cong, 1st Sess. (1973) at 7302.

即《1974年贸易法》301条款，强化了《1962年贸易法》第252条。[①]《1962年贸易法》第252条自创立以来只使用过两次，第一次于1963年，对原产于欧共体的卡车及白兰地酒提高关税，以反击欧共体对美国禽肉进口的限制（此事件导致迅速产生了《1962年贸易法》第252条）；第二次于1974年，对加拿大进口的牛、猪及肉实施限制，以反击加拿大对美国进口的牛及肉的限制。[②]

通过301条款，美国国会授权总统反击外国政府及机构对美国产业造成负担或限制的不公正的、不合理的或歧视性贸易做法或立法。通过允许总统对非农产品以及与国际贸易相关的服务实施提高税率或其他贸易限制措施，301条款扩大了《1962年贸易法》第252条授予美国总统的权力。[③]《1962年贸易法》第252条将提高关税的措施仅限于农业产品，而301条款扩大了可用的报复措施范围，以反击各种外国做法，只要它们损害了美国通过谈判已获得的贸易减让金额或对美国商业造成负担。301条款明确规定，总统"可以在他认为适当的期限内对该外国或机构的产品征收关税或实施其他进口限制，可以对该外国或机构的服务征收费用或实施限制"[④]。

为了采取上述措施，美国国会将不再考虑美国条约义务和多边规则，美国总统报复授权得到极大扩大，标志着美国向单边主义迈出重要一步。正如众议院筹款委员会在附录的立法历史文件中解释的那样："《关税及贸易总协定》（GATT）的决策程序使得美国实际上无法获得有关我们贸易伙伴某些做法明显违反GATT的裁决……本委员会认

① See Trade Act of 1974, § 301, Pub. L. No. 93 - 618, 88 Stat. 2041 (1975) [repealing the Trade Expansion Act of 1962, § 252, Pub. L. No. 87 - 794, 76 Stat. 879 (19620)], 19 U. S. C § 2411.

② See H. R. No. 93 - 571, 93d Cong, 1st Sess. at 66.

③ See H. R. No. 93 - 571, 93d Cong, 1st Sess. at 66.

④ Section 301 (a) (1) (B) of the Trade Act of 1974, 19 U. S. C. § 2411 (a) (1) (B).

为，当不能通过 GATT 对歧视美国出口机会或不合理损害美国出口机会的做法予以纠正时，让美国可以单方采取措施是非常必要的。"[①]

为达到上述目的，国会授权总统不仅可以对违反贸易协定的行为（301 条款中的"不正当的外国贸易做法"）进行报复，而且可以对不违反贸易协定但对美国商业造成负担的"不合理的"外国贸易做法进行报复。[②] 比如，美国国会明确，可以对外国政府向出口到美国或其他市场的产品提供的补贴进行报复，该补贴致使竞争性美国产品销售大幅降低，即使这些补贴没有违反贸易协定的任何条款。[③]

与《1962 年贸易法》第 252 条相似，301 条款授权总统可以自行发起对不公平贸易做法的调查，并经公开听证或向公众提供评议机会之后，酌情作出裁决。[④] 但是，301 条款也允许收到利益关系人申请后发起调查。[⑤] 当申请提交后，301 条款要求特别贸易代表（USTR 的前身）作出调查是否正当的决定。[⑥]

301 条款制定后的随后几年执行情况显示，美国行政机构恪守美国国会为该法预定的窄小目的。从 1974 年到 1979 年，USTR 发起了 21 起 301 条款案件，其中只有一起调查采取了报复措施，《1974 年贸易法》之后的几年内一直坚守 301 条款的有限目的——加快以取消贸易壁垒为目标的谈判。

---

① Section 301(a)(1)(B) of the Trade Act of 1974, 19 U.S.C. §2411(a)(1)(B), at 66–67.

② See Section 301(a)(1)(B) of the Trade Act of 1974, 19 U.S.C. §2411(a)(1)(B), at 65.

③ See Section 301(d)(2) of the Trade Act of 1974, 19 U.S.C. §2411(d)(2).

④ See Section 301(a) and (d)(1) of the Trade Act of 1974, 19 U.S.C. §§2411(a) and (d)(2).

⑤ See Section 301(d)(2) of the Trade Act of 1974, 19 U.S.C. §2411(d)(2).

⑥ See Section 301(d)(2) of the Trade Act of 1974, 19 U.S.C. §2411(d)(2).

(三)1979年:301条款的修改

作为需要履行东京回合多边协定的"一揽子"立法政策的一部分,美国国会于1979年对301条款作出修改。[①]《1979年贸易协定法》(又称1979年修正案)第九章将总统报复授权扩大到实施贸易协定项下的美国权利,或对不符合贸易协定义务的政府做法做出反击,该授权已暗含在301条款的最初条文中,1979年修正案明确了该授权。此外,1979年修正案扩大了"商业"一词的含义,以涵盖服务,即使该服务与货物国际贸易不直接相关。[②] 1979年修正案还规定,美国总统被授权可以在非歧视(最惠国待遇)或歧视基础上行使权力,因此,总统依301条款采取措施时,既可以只影响"违法"的外国,也可以影响所有国家的货物或服务。[③]

尽管给总统授予了更强的权力,但1979年修正案在一定程度上反映了美国不再坚持不受约束单边主义,因为美国在东京回合一系列多边贸易协定谈判中一直发挥主导作用,并且1979年修正案成为旨在履行东京回合贸易协定"一揽子"立法的一部分。美国国会要求USTR,当一个案件因某贸易协定产生,而该贸易协定有争端解决的条款时,那么应当通过适用的贸易协定(GATT)解决争端。[④] 国会的上述要求反映了GATT缔约方在东京回合中已经建立了有关争端解决的新规则的事实。争端解决的新规则旨在加强履行依现有协定所作出的承诺。国会也首次确立了时限适用于USTR发起并开展调查,以及总统发布裁决

① See Trade Agreements Act of 1979, § 901, Pub. L. No. 96 - 39, 93 Stat. 295(1979).
② See Section 301(d)(1) of the Trade Act of 974 U. S. C. § 2411(d)(2).
③ See Section 301(a) of the Trade Act of 1974, 19 U. S. C. § 2411(a).
④ See Section 303 of the Trade Act of 1974, 19 U. S. C. § 2413.

和报告。[1] 大多数的时限非常短,301 条款的许多方面被设定时限,但与其他相似的、复杂的程序相比,301 条款仍被认为是“快车道”。比如,美国国会要求 USTR 自申请提交之日起 45 天内决定是否发起调查。在决定发起调查之日,USTR 要求与相关外国政府或机构进行磋商,自收到 USTR 采取措施建议之日起 21 天内,总统决定采取什么措施。[2] 1979 年修正案也对 USTR 调查时限作出了多项的严格限制。[3]

尽管上述修改对 USTR 及总统的 301 条款调查及裁定规定了更强的纪律,但是对是否应利益关系人申请而发起调查,USTR 最终拥有不受约束的裁量权,对是否采取措施,总统拥有不受约束的裁量权。

二、301 条款的受案范围扩大

随后在 1984 年、1988 年等,美国国会对 301 条款多次修改,使 301 条款转型为内容极为广泛的贸易救济工具,301 条款的受案范围由“外国政府的立法、政策”,扩大到“不合理的做法”。

(一)1984 年:301 条款的强化

出于对 GATT 争端解决机制运行及东京回合后 301 条款近来实践的不满,美国国会通过《1984 年贸易及关税法》(以下简称《1984 年贸易法》)对 301 条款进行了修改,强化了 301 条款,施压行政机构以采取更激进的措施。《1984 年贸易法》从以下几个方面实现上述目的:

(1)《1984 年贸易法》明确授权 USTR 可依据第 302 条根据自己动

① See Section 301(c)(2),302(a) and 304(a) of the Trade Act of 1974,19 U. S. C. § §2411(c)(2),2412(a),and 2414(a).

② See Section 301(c)(2),302(a) and 303 of the Trade Act of 1974,19 U. S. C. § §2411(c)(2),2412(a),and 2413.

③ See Section 304(a) of the Trade Act of 1974,19 U. S. C. §2411(a).

议“自行”发起调查,无须利益关系人提交申请。[1] 修改之前,只有总统才有权自行发起调查。

(2)在授权USTR新的“自行发起”调查的同时,《1984年贸易法》要求“USTR每年度向国会列出并报告对美国货物、服务或知识产权保护的财产,以及美国人对外的直接投资(尤其是那种与货物贸易或服务贸易有关的对外投资)等出口贸易构成的明显壁垒或扭曲。[2] 发布年度《国家贸易评估报告》,旨在鼓励USTR更多使用自行发起301条款调查的授权”[3]。

(3)《1984年贸易法》修改扩展了301条款的“商业”定义范围,纳入了美国人对外直接投资[4];定义了“歧视性的”术语,它除了指对货物及服务拒绝给予国民待遇及最惠国待遇之外,还包含了对美国对外直接投资拒绝给予国民待遇及最惠国待遇。《1984年贸易法》修改扩大了可诉的“不合理的”及“不公正的”立法、政策及做法的范围,纳入了外国政府未能对知识产权提供充分及有效保护的情形。[5] 最后,美国国会明确规定,总统具体对某些货物或行业行使授权,既可以仅针对有关外国政府或机构,也可以在非歧视的基础上进行,而不论该货物或行业是否与确定的立法、政策或做法相关。[6]

上述一系列修改反映了国会意在以实际的和象征的方式扩大301条款,寻求为知识产权提供在海外的充分及有效保护,为美国投资者改善外国市场准入时,认识到上述问题对美国及国际经济日益重要。同时,美国国会传递一个信号,即几乎国际贸易的所有方面均被纳入301

---

① See Section 302(c) of the Trade Act of 1974, 19 U.S.C. §2412(c).

② See Section 181 of the Trade Act of 1974.

③ S. Rep. No. 71, 100th Cong, 1st Sess. 75 (1987).

④ See Section 301(e)(1) of the Trade Act of 1974, 19 U.S.C. §2411(e)(1).

⑤ See Section 301(e)(3)-(4) of the Trade Act of 1974, 19 U.S.C. §2411(e)(3)-(4).

⑥ See Section 301(a)(2) of the Trade Act of 1974, 19 U.S.C. §2411(a)(2).

条款规则之内，所有外国不公平贸易做法均在301条款的管辖范围内。美国国会确保总统拥有强有力的回击外国不公平贸易做法的武器，即总统可以对任何行业的任何货物或服务进行报复，而不管该货物或服务是否与即将发生的事项存在任何关联。① 国会上述保证使得国会传递的信号变得更加清晰及强烈。

(4)《1984年贸易法》修改允许USTR为核实或完善301条款申请，以确保磋商有充分依据，将与相关外国政府的磋商推迟最长不超过90天。② 上述修改反映了一个事实，即通过发起调查并要求与外国政府磋商，USTR实际上引发了“国际事件”，并且在发起调查后立即请求磋商，没有给USTR留出充足时间，以审查个案的事实及问题。另外一个修改是有关301条款案件中所提交商业机密信息的保密，该问题因301案件变得越来越复杂且涉及更多的事实而变得日趋重要。

(二)1988年:301条款的进一步扩大

尽管1984年修改后，美国国会期待更多使用301条款，并且USTR也发起301条款调查，1984年1月到1988年12月，USTR发起25起301条款调查，这是自301条款诞生以来同期最多案件，但美国国会仍继续施压，期望有更多调查。最终，《1988年综合贸易及竞争法》(以下简称《1988年贸易法》)修正案扩大了301条款范围，将301条款从一个主要用于支持传统贸易及市场准入问题的谈判手段转型成为范围非常广泛的贸易救济机制。

《1988年贸易法》是301条款历史上里程碑式立法，不同于1979年及1984年法律只是零碎对301条款进行修改，《1988年贸易法》几乎重

---

① See S. Rep. No. 308, 98th Cong, 2d Sess, 44.

② See Section 303(b) of the Trade Act of 1974, 19 U.S.C. §2413(b).

写了301条款。作为国会历经三年的激烈争论的成果,《1988年贸易法》中最重要的条款均旨在使301条款成为更有效、经常使用的美国贸易政策的工具。《1988年贸易法》的修改标志着美国单边贸易霸权达到顶点,剥夺了一些已授予行政机构的裁量权,并且实际上在某些情况下强迫行政机构采取措施。对周期过长及无效的GATT争端解决机制持续不满,也部分地促使了《1988年贸易法》对301条款的修订。①

在以下几个主要方面,《1988年贸易法》的结构与之前301条款有不同:

(1)它几乎将所有直接管理301条款的授权由总统转授给USTR。根据修订,该法要求(并不是简单授权)USTR必须在每一个案件中裁决被指控的外国政府做法依据301条款是否可诉。② 此外,修改后的301条款授权USTR按照总统的具体指示(如有)依301条款采取措施。③ 上述这些变化旨在提高USTR的重要性及扩大其权力。④

(2)《1988年贸易法》创设了一种针对外国不公平贸易做法,实施强制的报复性措施。美国国会要求USTR应当实施报复措施,以反击外国政府违反贸易协定,或外国政府"不正当的并对美国商业造成负担或限制"的做法。⑤ 上述采取措施的要求不适用于其他301条款案件(涉及"不合理的"或"歧视性的"立法、政策及做法的案件,在审理这些案件时,USTR被明确授予是否采取措施的裁量权)。然而,当运用所谓的强制措施时,《1988年贸易法》规定了许多重要例外⑥,注意到这点是

---

① See e.g. the General Accounting Office Report on GATT Dispute Settlement Procedures, GAO/NSIAD-87-100(March 1987).

② See Section 304 of the Trade Act of 1974, 19 U.S.C. §2414.

③ See Section 301(a)-(b) of the Trade Act of 1974, 19 U.S.C. §2411(a)-(b).

④ See e.g. Conference Report on H.S.3, supra note51, at 55.

⑤ See Section 301(a) of the Trade Act of 1974, 19 U.S.C. §2411(a).

⑥ See Section 301(a) of the Trade Act of 1974, 19 U.S.C. §2411(a).

非常重要的。当出现下列情况之一时,USTR不必采取措施(依据总统具体指示,如有):①GATT(或类似的贸易协定)裁决该做法不是不公正的;②外国政府同意逐步废止不公平做法,或消除对美国商业造成的负担或限制;③上述同意废止或消除为不可能,但外国政府转而向美国提供贸易利益的补偿;④USTR裁定依据301条款而采取的措施将会严重损害美国国家安全;⑤在特殊情况下,考虑到不采取措施对301条款可信性的影响,USTR裁定依301条款而采取的措施会造成与实施该措施的利益不成比例的损害。

尽管有上述例外,但美国国会于《1988年贸易法》中采取激进方法是毋庸置疑的。强制措施的首要目的,至少在一些301条款案件中,是让美国贸易伙伴国注意,不兑现其依据与美国达成的贸易协定作出的承诺,将会面临报复措施。①

(3)《1988年贸易法》修改的第三大点是明确并扩大"不合理的"做法的涵盖范围。修改后的301条款下的"不合理的"做法包括:①持续否定国际上认可的工人权利。这些权利包括:结社,集体谈判,不被强迫或强制劳动,童工的最低年龄,足够的工资,工作时间、工人职业安全及健康等标准。在每个案件中,USTR在确定外国做法是否合理时,应考虑有关国家的经济发展水平,以及该国是否正在采取措施,在规定工人权利方面是否有显著实质性进步等。②选定出口目标市场。它被定义为:对特定的企业、产业或其集团实施的由一系列措施(不论是单独实施还是合并实施)组成的政府计划或方案,其结果是协助该企业、产业或集团使其在出口一类或一种货物时更具有竞争力。② ③外国政府

① See The Trade Representative Conference Report, supra note 51, at 557 – 60; S. Rep. No. 71, supra note 44, at 79 – 83; H. R. Rep. No. 40, supra note 55, at 60 – 62.

② See The Omnibus Trade and Competitiveness Act of 1988, § 1301, 19 U. S. C. § 2411(d)(3)(E).

容忍该国私人企业在商业考虑基础上系统的反竞争活动,从而限制了美国货物的市场准入。①

上述这些修改为USTR提供了更具体的指导,即这些做法依据301条款是可诉的,以及给USTR传递了一个信号,即美国国会期待针对这些做法使用301条款。②

上述做法的纳入使301条款扩展到常规贸易问题之外。不同于1984年新出现的但仍与政府设置贸易壁垒直接相关的知识产权及投资,“对反竞争活动的容忍”将301条款扩展到外国政府措施的边界,将其纳入301条款几乎等于对外国私人企业行为可以使用贸易报复。允许对否定工人权利行为进行报复实际上是通过301条款在全世界推广采用美式劳动标准。

(4)《1988年贸易法》对301条款的另一个重要修改就是为涉及贸易协定的案件设定了时间明确的时限。在这些时限内,USTR必须作出外国做法是否可诉的裁决,并且如果裁决可诉,应当采取何种措施。1988年之前,唯一的时限就是USTR须自贸易协定项下的争端解决程序结束之日起30天内,向总统作出采取何种措施的建议。如果争端解决程序拖延,那么依301条款采取的报复措施可能被无限期搁置。《1988年贸易法》创立了新的采取措施的时限,即争端解决程序终结之日起30天,或301条款调查发起之日起18个月,以两者中较早者为准,避免了报复措施被无限期搁置情况的发生。

《1988年贸易法》修改的其他两处也值得注意:第一,USTR必须每年确定未能为知识产权提供充分及有效的保护,或对依赖于知识产权

---

① See Section 301(d)(3)(B)(Ⅰ)(Ⅲ) of the Trade Act of 1974, 19 U.S.C. §2411(d)(3)(B)(Ⅰ)(Ⅲ).

② See Rep. No. 71, supra note 44, at 85 – 89; H. R. Rep. No. 40, supra note 55, at 63 – 69.

保护的美国人未能提供公平及公正的市场准入的重点国家名单,这个程序被称为“特别 301”。除非适用明确的豁免,USTR 必须依特别 301 条款自行对该外国及其做法进行调查,并快速进行调查。① 第二,1988 年及 1990 年 USTR 必须确定“贸易自由化优先做法及国家名单”,自行发起 301 条款调查。这个程序就是熟知的“超级 301”,它一直通过“总统声明”方式予以延展期限。②

1988 年美国国会除了进行其他修改外,还在 301 条款中增加了对等机会条款,使对等性成为 301 条款的核心。此次修改填补了 1988 年之前 301 条款一个明显的漏洞,即美国国会未能给 USTR 规定一个据之决定外国政府行为是否在立法上不合理的立法标准。比如,1970 年中期,著名国际法学者罗伯特 · 胡德克(Hudec)曾“警告”:此类立法的严重危险是存在一种可能性,即它被解释为囊括令所有出口商感到不悦的贸易障碍。但是在实务中,似乎 USTR 感到 301 条款的瑕疵后,通常要求申请人寻找一个客观标准,以据之决定外国做法在立法上是否是“不合理的”。随着 1988 年对等机会条款的制定,美国国会将采用客观标准的实践上升为立法,并使之具有强制性,即在决定某项做法是否合理时,USTR 必须考虑对等机会,并且立法上“应当”(shall)一词通常包含有强制的意图。外国公司在美国市场的对等机会成为官方的客观标准,USTR 可以据之与被指控的外国做法进行对比。浅显用词及立法历史均表明,对等机会条款是 USTR 必须考虑的客观标准,而在立法简明用语中包含了“应当”一词,该词通常含有强制性义务。另外,浅显用语显示,USTR 将考虑“美国国内市场”上的情形,这是与 301 条款其他条款处理外国市场上的行为的显著不同之处。

---

① See Section 302(b)(2) of the Trade Act of 1974, 19 U. S. C. §2412(b)(2).

② 详见本书第一章第七节相关内容。

参议员丹福思(Danforth)(密苏里共和党)是《1988年贸易法》制定者之一,他对该法作出如下解释:"《1988年综合贸易及竞争法》暗含的逻辑就是贸易的对等性。贸易对等性是指美国期待在外国市场上销售的机会与我们给予寻求在我们市场销售国家的机会相同。对等性——国际贸易法的基本概念——指我们不仅期待有权销售,而且期待有权购买。它意味着贸易必须是一条双向通道,也为我们的人民提供就业和经济机会。可替代对等性东西是什么?一个是保护主义——'我们不能竞争',另外一个是完全消极的贸易政策——'碾压我们,我不在乎'。任何一种贸易政策都不令人满意。如果我们只能在旧式的贸易保护主义和自由贸易教条主义之间做出选择,我们将深陷麻烦。但这不是此种选择,我们可以并且应当在我们贸易政策中扩大对等性作用,追求更多和公平贸易。"①

(三)1994年:301条款与WTO争端解决机制

1984年至1988年修改的累积效果就是301条款的根本转型,即从一个在多边或双边谈判中解决贸易争端的机制,转型成为对界定宽松的已知外国贸易壁垒寻求实在救济的机制。总之,1984年及1988年的修改使301条款完成了由一个灵活争端解决机制向一个内容宽泛的贸易救济工具的转型。

1994年国会对301条款进行修改的主要目的是使301条款符合建立WTO的乌拉圭回合协定,从这点上看,1994年修改标志着美国贸易政策向多边主义的一个重大(尽管不是完全)转向。

《1994年贸易协定法》反映了双重关注,作为WTO主要设计师及支持者,美国为艰难获得100多个国家作出的依赖WTO新的、强化的争端

① See 133 CONG,REC. S8641 Daily ed,June 25,1987.

解决机制的承诺而小心对待;同时出于美国国内政治原因,美国并不想表现出放弃301条款,这个最有力的贸易协定执行及撬开市场的工具。

因此,美国试图建立以下平衡:301条款大体上原封未动,没有作出要求严格遵守WTO及其裁决的立法修改。同时,修改301条款以符合WTO程序及时限,暗示美国将遵守WTO规则。

美国信赖WTO争端解决机制的原因,似乎可以从以下几点进行解释:不同于被WTO替代的GATT,WTO制度不再允许败诉方阻挠争端解决裁决的通过,这种阻挠使几乎所有裁决沦为建议性。此外,争端解决专家组按规定须在较短时限内审结案件。专家组的立法裁决可以被上诉到一个常设上诉机构,该机构必须在正常情况下60天内,但无论如何不超过90天的时间内发布其裁决。并且,如果被裁决违反WTO协定条款的措施在要求的时限内未予以恰当修改,那么WTO允许胜诉方予以报复。

为确保这些改革成果,WTO成员方承诺不单方面作出违反WTO条款的裁决,各成员方同意将任何此等问题提交WTO争端解决机构,与WTO其他成员方一样,美国也作出了同样承诺。但是,美国在1994年对301条款进行的修改并没有履行该承诺。反而,当WTO裁定没有违反美国依某个WTO协定享有的权利时,即使该报复措施为1988年修改的强制措施,1994年对301条款的修改也仅允许USTR不采取报复措施。

1994年修正案非常明确,USTR按照总统指示是依据美国法,而不是WTO法作出最后裁决。因此,授权USTR可以在WTO对其领域内的问题没有规定时进行报复,甚至在WTO裁决另一个政府没有违反WTO协定情况下进行报复。1994年修正案规定,即使相关做法没有违反WTO的《与贸易有关的知识产权协定》(以下简称TRIPs协定),对美国知识产权缺乏有效保护依301条款也是可诉的。1994年修正案的确走得太远了。

美国国会写入了几个可以增强USTR权力的条款。其中一个条款规定,在实施报复措施时,USTR可使用总统有关贸易或与该国恰当关系相关的权力[①],授予USTR使用非贸易措施进行报复的广泛权力,远远超出乌拉圭回合协定涵盖的领域。[②] 此外,美国国会授权USTR,当一外国政府措施导致其不再具有享受普惠制、加勒比盆地经济复兴法、安第斯贸易优惠法的优惠待遇资格时,可以在没有获得总统指示情况下,撤消限制或中止该贸易利益。

美国国会还扩充了"不合理的"贸易做法的定义。"不合理的"贸易做法适用USTR的酌定措施,美国国会明确规定,因一国未能提供"充分"知识产权保护,即使该国知识产权法没有违反WTO规则,该国也会依据301条款被指控为从事"不合理的"做法。[③] "充分"知识产权保护指提供取得、行使及实施权利的机会,享有与专利、商标、版权及其相关权利、掩膜作品、商业秘密和植物培育人相关的商业利益。通过规定某一外国未能给予"非歧视市场准入机会",包括对与使用、利用或享有源于行使知识产权的商业利益有关的市场准入的限制[④],美国国会进一步提高了对知识产权的保护。

美国国会修改USTR依301条款裁定的时间表,以符合WTO争端解决谅解规定的时限。[⑤] 这些新的时限旨在让USTR在依301条款作出采取措施决定之前,可以获得WTO程序的结果,但是在某些情形下,

---

① See Section 301(a)(1)of the Trade Act of 1974,19 U.S.C. §2411(a)(1).

② See Section 301(c)of the Trade Act of 1974,19 U.S.C. §2411(c).

③ See Section 301(d)(3)(B)(ⅰ)(Ⅱ)of the Trade Act of 1974,19 U.S.C. §2411(d)(3)(B)(ⅰ)(Ⅱ).

④ See Section 301(d)(3)(F)(ⅱ)of the Trade Act of 1974,19 U.S.C. §(d)(3)(F)(ⅱ).

⑤ See Section 304 of the Trade Act of 1974,19 U.S.C. §2414.

这些时限没有考虑到 WTO 程序的迟延。

为了有助于确保外国政府遵守为解决 301 条款争端而达成的协议或措施，1994 年修正案要求 USTR 监督这些措施及协议的履行。① 如果外国没有在准许时限内履行 WTO 争端解决的建议，USTR 必须在该准许时限届满之日起 30 天内，裁定什么样的反击是正当的。②

(四)2015 年：贸易执法力度加强

1. 扩充"不合理的"贸易行为的内容

《2015 年贸易便利及贸易执法法》增加了第 4 项，扩充了"不合理的"贸易行为的内容，即外国政府未能有效履行其与美国政府均为成员方的协议(failure to effectively enforcing agreements with US)。外国政府持续地未能有效履行其与美国政府均为成员方的协议项下的承诺中的协议包括涉及货物贸易、服务贸易、农业贸易、对外投资、知识产权、数字货物及服务贸易和跨境数据流动、监管做法、国有企业及国家控股企业、本地化要求的贸易壁垒、劳工及环境、反腐败、贸易救济法、纺织品、商业伙伴关系等的协议。

2. 扩大《特别 301 报告》的涵盖范围

《2015 年贸易便利及贸易执法法》中纳入贸易秘密、制定额外的知识产权监察措施，要求 USTR 为被列入"优先监察名单"并且在该名单上已超过一年的每一个外国制定行动方案(action plan)。该行动方案应包含一些基准，以帮助外国实现充分及有效知识产权保护，并为依赖知识产权保护的美国个人及公司提供公平及平等的市场准入，或在实现该目标上已取得重大进展。USTR 必须向参议院财政委员会及众议

① See Section 306(a) of the Trade Act of 1974, 19 U. S. C. § 2416(a).

② See Section 306(b)(2) of the Trade Act of 1974, 19 U. S. C. § 2416(b)(2).

院的赋税委员会提交报告,详细描述为被列入"优先监察名单"的外国制定的行动方案,以及每个外国依据行动方案采取的措施。对于已制定行动方案的被列入"优先监察名单"的外国,如果这些国家没有实质性达到行动方案中的基准,那么总统可采取适当措施。

3. 授权USTR在一定条件下可以重新恢复已经终止的报复措施

修改后的《1974年贸易法》第306条(c)允许USTR经下列程序后恢复一项301条款措施:(1)应申请人,或受益于措施恢复的美国国内产业代表的请求;(2)与初始调查申请人(如有)和国内产业代表磋商,并为利害关系人提供陈述意见的机会;(3)分析该措施或其他可能采取的措施(包括对其他产品的措施)在实现301条款目标方面的效果,以及这些措施对美国经济包括消费者的影响。

4. 完全修改了《1974年贸易法》第310条

第310条原来的标题为"贸易扩大重点的确定",修改之后的标题变为"贸易执法的重点"(trade enforcement priorities),主要规定了以下内容。

(1)贸易执法重点的确定

在《2015年贸易便利及贸易执法法》于2016年2月24日生效之后的每个月历年的5月31日之前,美国贸易代表应就引起担忧的外国政府有关WTO"一揽子"协定或美国作为成员方的其他贸易协定项下的义务,或其他对美国货物、服务或投资设置或维持壁垒的立法、政策或做法的重点,征询参议院财政委员会和众议院赋税委员会的意见。

将外国政府立法、政策或做法确定为贸易执法重点时,USTR着重关注那些其消除可能对美国经济增长有最大潜力的外国政府的立法、政策及做法,并考虑以下所有相关因素:

①外国政府依美国与该外国均为成员方的协定承担的义务与该国的立法、政策或做法之间潜在的不一致的经济重要性。

②外国政府立法、政策或做法对维持并创造美国就业及产能的影响。

③最新《外国贸易壁垒评估报告》描述的主要壁垒和贸易扭曲做法。

④最新《外国贸易壁垒评估报告》出台之前12个月内，在由联邦政府或国会委员会准备的其他处理国际贸易和投资壁垒的相关报告汇中描述的主要壁垒和贸易扭曲做法。

⑤外国政府对美国及该国均为成员方的贸易协定项下其义务的遵守。

⑥外国政府采购计划和政策的影响。

⑦美国产品及服务的国际竞争地位和出口潜力。

(2)贸易执法重点及采取纠正措施的年度报告

自2016年2月24日起的每个公历年的7月31日前，USTR应就依据国会征询意见和确定贸易执法重点的标准已被确定为贸易重点的外国政府立法、政策或做法，向参议院财政委员会及众议院赋税委员会提交报告。报告内容应包括对前一公历年度及相关的上上一公历年度确定为贸易执法重点的外国政府立法、政策或做法采取的纠正措施的描述。

(3)每半年的执法征询

在向国会提交年度报告同时，在下年的1月31日之前，USTR应就担忧的外国政府有关WTO"一揽子"协定或美国作为成员方的贸易协定项下的义务，或以其他方式设置或维持的贸易壁垒的立法、政策或做法的确定、重点、调查及解决方案，征询参议院财政委员会及众议院赋税委员会的意见。

(4)调查及解决

如果某一外国政府的立法、政策及做法被确定为执法重点，USTR

应在执法重点确定后的首次半年度执法征询之前，采取包括下列措施在内的适当措施处理该执法重点：

①设法让外国政府解决其立法、政策及做法引发的担忧；

②依第302条(b)(1)启动有关该立法、政策及做法的调查；

③启动解决该立法、政策及做法引发担忧的双边协定谈判；

④启动有关该立法、政策及做法的WTO协定或美国为其成员方的其他贸易协定的争端解决程序。

(5)执法通知及征询

①执行行动的启动

在启动有关WTO协定或美国为成员方的其他贸易协定项下义务的美国作为申诉方或被诉方的正式争端解决程序之前，USTR应知会并征询参议院财政委员会及众议院赋税委员会的意见。对于美国被诉的正式贸易争端，如果提前通知的征询不可行，那么USTR应在争端启动之后的可行的第一时间通知及征询。

②报告的散发

在已宣布或期待散发的WTO争端解决专家组或上诉机构，或美国为其成员方的其他贸易协定的争端解决专家组的报告散发之前，无论美国是作为申诉方还是被诉方，USTR都应知会并征询参议院财政委员会和众议院赋税委员会的意见。

第三节 301条款的调查机关

一、美国贸易代表办公室的诞生与发展

美国《宪法》第1条第8款明确规定国会有权“管制外国、各州之间以及印第安部落的商业”，特别是该款还规定了国会具有征收关税的权力，因此确立了美国国会在贸易政策中的主导地位。以总统为首的行

政机构本无对外国采取报复措施的原始权限,如要采取任何贸易报复,必须由立法授权。

以《1934年贸易法》为标志,美国贸易决策机制开始进入总统主导时代,具体由美国国务院负责贸易及投资外交,管理贸易协定。美国国会对国务院长期以来轻视贸易政策,忽视国内产业利益甚感不满。随后美国国会通过了《1962年贸易法》,该法要求总统指派负责贸易谈判的贸易谈判特别代表(Special Representative for Trade Negotiation),同时规定特别代表出任刚组建的跨政府部门的贸易机构的主席,以便给总统在贸易协定方面提供政策建议。《1962年贸易法》反映了国会意在实现美国贸易政策上国内利益与国际利益之间的更好平衡。

1963年,肯尼迪总统建立了新的"特别贸易代表办公室"(Office of Special Trade Representative),作为总统办公机构的组成部门,同时在华盛顿特区及瑞士日内瓦各设一个代表处。整个20世纪60年代,特别贸易代表办公室的主要职责就是代表美国参与GATT的肯尼迪回合谈判。

1970年,国会极大地扩大了特别贸易代表办公室的职责。《1974年贸易法》第141条规定了它作为总统办公机构组成部门的立法章程,负责《1930年关税法》、《1962年贸易法》及《1974年贸易法》所涉及的贸易协定。《1974年贸易法》也使特别贸易代表办公室就贸易事务直接同时向国会和总统负责,将特别贸易代表办公室提升到内阁级别。

1979年第3号重组计划重组了特别贸易代表办公室,进一步扩张了其职责。1979年重组及次年的12188号行政命令将特别贸易代表办公室改名为"美国贸易代表办公室",集中了美国政府国际贸易政策制定及谈判的职能,极大地扩大了其职权。

国会通过的《1988年贸易法》进一步扩充了USTR的职责,该法第1601条确立并扩展了其职责,将301条款中的总统职权全部转移给

USTR行使。1988年之前,USTR主要是决定是否进行301条款调查,以及调查结束后向总统提出建议,由总统最后决定是否报复以及报复方式。1988年之后,USTR不但可以裁定外国政府法律、政策或做法是否是不正当的、不合理的或歧视性的,并对美国商业造成负担或限制,而且有权决定是否采取报复措施以及报复的形式。总统仅处于指示者地位,所谓"指示"(direct)并不是赋予总统主要决定权或最后决定权,USTR并不是在每个案件中均等待总统指示才作出决定。

二、美国贸易代表办公室的职责及组织机构

USTR作为内阁成员,其职责是担当总统的首席贸易政策顾问、美国的首席贸易谈判官员和贸易及相关事务的发言人。通过执行美国的贸易法律,在世界贸易组织、世界各地的每个区域性论坛上,同美国的主要贸易伙伴一起开展工作。如同国家安全委员会或经济咨询委员会一样,USTR是总统行政办公厅的组成部分。通过一种跨机构的结构,USTR协调贸易政策,解决争议,并为总统的决定设计要点。USTR还对普遍优惠制(generalized systems of preferences)、301条款以及1377条款和337条款下针对外国不公平贸易行为的申诉和201条款下的进口救济案例负有行政管理职责。

USTR还担任海外私人投资公司(Overseas Private Investment Corporation,OPIC)的副主席,是进出口银行的非表决成员,是国际金融和财务政策国家咨询委员会的成员。

USTR职责:负责制定和协调美国国际贸易、货物和直接投资政策并引导或指导与其他国家就此类事务的谈判。该机构在其职责的主要领域内提供贸易政策指引和谈判的专家意见,包括:(1)世界贸易组织内的所有事务;(2)由经济合作与发展组织(Organization for Economic Co-operation and Development,OECD)及联合国贸易和发展会议

(United Nations Conference on Trade and Development, UNCTAD)这样的国际机构管理的贸易、货物与直接投资事务;(3)扩张对美国货物和服务的市场准入;(4)产业政策和服务贸易政策;(5)国际货物协议和政策;(6)双边和多边贸易与投资问题;(7)保护与贸易有关的知识产权的问题;(8)影响美国进口政策的谈判。

USTR在华盛顿特区、瑞士日内瓦及中国北京三地设有办事机构,其中在华盛顿特区的办公室的组织结构包括以下5个司级机构,其下各有负责专门工作的处:(1)双边谈判(司):西半球(加拿大、墨西哥、南美和加勒比海盆地)、欧洲和中东、日本、中国、亚太(韩国、东南亚、南亚和大洋州)、非洲;(2)多边谈判(司):世界贸易组织和多边事务、GSP与联合国贸易和发展会议;(3)产业事务(司):金融和投资政策、工业事务、农业事务、纺织品、环境与自然资源、服务、投资和知识产权;(4)分析、法律事务和政策协调(司):全面协商、经济事务、政策制定与协调;(5)公共关系(司):国会事务、公共/媒介事务、跨政府事务和公共联络。

USTR在日内瓦的办公室的组织结构涵盖WTO一般事务、各项非关税协议、农业政策、商品政策和协调编码制度,同时指定该办公室的一个成员作为纺织品监督委员会的美国代表,以对纺织品给予特殊注意。在日内瓦的USTR副代表是美国驻WTO和驻UNCTAD关于贸易事务的大使。

USTR在北京的办公机构由一名公使领导,并配备一名副贸易专员和两名外籍勤杂职员。在中国当地设立办事机构,对于USTR在一个拥有大量贸易相关问题的国家有效运作十分重要。

三、美国政府跨部门贸易政策协调机制

美国宪法授权美国国会主导贸易政策,具体是指国会有权征收关税及管理对外商业。相反,美国总统在贸易上缺乏具体权力,但有处理

外交事务的权力。行政机构在贸易方面所扮演的角色来自总统有权与外国谈判条约,以及立法机构授权总统调整关税及实施贸易政策。美国贸易政策主要通过USTR领导的机制协调,该机制是1962年由美国国会建立起来的,它由政府主要贸易管理机构及白宫办公机构选派代表组成。

(一)内阁层级:贸易政策委员会

跨部门协调主要通过贸易政策委员会(Trade Policy Committee, TPC)完成。TPC是一个高级别美国政府部门间的委员会,主要是为贸易问题提供宏观指导。该委员会由美国贸易代表担任主席,美国财政部长、商务部长、国务卿、劳工部长以及其他美国贸易代表担任适当的部门首长组成。但是在实际运作中,国家经济委员会(National Economic Council,NEC)是高级别贸易措施的主要协调机构,国家安全委员会(National Security Council)也会协调贸易政策。

这种协调工作通过贸易政策审议小组(Trade Policy Review Group, TPRG)和贸易政策高级职员委员会(Trad Policy Staff Committee, TPSC)完成。这些小组由17个联邦机构和办公室组成,由USTR管理并任主席,构成了确定和协调美国政府在国际贸易及与贸易相关事务上立场的亚内阁层次的机制。

(二)副部长级:贸易政策审议小组

TPRG由USTR官员担任主席,由来自联邦政府的20个部门及机构代表组成,负责收集并协调各部门在国际贸易问题上的意见。美国国际贸易委员会也是其成员,但没有投票权。

TPSC是以高级公务人员为代表的一个基本工作班子。支撑TPSC的是60个以上负责专门领域和若干特别工作组的分委员会。如果在

TPSC 中不能达成协议,或正在考虑重大政策问题,则该问题会被提交 TPRG(USTR 副代表/副部长层次)处理。

跨机构贸易政策机制的最高一层是由总统担任主席的 NEC。NEC 代表委员会考虑 TPRG 提交的备忘录以及重要的或有争议的贸易相关问题。

(三)司局级:贸易政策高级职员委员会

TPSC 由 USTR 官员担任主席,20 个联邦政府机构及部门的代表组成,美国国际贸易委员会(International Trade Commission)也是该委员会的观察员。这些代表都是各政府部门一线的高级别公务员。该委员会由 80 个分委员会支持其工作,每个分委员会都由 USTR 官员担任主席。如果在该委员会内部就某个贸易问题不能取得共识,或者该贸易政策特别重大,那么该问题会提交到 TPRG 或者国家经济委员会的副部长小组。

四、贸易政策咨询委员会制度

1974 年通过国会建立咨询委员会制度,美国贸易政策(如谈判目标)体现了政府部门及企业的参与。USTR 与美国农业部、劳工部一起共同管理咨询委员会,迄今为止一共有 26 个委员会,将近 700 位委员。

(一)第一层级:总统贸易政策和谈判咨询委员会

贸易政策和谈判咨询委员会(Advisory Committee on Trade Policy and Negotiations,ACTPN)是总统任命的委员会,由美国经济中具有国际贸易利益的各个组成部分的 45 名代表组成。成员不超过 45 人,任期不超过 4 年。其受托权限是就贸易问题提供全面政策指导。

（二）第二层级：五大政策咨询委员会

USTR有权与其他内阁部门一起任命五大政策咨询委员会（Policy Advisory Committee）的委员。USTR有权任命以下三个委员会的委员：跨政府的政策咨询委员会（Intergovernmental Policy Advisory Committee）、经济及环境政策咨询委员会（Trade Environment Policy Advisory Committee）、对非洲经贸咨询委员会（Trade Advisory Committee for Africa）。同时其也负责管理上述三个委员会。USTR会同农业部共同管理农业政策咨询委员会（Agricultural Policy Advisory Committee），USTR会同劳工部共同管理贸易谈判与贸易政策的劳工咨询委员会（Labor Advisory Committee for Trade Negotiations and Trade Policy）。每个委员会根据各自领域提出建议。

（三）第三层级：20个技术与行业委员会

技术与行业委员会（Technical and Sector Committee）共有20个，分别按照工业、农业两个领域进行组建，其中有6个农业技术委员会，14个产业贸易咨询委员会，每个委员会成员人数不超过50人。USTR及商务部长、农业部长共同任命每个技术与行业委员会的成员。每个技术与行业委员会代表各自产品或商品类别（如纺织品或初产品），就贸易政策决定可能对其产业造成的影响提供技术建议。

五、301条款委员会

301条款委员会（Section 301 Committee）为TPSC的下设机构，其主席由负责贸易谈判的USTR的副代表任命。301条款委员会由委员会主席及与每次申请利益相关的联邦政府部门指定的成员组成。该委员会职责如下：（1）依据《1974年贸易法》的301条款审查收到的调查申请书;(2)经申请人或利害关系人要求举行公开听证会,或以美国贸易代表、贸易副代表或301条款调查委员会主席认为的其他适当方式,让利害关系人就外国影响到美国产业的限制措施立法、政策及做法,以及美国就此采取的报复措施表达意见;(3)向TPSC报告对收到的申请书的审查及听证会结果;(4)根据对依301条款提交的申请书的审查结果,通过听证会或其他方式收集的意见,向TPSC提交建议,供该委员会予以审查。

301条款委员会通常由以下机构的代表组成:美国国务院、商务部、农业部、司法部、财政部,以及其他与制定美国贸易政策有利害关系的机构。[①] 301条款委员会主席有权邀请其他与某个301条款申请有利害关系的机构参加。这些机构可以支持申请,或提出疑虑,但它们无权"推翻"是否发起调查的决定,尽管USTR尽可能在委员之间达成一致,但决定权归USTR。在涉及政治敏感问题或涉及重大政策问题的案件中,如果不同机构之间出现意见分歧,则会把该分歧提交给国家经济委员会甚至总统解决;然而,由于301条款委员会中的其他机构对USTR的裁决有重大影响,因此申请人在案件的整个程序中应认真咨询其他机构,以随时尽可能获得支持。

第四节　301条款调查程序规则

一、发起调查

301条款调查既可以由USTR自行启动,也可以由USTR应利害关系人呈递的申请发起调查。

① See 15 C. F. R. § 2002.4(1999).

（一）经利害关系人申请发起调查

301条款规定任何“利害关系人”（interested person）都可以提出301条款调查申请（petition），但301条款并没有完整界定何为“利害关系人”。301条款仅规定，某些类型的案件“利害关系人”包括“国内企业和工人、消费者利益代表、美国产品出口商和其他可能因301条款措施而受到影响的任何货物及服务的产业用户（industrial users）”①。但是，该定义不能用于确定谁有资格通过呈交申请而获得救济。② 同样，301条款没有对申请格式、内容及长度提供指引。

USTR已经颁布了301条款的条例以弥补301条款之欠缺，规定了许多重要程序，定义了一些关键术语。③ 该条例将“利害关系人”泛泛地定义为“重大利益受到被指控的外国法律、政策及做法影响的人”④。该条例列举了可能成为“利害关系人”的例子：受影响货物或服务的生产商、营利性进口商，或出口商；寻求对外直接投资的美国人，该投资涉及货物或服务贸易；依赖知识产权保护的人；代表美国从事制造、生产或批发受影响的货物或服务产业的行业协会，经认证的工会或认可的工会，或工人团体；代表重大经济利益，受申请书中被指控的法律、政策及做法直接影响的其他私人团体。⑤

USTR的条例还规定了申请书应包含的信息。申请必须说明：（1）申请人身份及其对争议事项的直接经济利益；（2）有关的外国国家名称；（3）争议的外国的法律、政策及做法；（4）被损害的美国依某贸易

---

① Section 301(d)(4)(B)(9) of the Trade Act of 1974, 19 U.S.C. §2412(d)(4)(B)(9).

② See Section 301(d)(4)(B)(9) of the Trade Act of 1974, 19 U.S.C. §2411(d)(4)(B)(9).

③ See 15 C.F.R. Part 2006.

④ 15 C.F.R. §2006.0(b).

⑤ See 15 C.F.R. §2006.0(b).

协定享有的权利,或争议的法律、政策或做法是不正当的、不合理的及歧视性的理由;(5)申请所依据的货物、服务、知识产权或对外直接投资;(6)美国产业受到负担的程度;(7)受影响货物或服务的金额;(8)申请人是否考虑依据其他法律或程序获得救济。①

一份申请中最重要的信息是为什么申请人认为被指控措施违反某贸易协定,以及不正当、不合理或造成负担的理由。USTR须寻找被控措施具有不正当性的有力论据。一般情况下,相比一家财富500强企业或整个产业提起的理由不充分的案件,USTR更喜欢代表小企业提起的且理由充分的案件。但USTR没有为受影响的美国产业设定必要的最低门槛,只要能证明受到影响,相对低的贸易影响应当不是一个不可逾越的障碍。

USTR条例作出了更为具体的规定。就针对补贴及某些类别的"不合理"做法的诉求,USTR条例规定了申请书必须包括的额外的内容。②下列"不合理的"做法适用特别规则:外国政府措施拒绝提供公平及公正设立企业的机会,拒绝提供充分及有效的知识产权保护,拒绝提供公平及公正的市场机会。③

利害关系人必须在联邦政府工作日向USTR提交20份申请④,申请必须是英文的,还应当附有争议的外国政府措施(如有)的复印件。⑤申请人通常可以在发起调查之前的任何时间撤回申请,不会因此受到任何损害。

USTR鼓励申请人在正式呈交之前,将申请书初稿提交给USTR及

---

① See 15 C. F. R. § 2006. 1(a).

② See 15 C. F. R. § 2006. 1(b).

③ See 15 C. F. R. § 2006. 1(b)(2).

④ See 15 C. F. R. § 2006. 0(c).

⑤ See 15 C. F. R. § 2006. 0(c) and 15 C. F. R. § 2006. 1(a)(3).

其他利益关系机构进行评议。这为USTR及可能的申请人提供一个争议问题信息共享的机会,这种合作可以避免因提交缺陷申请被拒绝接受而使申请人陷入尴尬。允许潜在的申请人撤回申请(取决于可能的修改并重新提交),而不是面临直接被拒绝接收申请。呈递前由USTR评议,还可以使潜在的申请人获得有关申请的实体内容或时间确定的技巧或策略。呈递申请前的合作可以提高申请的质量,并且一旦随后采取措施,甚至可能增强USTR手中的筹码。同时,它凸显了301条款调查与许多其他联邦调查的不同之处,即让一些在调查程序中保持中立的联邦机构,比如移民及归化局、联邦贸易委员会、社会保障局帮助申请人强化其诉求。这是极为不正常的。

(二)自行发起调查

《1974年贸易法》颁布之初,只允许依利害关系人申请发起301条款调查。《1984年贸易法》对之进行修改,允许USTR不经利害关系人申请自行发起调查(self-initiating),只要以任何方式提请USTR注意(除了呈交申请以外),USTR"自行发起"调查权力扩大到违反任何贸易协定的或不正当的或不合理的贸易做法。① 例如,2017年8月14日,美国总统指示USTR确定是否要调查可能不合理或者带有歧视,而且可能正在危害美国的知识产权、创新或技术发展的中国的法律、政策、做法或措施。② 根据特朗普(president Trump)的一项备忘录,2017年8月18日,USTR基于《1974年贸易法》第301条,启动了针对中国政府与技术转让、知识财产和创新相关的行动、政策和措施的调查。

301条款规定,USTR可以对任何事项(any matter)进行调查,但在

---

① See Section 302(b)(1)(A) of the Trade Act of 1974, 19 U.S.C. §2412(b)(1)(A).

② See 82 FR 39007(August 17, 2017).

“自行发起”调查之前，USTR必须与国会成立的咨询委员会协商。该咨询委员会由私人企业代表及非政府机构代表组成。[①] 如果USTR决定“自行发起”调查，必须在《联邦政府公报》上刊载公告。[②] 如果USTR拒绝“自行发起”调查，它必须向美国国会说明不发起调查的理由。[③] 此外，如果某个外国被列为“特别301”的“优先国家”（priority foreign country），那么USTR通常要在30天内发起301条款调查。在每年一份的《特别301报告》中，USTR将列出那些没有提供充分知识产权保护和执法的国家。

美国国会明确USTR的“自行发起”裁量权是非常大的，“如果美国贸易代表办公室认为决定发起调查将有害于美国的经济利益，美国贸易代表办公室不必发起调查”[④]。

二、审查调查申请书

当申请呈递之后，USTR须在45天之内决定是否调查相关的做法[⑤]，是否发起调查的决定完全属于USTR的裁量权。[⑥] 唯一例外是，如果申请不符合USTR条例的规定，那么跨机构301条款委员会主席拒绝对申请进行案卷编号，该编号是为了方便申请书的审查（review of a petition）。

决定是否发起调查的45天期限非常关键，原来认为如此早期的调查阶段，应是审查申请，以找出表面上的瑕疵或重大缺陷，如缺乏申请

---

① See 104 Section 302(b)(1)(B) of the Trade Act of 1974, 19 U.S.C. §2412(b)(1)(B).

② See Section 302(b)(1)(A) of the Trade Act of 1974, 19 U.S.C. §2412(b)(1)(A).

③ See Section 302(b)(2)(C) of the Trade Act of 1974, 19 U.S.C. §2412(b)(2)(C).

④ Section 302(b)(2)(B) of the Trade Act of 1974, 19 U.S.C. §2412(b)(2)(B).

⑤ See Section 302(a)(2) of the Trade Act of 1974, 19 U.S.C. §2412(a)(2).

⑥ See Section 302(a)(2), 302(b)(2)(B) of the Trade Act of 1974; 19 U.S.C. §§2412(a)(2), 2412(b)(2)(B).

资格、明显疏漏、明显不足的诉求。然而实际上，它处于类似于诉讼中一方当事人当呈递诉之撤回动议（当然301条款程序中没有此等动议）的诉讼阶段。事实上，正是在这45天期间，在大多数案件中USTR基本上决定了是否准备最终发起调查。这是因为无论是政治上还是外交上，发起301条款调查都是非常敏感的决定。在缺乏支持申请的充分法律及事实依据时，USTR肯定不愿意发起调查。普遍承认的事实是，在发起某项301条款调查时，美国已经一定程度确信该项指控成立，即某一外国政府已经违反了其条约义务——这是件大事，因为301条款要求USTR通常在发起调查的当天，提出与涉案外国政府磋商的请求。[①] 因此，USTR通常期望能够并且愿意在完全走完整个案件程序之后，才采取对与外国关系产生不利影响的措施。基于上述原因，重要的是申请必须尽可能完备，且为USTR提供该案件最终能赢或最终会维护重大利益的信心。

公示可查阅申请，但含有商业秘密（商业机密信息）的信息除外。[②] 申请人可以向USTR的“阅览室”预约审议申请的时间。

在决定是否发起调查之时，USTR会考虑跨机构301条款委员会各组成机构的意见。[③] 一经发起调查，301条款委员会主席会将申请书发给委员会的各组成机构，不仅是想听取委员会中其他机构关于申请符合呈递的技术要求的评论，而且更多的是听取该委员会成员关于申请书涉及的法律及政策问题的意见，诸如被指控的外国政府做法依301条款是否可诉、美国政府在适用的争端解决程序中胜诉的概率有多大，以及发起调查对正在进行中的美国政府解决此问题的努力会产生何种

---

① See Section 303(a) of the Trade Act of 1974, 19 U.S.C. §2413(a).

② See 15 C.F.R. §2006.13–15.

③ See 15 C.F.R. §2006.3(1999); 15 C.F.R. §2002.3(1999).

影响。

USTR还会为被指控违反一项美国贸易协定的有关外国政府提供一份301条款申请。[①] 如果必须,USTR会在45天期限内与外国政府进行磋商。USTR有权要求相关外国政府提供必要信息,以核实申请书中的指控。[②] 如果外国政府没有提供此等信息,美国USTR可依据最佳可得信息。[③] 事实上,USTR既不主动也不拒绝在45天期间内与外国政府进行磋商,USTR在如此早的阶段同外国政府进行磋商,关键是301条款案件的代理律师应核实提供给USTR的信息的准确性,错误信息会让USTR感到尴尬,使USTR怀疑申请的准确性。因此,对于证据比较扎实的案件(close cases),在USTR同意发起调查之后再举行磋商是万全之策。

USTR必须在《联邦政府公报》上公布其有关发起调查的决定,无论该决定是肯定的还是否定的。[④] 如果决定发起调查,USTR必须就相关问题为利害关系人提供表达观点的机会,如果利害关系人要求,则需要召开公开听证会。[⑤]

三、与目标外国磋商

301条款程序要求USTR就调查中涉及的问题与目标外国政府进行磋商(consultation with the targeted foreign country)。[⑥] 除非为核实或

---

① See 15 C.F.R. §2006.4(1999);15 C.F.R. §2002.4(1999).

② See 15 C.F.R. §2006.4(1999).

③ See 15 C.F.R. §2006.4(1999).

④ See Section 302(a)(3)-(4) of the Trade Act of 1974, 19 U.S.C. §2412(a)(3)-(4); 15 C.F.R. §2006.3(a)-(b)(1999).

⑤ See Section 302(a)(4)(A)-(B) of the Trade Act of 1974, 19 U.S.C. §2412(a)(4)(A)-(B);15 C.F.R. §2006.3(b)(1999).

⑥ See Section 303(a)(1) of the Trade Act of 1974, 19 U.S.C. §2413(a)(1).

完善申请,以确保磋商具有坚实基础而认为推迟不超过90天是正当的[①],否则USTR必须在发起调查的当日提出磋商要求。[②] USTR必须在《联邦政府公报》上发布磋商推迟的决定,当USTR推迟磋商时,相应延展发布有关外国政府法律或政策是否可诉的决定,或采取措施的决定的日期。

如果和解是申请人的主要策略,那么达成和解协议的最佳时间就是301条款调查发起并要求正式磋商之前。301条款案件的威慑作用就是申请人拥有的最好筹码。一旦已经提出正式磋商并且正式发起WTO案件,外国政府通常感到,负面公众形象的损害已经产生,难以从快速和解中得利。反而,外国政府更倾向于随着争端解决机制进行而耗去时间。与美国国内诉讼相同,下一个最佳和解时机是开庭或裁决之前。的确,一旦已发起301条款调查,一些国家如日本(最为典型)在某些情形下排斥讨论和解。

USTR和解某个争端的活动通常需要私人企业配合才奏效。申请人通常极力游说外国政府,得到外国联盟支持,促使它们本国政府修改违规做法,这不失为一个明智之举。USTR通常将协调上述努力,确保与外国政府的交易是合法的、适当的、符合美国政策的,从而达成期待结果上最有效的和解。

当被诉的做法涉及贸易协定时,磋商时间不得超过以下两者中的较早者:磋商之日起150天或该贸易协定规定的磋商期结束。[③] 如果不能达成协议,在该时点上,USTR应依贸易协定所规定的正式争议程序,要求启动正式程序。[④] 比如,在涉及WTO案件时,收到请求之日起30

① See Section 303(b)(A) of the Trade Act of 1974, 19 U.S.C. §2413(b)(A).

② See Section 303(a)(1) of the Trade Act of 1974, 19 U.S.C. §2413(a)(1).

③ See Section 303(a)(2) of the Trade Act of 1974, 19 U.S.C. §2413(a)(2).

④ See Section 303(a)(2) of the Trade Act of 1974, 19 U.S.C. §2413(a)(2).

天内可举行《关于争端解决规则与程序的谅解》(*Understanding on the Rules and Procedures Govering the Settlement of Disputes*,*DSU*)(WTO争端解决机制的基本法律文件)下的磋商。① 在收到磋商请求之日起60天内,起诉方可请求设立专家组。② 依据301条款程序,USTR可要求60天内设立专家组,它比可选择的150天要早。301条款对磋商规定期限是为了避免在发生不可能达成最终和解协议的情况时,耗费太多时间。

至少从GATT成立之时起,争端解决程序中就一直有磋商环节。其背后的设想是给双方一个冷静期,并为双方提供一个在启动正式程序前争取和解的机会:实际上,WTO正式磋商很少达成和解。通常,如果存在有意义的和解会谈,那也是在非正式基础上进行的。WTO磋商某种程度上很呆板,一方向另一方宣读准备好的陈述,但这些会议可能会重要,因为它为双方当事人提供了有限的询问及搜集信息的机会,双方当事人没有回答的义务,但通常会回答对方提问,以避免给人留下他们隐瞒了什么东西,或不配合的印象。因此,磋商已经成为缩减版的WTO证据开释。

除了与一个外国政府或多个外国政府进行磋商外,USTR也应在准备磋商和争议解决程序时,向申请人(如有)及适当(私人业界咨询)委员会征求信息及意见。③

USTR听取申请人及咨询委员会建议,通常在准备向争端解决程序提交资料时希望他们提供协助,尤其是复杂案件。USTR经常让申请人及其他利害关系人在搜集证据、发掘事实、提供技术建议方面承担更多

① See DSU Article 4:3.

② See DSU Article 4:7.

③ See Section 303(a)(3) of the Trade Act of 1974,19 U.S.C. §2413(a)(3).

工作。但是，USTR 把控法律论点，这是因为不同于申请人，USTR 要就争议事项摆明及阐述美国政府立场，其影响力远超出正在处理的个案。平衡好接受私人产业界协助与拥有对政策问题的发言权的需要之间的关系，是 USTR 面临的最具挑战性的任务之一。出于上述原因，USTR 通常不会向申请人的律师征求书面的法律论据初稿，但是申请人的律师都想将书面法律论据初稿提交给 USTR，努力塑造 USTR 最终的法律论点。然而，律师应做好该初稿大幅被删或修改的准备。

四、启动正式争端解决程序

如果调查涉及某一贸易协定，并且在该贸易协定特别规定的磋商期结束后，或磋商开始后 150 天内，双方未能达成解决方案，则 USTR 应立即请求进入该协定所规定的正式争端解决程序（request for formal dispute settlement）。

在因贸易协定而产生的案件中，除非在双边磋商中达成了双方可接受的和解，否则 USTR 应诉诸该贸易协定的正式争端解决程序。[①] 这就意味着，要求成立专家组审议各方当事人立场，并对被指控措施与基础协定规定的一致性作出裁决。

在 WTO 或其他国际争端解决程序进行时，理论上 301 条款案件继续同时进行。换言之，不考虑与国际争端解决努力相关的任何活动，USTR 会进行其 301 条款调查，收集事实、分析 USTR 占有的信息。然而，实际上，争端解决程序变成了 301 条款调查。USTR 集中精力准备专家组（或 WTO 上诉机构）的辩论意见及论点。在此程序中，继续调查只是搜寻争端解决程序中完善美国辩论意见书及口头辩论所需的信息。

---

① See Section 303(a) of the Trade Act of 1974, 19 U. S. C. § 2413(a).

USTR不必为诉之于WTO或其他争端解决而发起301条款调查，注意到这一点很重要。USTR可以依据美国总统的宪法上外交事务权而诉之于WTO或其他争端解决。自WTO成立以来，USTR日益选择放弃了301条款调查，直接诉之于争端解决程序。从截止期限及程序上看，诉之于争端解决会使USTR有更大灵活性，避免了因发起301条款调查而使美国与相关外国政府之间关系紧张。外国政府通常视301条款为美国单边霸权的隐形（如果不是直接）威慑。

301条款调查某种程度上与民事诉讼的证据开释阶段相类似。所以301条款案例的"调查"部分事实上随着争端解决程序的启动而终止。随后进入了审判阶段，举出新的事实或论据只是作为装配个案的程序的一部分。然而，301条款不承认上述现实，反而认为301条款调查与争端解决程序同时进行。

涉及WTO其他争端解决的案件申请人，在呈交申请之前，应认真咨询USTR，以确定其是否倾向于进行301条款调查。无论是否援用301条款，USTR通常都积极地检控个案，并收到同样效果。尽管担心USTR是否会接受案件或快速推动，但未申请人通常有权呈递申请，可以把呈递威胁（或实际呈递本身）作为从USTR处获得想要措施的方法。

五、举行公开听证会并提交书面案情摘要

（一）听证会的类型

1. 发起调查听证会

为听取利害关系人对申请书中提及事项的意见，301条款委员会应按下列时限举行公开听证会（public hearing）：

（1）如果申请书要求（或日后经申请人同意）举行听证会，那么应

在调查发起后30天内举行。

(2)如果于调查发起之后,申请人或利害关系人及时提出听证会申请,那么应于合理时间内举行。

2. 拟采取报复措施的听证会

经利害关系人书面要求,在对申请书中提及的事项作出采取报复措施建议之前,301条款委员会应举行听证会。利害关系人应向301条款委员会提交申请,简要说明申请人与该调查的利益,申请人代表的公司、个人及团体名称,以及所持立场。经上述申请的听证会应在下列时间内举行:

(1)在依301条款确定应当采取何种措施前,并在发布公告之后最少30天;

(2)如果贸易代表决定需要快速采取措施,那么在报复措施决定作出之日起30天内。

在收到要求召开公开听证会的要求之后,301条款委员会主席要告知申请人其申请是否符合相关要求。如果认为该申请不符合要求,应说明理由。如果申请符合要求,那么申请人将至少提前30天收到听证会举行的时间及地点。301条款委员会应将进行公开听证会的公告刊载于《联邦政府公报》。

(二)提交书面案情摘要

1. 按时提交

无论是参与公开听证会,还是在其他场合陈述意见,利害关系人都必须在公告上规定的截止日期前,提交书面听证会摘要。听证会摘要可以但不是必须由公开听证会上口头陈述意见加以补充形成。

2. 内容清晰

听证会摘要应当清楚表明所持的立场,应当特别说明支撑所持立场的理由。应当提交20份,且必须是清晰可辨地予以打印、印刷或复印。

3.反驳摘要

为了确保每位利害关系人都有机会质疑其他利害关系人提供的信息,301条款委员会将接纳其他利害关系人于公告所确定日期之内提交的反驳摘要。反驳摘要应当严格限于听证会陈述或听证会中未能予以指出的事实及分析错误,尽量简明扼要。

(三)听证会上的口头陈述

在公告规定的提交申请的时间之内,利害关系人应向301条款委员会提交在公开听证会上口头陈述证词的书面申请,该申请应简要说明申请人的利益。如果已经按照上述规定提交了书面听证会摘要,那么将视为已经提交上述申请。

在考虑在公开听证会上口头陈述证词的申请之后,301条款委员会主席将告知申请人其申请是否符合相关要求。如果认为不符合相关要求,将予以说明理由。如果申请人已经提交了符合相关要求的申请,那么应告知申请人举行听证会及其作口头证词陈述的时间及地点。

六、征询意见

在301条款调查过程中及作出采取何种措施(如有)决定之前,USTR应征询申请人的意见,并听取适当的私营产业界咨询代表的意见。[①] 如果需要快速采取措施,那么USTR必须在作出决定之后听取适当私营产业界咨询代表的意见。此外,USTR可以但不是必须征询国际贸易委员会有关拟采取的报复措施可能影响到美国经济的意见。通过

① See 15 CFR Section 2006.11.

征询国际贸易委员会的意见可以有助于避免USTR采取可能对申请调查相关产业或领域之外的美国产业或领域造成负面影响的措施。

尽管301条款法律并不要求,在作出不公平贸易做法裁定及采取措施之前举行公开听证会,甚至也不要求给予公开评议的机会,但美国政府通常都会举行公开听证会,并给予公开评议的机会。这不仅给各方一次口头陈述和提交书面意见的机会,而且也是一方听取另一方意见的机会。只要可行,美国政府还给予提交反驳意见的机会。

听证会及评议机会的目的是降低依301条款采取措施对美国商业造成的损害。在草拟报复清单过程中,301条款委员会尽力考虑消费者关注的问题。因此,不考虑将那些从其他国家渠道无法获得充足供给的货物列入报复清单。但是,个别公司可能受到不利影响,应当有机会对预期采取的措施发表反对意见。

七、裁定是否可诉

301条款要求USTR裁定被诉的外国政府法律、政策或做法是否违反某项贸易协定,或符合301条款含义下的不正当的或不合理的标准。① 一般情况下,USTR应在发起301条款调查之日起12个月内作出裁决。② 但是,如果案件涉及某个贸易协定,301条款要求USTR在以下两种截止期限中较早到达的期限内作出裁决:发起调查之日起18个月内,或争端解决程序终结之日起30天内。③

美国国会为争端解决程序确定的18个月截止期限已遇到一些困难。比如,WTO规则要求专家组及上诉机构在程序开始之日起12个

① See Section 304(a) of the Trade Act of 1974, 19 U.S.C. §2414(a).

② See Section 304(a)(2)(B) of the Trade Act of 1974, 19 U.S.C. §2414(a)(2)(B).

③ See Section 304(a)(2)(A) of the Trade Act of 1974, 19 U.S.C. §2414(a)(2)(A).

月内完成某个争端的审理。但是,12个月期限不包括60天磋商期,30天专家组或上诉机构报告通过期,或其他可能的推迟(包括选择专家组的拖延,这几乎是每个案例都会发生的情况)。另外,对于复杂案件,WTO自己设定的12个月截止期限经常被证明是不够的。因此,申请人及其律师应做好程序可能超过18个月的准备,在极少数案件中可能超过24个月。然而,败诉方履行争端解决裁决可能还会需要另外的15个月,或在极个别案件中需要15个月以上。

当争端解决程序在WTO规则或其他国际组织规则允许的时限内没有完成时,USTR应在该允许期限结束之日起30天内,向国会提交报告[①],说明推迟的原因、案件目前状态及成功解决的可能性[②]。

除非需要采取快速措施[③],否则在裁定某个外国法律、政策或做法是否可诉之前,USTR应当:(1)(在给予不少于30天通知后)应为利害关系人提供表达意见的机会,包括应利害关系人要求,举行公开听证会;(2)向适当的私人产业界咨询委员会征求意见。[④]

此外,USTR应就预期措施对美国经济可能产生的影响,向美国国际贸易委员会征求意见。[⑤]

由于USTR既要考虑利害关系人的诉求,又要征求适当私人产业界咨询委员会的意见,因此申请人及其他利害关系人期望考虑直接协调主要团体的适当性。从申请人的角度看,其目标是发动支持肯定性裁决,即相关外国政府存在违法行为;从外国政府及支持它的商业利益

① See Section 304(a)(4) of the Trade Act of 1974, 19 U.S.C. §2414(a)(4).

② See Section 304(a)(4) of the Trade Act of 1974, 19 U.S.C. §2414(a)(4).

③ 当USTR因为需要采取快速措施而未能与涉案国家进行磋商时,USTR应在作出要求的裁定之后进行该磋商。

④ See Section 304(b)(1)(A)-(B) of the Trade Act of 1974, 19 U.S.C. §2414(b)(1)(A)-(B).

⑤ See Section 304(b)(1)(C) of the Trade Act of 1974, 19 U.S.C. §2414(b)(1)(C).

集团(可能是美国进口商)角度看,其目标是通过提出肯定性裁决及可能的报复措施可能对美国经济产生不利影响的建议,瓦解对301条款程序的支持。那些反对肯定性裁决的人可能要促使USTR咨询美国国际贸易委员会的意见,后者的报告可能会提供有关报复对美国经济某些产业有不利影响的信息。出于此种原因,申请人及其盟友可能会在301条款程序的早期阶段避免接触国际贸易委员会(除非他们相信,美国国际贸易委员会的报告对其是有利的)。

八、裁定采取报复措施

如果USTR作出了肯定性决定,即被指控的外国做法依据301条款是可诉的,那么USTR还必须决定采取何种措施(如有)。

301条款明确规定,必须在与适用的决定外国法律及做法是否可诉的同一时限内,决定报复措施的性质及程度。也就是说,在涉及指控违反贸易协定的案件时,USTR必须在争端解决程序结束后30天内,或发起调查后18个月内,以两者中较早的为准,作出上述两个决定。在不涉及贸易协定的案件中,USTR必须在12个月内作出该案是否可诉的决定。对于依据特别301条款程序发起的不涉及WTO的TRIPs协定的案件,USTR必须在发起调查后6个月内,决定外国法律或做法是可诉的,以及采取何种措施(如有)。如遇到复杂的问题,需要更多时间,或外国政府在改善知识产权保护方面正在取得实质进步,或外国正实施充分保护知识产权的措施,那么裁定日期可延展到9个月。

如果贸易代表裁定美国的贸易协定权利被拒绝,外国的立法、政策或做法违反了贸易协定或是不公平的,并加重了美国商业的负担或限制了美国商业,贸易代表除接受总统的具体指示外,还应采取以下措施:

(1)中止、撤销或阻止美国执行依与外国的贸易协议所做的贸易协议减让的适用、贸易协议减让的利益。

(2)在贸易代表认为适当的时候,对该外国产品征收关税或施加其他进口限制,并且尽管有其他法律的规定,仍可对该外国服务征收费用或施加限制。

(3)在该立法、政策或做法没有能够满足普遍优惠待遇制度、加勒比海经济复兴制度或安第斯贸易优惠制度中免税待遇资格标准的情况下,撤回、限制或中止这种待遇。

(4)与该外国签订有约束力的协议,使该外国取消或分阶段取消该立法、政策或做法,取消由该立法、政策或做法引起的对美国商业造成的负担或限制,或向美国提供令贸易代表满意的补偿性贸易利益。提供补偿性贸易利益的协议必须有利于受益于消除该立法、政策或做法的国内产业的经济部门,或有利于与该经济部门尽可能密切联系的经济部门,除非这种贸易利益的提供是不可行的,或有利于其他经济部门的贸易利益比该贸易利益更令人满意。

(5)如果贸易代表采取的措施是进口限制形式,贸易代表应优先使用实施进口关税而不实施其他进口限制,并且如果实施进口关税外的进口限制,应在增长的基础上考虑使用相当的关税代替该进口限制。

在下列情况下美国贸易代表不要求对有关国家采取强制性报复措施①:

(1)争端解决机构的报告裁定美国根据贸易协定所应享有的权利未被否定,或有关的法律、政策或做法并未否定或削弱美国的权利或美国在贸易协定项下的权利。

(2)USTR裁定他国政府正在采取合理措施以承认美国的贸易权利;或该他国政府已同意消除有关的法律、政策或做法,或者同意立即

① See Section 301(a)(2)(A) of the Trade Act of 1974, 19 U.S.C. §2411(a)(2)(A).

采取措施以解决美国商业所遭受的负担或限制；或虽然他国不能承认美国的贸易权利或不能消除有关的法律、政策和做法，但它同意对美国的贸易利益提供令人满意的补偿。

(3)采取强制措施对美国而言得不偿失，或报复措施可能严重危及美国的国家安全。

九、实施报复措施

USTR应当在作出采取措施的决定后30天内，实施有关报复措施(implementation of actions)，但是，如果申请人或受益产业申请，或USTR认为有关国外壁垒措施正获得改进，或出于美国经济利益的考虑，可以最多推迟180天采取措施。

301条款要求USTR在作出措施是正当的裁定之日起30天内采取措施。[①] 如果申请人请求延迟，或当USTR自行发起调查时，大多数国内产业代表请求延迟，或USTR裁定正取得实质进展，或迟延是必要的，USTR可以延迟180天实施措施。[②] 但是，延迟实施的授权未扩大到特别301条款案件。

实施措施的期限似乎与WTO争端解决程序的时间表不一致，WTO案件通常在15个月内作出裁决，又为败诉国提供了另外15个月，以使其措施符合WTO规则。因此，在大量WTO案件中，外国政府根据WTO规则为被指控做法提供救济的允许时间，将超过301条款规定的时间表(18个月外加30天)。

USTR通过在18个月内就相关做法可诉性作出裁定(如果WTO争端解决机制届时已经通过裁决)，并且推迟作出采取何种措施的时

① See Section 305(a)(1) of the Trade Act of 1974, 19 U.S.C. §2415(a)(1).

② See Section 305(a)(2)(A) of the Trade Act of 1974, 19 U.S.C. §2415(a)(2)(A).

间,等待对相关外国政府是否已经完全履行WTO裁决的审查结果出来之后,再裁定采取什么样的措施,这样USTR就规避了上述难题。USTR这样做,一部分原因是301条款措施规定的截止日期难以执行,同时另一部分原因是301条款的监督规定认为这样的301条款措施是被允许的。

十、监督外国政府遵守报复措施

USTR必须监督外国政府的行为(monitoring of foreign compliance),使其措施符合国际协定,或确保其行为在努力地消除美国疑惑。[①] 监督规定适用于301条款调查所采取的任何措施或签订的协议。USTR不必在监督开始之前作出被控做法是可诉的决定。如果USTR决定某个外国政府不是令人满意地消除了违规做法或条件,那么它必须决定下一步要采取的措施。[②] 在作出此项决定之前,USTR必须与申请人(如有)及相关产业代表协商,并为利害关系人提供陈述意见的机会。[③] 作为301条款调查的结果,双边协议的达成意味着301条款程序进入新阶段,而不是终结。特别是申请人具有重大利益时,需要仔细监督进展,并促使USTR强力实现美国权利。

作为持续监督和执行报复措施的一部分,继2017年8月发起针对中国的301条款调查和2018年3月发布首份报告之后,时隔8个月,美国时间2018年11月20日,USTR又发布了2018年3月版301条款调查报告的更新版本。在过去的8个月中,美国仍在持续关注中国对301条款报告指出的“不合理行为”做出的反应,进一步对这类行为进行调

① See Section 306(a)of the Trade Act of 1974,19 U.S.C. §2416(a).

② See Section 306(b)(1)of the Trade Act of 1974,19 U.S.C. §2416(b)(1).

③ See Section 306(b)(2)of the Trade Act of 1974,19 U.S.C. §2416(b)(2).

查和取证。在这份更新的报告中,美国认为,"中国根本没有改变与技术转让、知识产权和创新相关的行为、政策和做法,这类不合理行为仍在继续"。

值得注意的是,外国政府不遵守因301条款调查而已采取的措施或已经达成的协议的行为,被认为是违反了301条款规定的贸易协定,USTR必须依据第301条(a)采取强制措施。

如果某项措施或协议是执行WTO依据DSU作出的建议,并且USTR认为该外国政府未能履行该建议书,那么USTR在该时点上必须决定是否采取措施。USTR必须在DSU允许的合理执行期限结束后30天内作出该决定。[①] DSU第21条规定,"合理期限"由个案确定,但作为指引,不应超过15个月。

十一、修改及终止报复措施

按照美国总统特别指示(如有),USTR可以修改或终止(modification and termination)依301条款采取的措施。[②] USTR修改或终止措施主要出于如下原因:(1)WTO或其他争端解决机构裁定认为没有发生对贸易协定的违反;(2)相关外国政府正采取令人满意的措施,处理美国的申诉;(3)外国政府已同意补偿美国;(4)修改或修正措施可以避免对美国经济或国家安全造成不利影响。[③] 如果被诉的做法对美国商业造成的负担或限制正在增加或减少,或在301条款b项情形下,措施不再适当[④],USTR也可以修改或终止301条款措施。[⑤]

---

① See DSU Article 21.3.

② See Section 307(a)(1)of the Trade Act of 1974,19 U.S.C. §2417(a)(1).

③ See Section 307(a)(1)(A)of the Trade Act of 1974,19 U.S.C. §2417(a)(1)(A).

④ See Section 307(a)(1)(C)of the Trade Act of 1974,19 U.S.C. §2417(a)(1)(C).

⑤ See Section 397(a)(1)(B)of the Trade Act of 1974,19 U.S.C. §2417(a)(1)(B).

但是,在修改或修正措施之前,USTR应当与申请人(如有)及国内产业代表磋商[1],USTR还应与其他利害关系人磋商。这些利害关系人的利益将因措施修改或终止而受到影响。[2]

1.301条款调查措施的自动终止

如果在4年期限结束前60天之内,受益于该301条款措施的申请人或国内产业代表都没有向USTR提出希望该措施继续存在的要求,那么该301条款措施4年后自动终止。[3] 301条款规定要求USTR应把即将终止的措施邮寄告知申请人及国内产业代表。如果其提出希望上述301条款措施继续存在的申请,USTR必须审查所采取的301条款措施(或可能采取的其他措施)实现目标的效果,以及所采取措施对美国经济(包括消费者)的影响。[4]

将自动"日落"写入301条款,就是要求申请人或其他与4年后继续采取301条款措施有利害关系的人,发表反对自动终止意见,支持继续采取措施的人需要说明继续采取措施的理由,同样,反对继续采取措施的人也需要说明不继续采取措施的理由。

2.301条款调查措施的定期修改

1999年参议员迈克·德·瓦恩(Mike De Wine)首次提出"行李传送带式报复",作为《1974年贸易法》修改法案。正如参议员迈克·德·瓦恩指出的那样,通过要求USTR更替报复清单,"行李传送带式报复"旨在向美国贸易伙伴加大施压,以使后者遵守WTO规则。修改后的《1974年贸易法》第306条要求USTR,当目标外国政府不履行按照WTO争端解决程序作出的建议时,定期修改(比如,更换)报复(比

① See Section 307(a)(2) of the Trade Act of 1974, 19 U.S.C. § 2417(a)(2).

② See Section 307(a)(2) of the Trade Act of 1974, 19 U.S.C. § 2417(a)(2).

③ See Section 307(c)(1) of the Trade Act of 1974, 19 U.S.C. § 2417(c)(1).

④ See Section 307(c)(3) of the Trade Act of 1974, 19 U.S.C. § 2417(c)(3).

如,关税或其他贸易限制)产品的清单,此种定期修改报复产品清单就是著名的“行李传送带式报复”。不断更换产品(和/或提高加征关税税率)的目的就是通过其国内生产商向该外国政府施压,以改变该国对被诉做法的立场。自首次采取措施之日起120天或之后每180天,USTR将审查产品清单或措施,并作出全部或部分修改。在修改产品清单或措施时,USTR必须以最大可能出现目标外国政府履行WTO争端解决机构的建议的结果,或使双方对争议问题达成令双方满意的协议的方式进行修改,如果USTR确定外国政府将很快遵守WTO争端解决机构的建议,或与美国受损行业达成不必修改清单的一致意见,则不必修改报复产品的清单。

根据2000年5月18日生效的《2000年贸易与发展法》(*Trade and Development Act of* 2000)①,美国国会修改了306条款,要求USTR在初始报复措施实施之后120天或之后每180天修改报复清单,以提升美国贸易报复的效果。如USTR决定该外国立即执行根据争端解决程序作出的建议的,或者USTR与申请人(或没有人提交申请的,则为受影响的美国产业)都同意不必修改报复清单的,USTR不必修改清单。报复清单上的货物更换通常被称为“行李传送带式报复”。301条款对USTR如何修改报复清单未给出详细指引,仅指示该修改旨在促使相关外国政府执行WTO建议与决定,或取得其他令人满意的争端解决。

第306条要求对《2000年贸易与发展法》颁布后新发布的报复清单在120天内进行首次修改,但对于该法颁布之前已生效的报复清单(比如,WTO香蕉及牛肉争端)的修改期限未作规定。对于上述案件,立法历史文件显示,国会优先考虑2000年6月19日前采取的措施,美国对该日期之前的清单不进行修改。至2000年年底,美国仍然未采取行动

① See P. L106-200, section 407, May 18, 2000.

使旋转式报复生效。任何对措施的修改或终止，都必须报告给国会，并在《联邦政府公报》上发布。

2008年12月美国行使"行李传送带式报复"授权，建议对经WTO授权加征关税的欧盟产品清单进行修改，该产品清单起初是在牛肉荷尔蒙案中被加征的关税。2009年1月公布了修改后的最终清单。起初是对2009年3月当月或之后所有进口到美国的产品加征关税。此次修改将一些产品从起初产品清单中移出，增加了一些新产品，修改了对某些欧盟成员国覆盖范围，将一种产品（洛克福羊乳干酪）的从价关税提高到300%。2009年1月欧盟宣布，它决定启动就"行李传送带式报复"的法律寻求WTO争端解决的磋商工作，声称该法违反了WTO要求的制裁或禁令所造成的损失等于因拟议的报复而造成的损失金额。在一系列谈判之后，2009年5月美国与欧盟签署了一份备忘录。作为备忘录一部分内容，欧盟给予美国出口的未使用促进生长荷尔蒙的牛肉新的市场准入，美国则中止了对某些欧盟产品征收的报复性关税。2009年9月USTR宣布正式终止其对有关美国欧盟牛肉荷尔蒙争端中的产品清单的修改计划。

最近，USTR使用"行李传送带式报复"授权，分别于2020年2月、8月和12月三次修改了与"美欧大型民用客机"争端中的美国WTO权利执行相关的301条款措施。

3.301条款调查措施的恢复

2016年美国国会通过并由总统签署《2015年贸易便利及贸易执法法》，该法修改了《1974年贸易法》相关条款，确认USTR可以恢复以前已经终止的301条款措施，以执行WTO授权中止贸易减让。

修改后的《1974年贸易法》第306条（c）允许USTR经下列程序后恢复一项301条款措施：（1）应申请人或受益于措施恢复的美国国内产业代表请求；（2）征询初始调查申请人（如有）和国内产业代表的意见，

并为利害关系人提供陈述意见的机会;(3)分析该措施或其他可能采取的措施(包括对其他产品采取的措施)在实现301条款目标方面的效果,以及这些措施对美国经济包括消费者的影响。

总之,301条款程序目的不是审查复杂的、事实具体的指控,USTR甚至缺乏最基本的可靠事实认定及分析程序,没有透明的搜集事实或核实事实的程序,USTR也没有强制送达调查各方利害关系人,以允许一方对其他方提交的事实进行评议的程序。此外,USTR至少没有建立事实听证程序,或提交法律论据的听证程序,也没有处理如何依据事实作出决定的法律标准,即依据优势证据、证据的证明效力,或甚至存在支持所有指控的一些证据。事实上,甚至没有要求USTR收集证据并据之作出决定的完备程序。USTR程序的欠缺不仅与调查反垄断违法行为的完整程序形成巨大反差,而且与其他诸如商务部、国际贸易委员会等指控的复杂程度更低的不公平贸易做法的精致程序及更多的职员投入也形成了巨大反差。

USTR一开始就被设计成总统的对外贸易政策制定者及谈判者。美国国会授予USTR进行301条款调查的权力,目的是给予USTR更多的谈判能力。一位USTR前官员认为,301条款被特意塑造成行政机构的工具,以便使用外交以及经济压力,取得更加"公平"世界贸易体制,造福美国商界业,认定事实只是301条款众多职责中微不足道的一部分。

USTR着重谈判可从301条款程序本身中看出。301条款只规定了认定事实的最基本程序,重点不在费时的事实认定而是在快速得出结果。301条款程序本身几乎不可能进行严格事实认定:301条款要求USTR在作出发起调查决定的当天,同涉及争议的外国政府进行磋商,USTR决定发起磋商完全是依据申请人的信息。在发起调查的那一刻,USTR甚至还没有开始进行调查。在调查中,被控方才有机会陈述案情。当指控涉及私人公司行为时,寻求磋商之前还没有进行调查,就成为一个特别问题。

第五节　301条款调查的实体规则

一、301条款调查保护的客体

无论是301条款强制措施依据之一的外国政府立法、政策或做法的不正当性,还是裁决措施中的外国政府立法、政策或做法的不合理性或歧视性,都必须同时对美国商业造成负担或限制。第301条(d)(1)(A)将“商业”一词界定为包括但不限于:(1)货物、与国际贸易相联系的服务(包括信息转让),而不论该服务是否与特定的货物有关;(2)美国人在外国的涉及货物或服务贸易的直接投资。

“301条款的受案范围很大,从301条款整个发展历史来看,它被用来对付很多外国政府限制性做法。这些申请既涉及货物,又涉及服务业,显示了范围广阔的301条款管辖范围。然而经过随后修法,美国国会清楚表明,301条款受案范围既包括了服务业也包括了对外投资”。USTR关于301条款的报告显示,可能成为301条款调查或非正式调查对象的外国贸易做法及壁垒的范围极为广泛。比如,USTR依据《1974年贸易法》第309条(a)(3)要求向国会提交的关于301条款进展报告,报告的期间为1996年6月至1998年1月,其列出了报告期间USTR发起的11个调查,报告期间之前发起并在报告期间继续的5个调查,在报告期间完成15个调查,但报告期间没有履行,仅有一个申请没有启动调查。涉及的外国做法包括巴拉圭及洪都拉斯不足的知识产权保护,欧洲、澳大利亚及加拿大的出口补贴,韩国及印度尼西亚汽车壁垒,土耳其对外国电影的歧视和加拿大对外国杂志的歧视。唯一没有启动调查的申请是由史密斯·韦森撤回的,该申请指控巴西对进口枪支实施歧视性要求，USTR表示，它当时正与史密斯·韦森一起努力，巴西政府也将纠正对进口枪支的歧视性要求。

301条款的目的不是报复，而是为谈判提供额外手段，目的是改善美国产品及服务的外国市场准入，加强美国对对外投资及知识产权的保护。301条款调查主要保护以下四大客体。

（一）货物贸易

货物贸易是301条款传统的保护对象，也可能是最为清楚的保护对象。比如，曾对日本的大米、丝绸、兽皮、番茄及其他烟草产品、钢铁以及半导体提出申请并发动调查，也多次威胁对日本的铝制棒球棒、铝产品提出301条款调查申请，以采取报复措施相威胁，已经为美国与日本谈判提供了手段。尽管服务贸易在国际贸易中的比重持续增长，但货物贸易仍然是国际贸易的重要部分。2019年美国出口货物1.65万亿美元，其中制成品出口占83%，占总出口（2.4998万亿美元）的66.8%，农产品出口占9%，货物出口占美国货物与服务出口总额（2.4998万亿美元）的66%。

（二）服务贸易

1979年对301条款的修改扩大了“商业”一词的含义以涵盖服务业，其不要求该服务必须与货物国际贸易直接相关。服务业涵盖了诸如视听、建筑、计算机及服务、能源、快递、电子商务、专业零售及批发、旅游、通信、银行、保险、交通等领域广阔的经济活动。美国律师也曾对日本对外国律师执业限制提出了301条款调查申请。服务业已经成为美国贸易政策优先考虑产业，成为全球贸易及美国贸易流动的重要组成部分。2019年美国跨境服务（不含“商业存在”方式）贸易额为8467亿美元，占美国当年总出口额的33.9%，占美国GDP的69%，占私营企业全职就业岗位的 71% 。美国已经成为全球最大的服务进口国和出口国,分别占到全球服务贸易的 10% 和 14% 。

相关的例子就是韩国保险 301 条款调查案,该案涉及韩国限制外国公司提供保险服务,它是 USTR 根据美国总统指示自动进行的调查。《1956 年美韩友好通商及航行条约》第 7 条规定了本国公民和公司在另一国从事各种商业活动的国民待遇。美国政府提醒韩方注意,韩国不开放保险市场的做法明显违反了该条约第 7 条。美国总统依据 301 条款作出决定:韩国政府对在韩的外国保险公司业务活动的限制或禁止政策是不正当的。

（三）美国对外投资

2017 年美国是世界上最大的对外投资来源国(3420 亿美元),同时也是最大的对外投资接受国(2750 亿美元)。美国既是对外投资的来源国,同时也是接受国的双重地位,意味着美国在制定对外直接投资的国际政策方面具有重要的经济、政治及国内利益。投资是贸易的重要推动力。依据其双边投资协定(BIT)范本,美国与其他国家谈判国际投资协定,降低对外国投资的限制,保障对投资者及投资的非歧视性待遇,维护美国利益。目前美国的国际投资协议主要采取两种形式:(1)双边投资协定,需要参议院 2/3 多数投票予以批准;(2)自贸协定中的类似双边投资协定的几个投资章节,需要参众两院简单多数批准该自贸协定在美国实施的法律。美国目前已与 40 个国家签订双边投资协定,与 17 个国家签订包含有投资章节的自贸协定。

1984 年修改扩展了 301 条款的“商业”定义范围,纳入了美国公民对外直接投资[①],并对“歧视性的”定义如下:除了对货物及服务拒绝给

① See Section 301(e)(1) of the Trade Act of 1974, 19 U. S. C. §2411(e)(1).

予国民待遇及最惠国待遇之外，还包含了对美国对外直接投资拒绝给予国民待遇及最惠国待遇。

1985年至2016年，美国对外直接投资存量从2380亿美元增长到5.3万亿美元，70%的美国对外投资是在欧洲，主要集中在高科技、金融及服务业。国际投资通过增加出口、改善效率、创造就业及提高工资等方式，为美国经济及美国工人带来金额大并且重要的红利。

（四）知识产权

知识财产是嵌入有体或无体物（包括数字）中的智力创造。知识产权是国家赋予发明者及艺术家的一项合法的、私营的及可执行的权利，该权利可使发明者及艺术家有限期的排他性使用、商业化及市场推广其发明，以及阻止他人未经许可使用、商业化、市场推广其发明。知识财产的权利主要包括专利权、著作权、商标权、商业秘密及地理标志。

美国经济正成为以知识为基础，越来越以技术及创新为核心的经济，美国专利及商标局最近一份研究报告显示，诸如计算机技术、娱乐、制药等知识产权密集型产业（IP-intensive industries）为美国创造了2800个就业岗位，6.6万亿美元的经济价值，占美国GDP总额的38%。美国一个关注知识产权的委员会估算，假冒产品、盗版软件以及窃取商业秘密对美国经济的拖累每年超过2250亿美元，最高可能达到6000亿美元。

1988年对301条款的修改要求，USTR必须每年确定未能为知识产权提供充分及有效的保护，或对依赖于知识产权保护的美国人未能提供公平及公正的市场准入的"优先国家"名单，这个过程被称为"特别301"。除非适用明确的豁免，否则USTR必须依特别301条款自行对被列入“优先国家”名单中外国及其做法快速进行调查。[①]

1994年修改301条款时,美国国会还扩充了“不合理的”贸易做法的定义外延。“不合理的”贸易做法适用USTR的酌定措施。美国国会明确规定,如外国未能提供“充分”知识产权保护,即使该国知识产权法没有违反WTO规则,该国也会依据301条款被指控为从事“不合理的”做法。[②] “充分”知识产权保护是指提供取得、行使及实施权利的机会,享有与专利、商标、版权及其相关权利、掩膜作品、商业秘密和植物培育人相关的商业利益。通过规定某一外国未能给予“非歧视市场准入机会”,包括对与使用、利用或享有源于行使知识产权的商业利益有关的市场准入的限制[③],美国国会进一步提高了对知识产权的保护。《2015年贸易便利及贸易执法法》首次将“商业秘密”纳入知识产权保护范围。

二、301条款调查的类型

(一)强制措施调查

第301条(a)(1)规定,依照总统指示(如有),如果USTR确定以下情形成立,那么必须采取措施:(1)美国在任何贸易协定项下的权利遭到否定。(2)外国的立法、政策或做法:①违反了贸易协定的规定,或者与该协定的规定不符,或者以其他方式否定了美国依该协定享有的利益;②是不正当的(unjustifiable),并对美国商业造成负担或限制(burden or restrict)。

① See Section 302(b)(2) of the Trade Act of 1974, 19 U.S.C. §2412(b)(2).

② See Section 301(d)(3)(B)(i)(II) of the Trade Act of 1974, 19 U.S.C. §2411(d)(3)(B)(i)(II).

③ See Section 301(d)(3)(F)(ii) of the Trade Act of 1974, 19 U.S.C. §2411(d)(3)(F)(ii).

实际上，这意味着每当USTR确定外国立法、政策或做法与美国在贸易协定项下享有的权利不一致时，就要强制采取措施（mandatory actions）。此种不一致既包括对贸易协定的明显违反，也包括否定了美国依该协定享有的利益，而不管是否已发生技术上的违反。

除了对违反贸易协定可以采取强制措施之外，在确定应采取强制措施的"不正当的"外国贸易做法时，301条款立法似乎创设了兜底条款（catch-all），以囊括特别严重的做法。如果外国政府做法违反了贸易协定，或与贸易协定不一致，或其他方面是"不正当的"，那么USTR必须采取强制措施。声称存在"不正当的"做法的申请应当证明这些做法对美国商业造成负担或限制，而对声称违反了贸易协定的申请却没有此种要求，这两者要求上的差别更强化了"不正当的"做法是兜底条款的印象。但是，事实并非如此。301条款规定，"如果一项立法、政策或做法违反了美国的国际合法权利，或与之不一致，那么该立法、政策或做法就是不正当的"。据此可知，美国国会已将"不正当的"做法等同于对贸易协定的违反，因此，不清楚在多大程度上"不正当的"次分类中增加了多少种的启动强制措施的做法。

值得注意的是，当被指控违反了贸易协定时，一般不要求对美国商业造成负担或限制，当申请人援引"不正当的"，而不是直接违反贸易协定的诉求，试图启动强制措施时，他们只需确立对美国商业造成影响。对比第301条（a）（1）（A）与（b）（1）（13）（ⅱ），后者包含"负担或限制"的表述，而前者并没有。但是，对美国商业造成何种影响将关系到确定采取的措施性质及程度。第301条（a）（3）要求，任何措施都应以与对美国商业所造成负担或限制的同等金额影响相关国家的货物或服务。

然而，强制措施并不是其"强制"一词表面那样，是否采取强制措施的决定一般不受司法审查，而是由美国总统及USTR拥有最终权力。

依据《1974 年贸易法》第 301 条，总统有权采取广泛的措施，以反击一个国家立法对贸易协定的违反，或不正当的、不合理的或歧视性的并对美国商业造成负担或限制的另一国立法，不存在允许对作出上述任何选择的依据进行司法审查的规定。

此外，301 条款规定了几种不要求 USTR 采取强制措施的例外：第一，如果 WTO 或另一个争端解决机构裁定没有发生违反或美国权利没有被否定，那么 USTR 不必采取措施。第二，如果 USTR 裁定，相关外国政府正在采取令人满意的措施予以救济，包括采取消除违法措施，或同意经济解决方案。第三，当该外国政府不可能提供救济时，该外国政府向美国提供令 USTR 满意的补偿，以换取不采取 301 条款措施。第四，如果采取措施会严重损害美国国家安全，或仅在极特别情形下，采取措施会对美国经济产生不利影响，那么 USTR 不必采取措施。

(二)酌定措施调查

第 301 条(b)规定，USTR“应当”采取措施，如果它确定：(1)外国政府的立法、政策或做法是不合理的(unreasonable)或歧视性的(discriminatory)，并且对美国商业造成负担或限制；(2)美国采取的措施是适当的(appropriate)。

尽管第 301 条(b)表述仍然是强制性的，使用了“应当”一词，但上下文中的措施仍然是自由裁量性的(discretionary)，这是因为只有在 USTR 裁定措施是“适当的”时候才能采取措施。

酌定措施类型非常广泛，包括了完全不受任何国际协定或纪律约束的措施。301 条款立法规定，如果“外国政府的立法、政策或做法在其他方面不公平或不公正，即使不一定违反美国国际立法权利或与之不一致”，也都是酌定措施类型下的“不合理的”。“不合理的”行为更为具体，包括：(1)拒绝提供公平公正地设立企业的机会；(2)未能为知识产权提供充分有效的保护(即使该外国政府没有违反WTO的TRIPs协定);(3)对于依赖知识产权保护的美国人拒绝提供非歧视市场准入;(4)容忍对外国货物或服务市场准入造成限制的企业系统性反竞争行为;(5)实施协议一致措施计划,在出口某类或某种货物时更具竞争力;(6)损害工人基本权利(自由结社权,组织并集体谈判权,不被强迫劳动或不做奴隶工的权利,挣最低工资权利,最低年龄以上才工作的权利,在人道条件下工作权利);(7)外国政府持续地未能有效履行其与美国政府均为成员方的协议项下的承诺,这些协议涉及货物贸易、服务贸易、农业贸易、对外投资、知识产权、数字货物及服务贸易和跨境数据流动、监管做法、国有企业及国家控股企业、本地化要求的贸易壁垒、劳工及环境、反腐败、贸易救济法、纺织品、商业伙伴关系等。

如果外国政府的立法、政策或做法拒绝给予美国货物、服务或投资国民待遇或最惠国待遇,那么该立法、政策或做法就是酌定措施类别下的"歧视性的"。如果外国政府正在采取措施,以改正问题,或违反条件与该国经济发展水平相一致,那么USTR可不必将其划为"不合理的"措施,从而不认定为可诉的措施。

(三)两者的区别

强制措施调查[第301条(a)]与酌定措施调查[第301条(b)]主要有以下三点不同:

第一,第301条(a)调查的关注点在于是否违反了已有的国际贸易协定(依据国际公认标准证明一项立法、政策或做法是不正当的);第301条(b)默示假定没有否定美国在国际贸易协定项下享有的权利,USTR要审查外国政府是否以不合理或歧视性的方式行事。

第二,依据第301条(a)作出的肯定性决定启动的是强制措施,而依据第301条(b)作出的肯定性决定启动的是自由酌定措施。

第三，通常情况下，对被指控违反贸易协定或存在不正当做法的调查必须在 18 个月内完成，而对被指控存在不合理或歧视性的做法的调查必须在 12 个月内完成。在调查期间，USTR 将通过公开听证会为各种观点提供一个表达的机会，并可能要求美国国际贸易委员会评估该措施对美国经济可能产生的影响。

三、采取 301 条款措施的法定标准

（一）采取强制措施的法定标准

第 301 条(a)(1)规定，依照总统指示(如有)，如果 USTR 确定以下情形成立，那么必须采取措施：(1)美国的任何贸易协定项下的权利遭到否定。(2)外国的立法、政策或做法：①违反了贸易协定的规定，或者与该协定的规定不符，或者以其他方式否定了美国依该协定享有的利益；②是不正当的，并对美国商业造成负担或限制。

凡是满足下列三个标准之一，USTR 必须采取强制措施。

1. 标准一：美国依据贸易协定享有的权利正被否定。

作为《1979 年贸易法》对 301 条款的修正的一部分，美国国会增加了一条，允许总统采取措施执行美国在贸易协定项下的权利，该修正强调了 301 条款旨在对外国政府不公平的行为予以救济。该重点在 1988 年修改 301 条款时再次得到体现，美国国会要求对外国政府违反贸易协定的行为必须采取措施，凡是因违反需要执行美国在贸易协定项下的权利而提出的诉求，美国国会将该诉求作为采取强制措施排在第一位的依据。然而，对于何为可以采取强制措施依据的“贸易协定”，301 条款并未给予定义，只能依据 USTR 在具体调查中对贸易协定的具体解释。在大多数情况下，USTR 均对“贸易协定”作出狭义解释，具体来说，只有 WTO 协定、GATT 及其他经国会批准的与贸易相关的协定才

是301条款意义上的"贸易协定"。在早期301条款调查中,USTR也将两国政府与贸易相关的双边协定作为301条款意义上的"贸易协定"。在阿根廷兽皮出口限制案(301－24)中,美国全国皮革商会声称,阿根廷违反了美国与阿根廷之间的兽皮协议;在中国台湾地区关税估价案(301－56)中,USTR调查认为,中国台湾地区没有履行有关海关估价的双边协定,认为中国台湾地区违反了贸易协定,否定了美国依1979年双边协定享有的权利。

USTR通常将"贸易协定"解释为WTO的"一揽子"协定,这种限定解释排除了友好通商及航行条约。作此种解释的理由是在涉及贸易协定的案件中,在一定期限内,双方未达成可接受的解决方案时,USTR应依该贸易协定所规定的正式争议解决程序,立即要求开始该程序。[①] 而一些与贸易相关的非WTO"一揽子"协定要求通过国际法院解决争端,但USTR认为美国国会无意要求将贸易争端诉之于国际法院,因此USTR一直从严解释"贸易协定"。对第303条(a)(2)要求作出限制,即申请人首先要穷尽国际争端解决程序,如果可以证明违反了WTO协定,那么可以推定申请方的贸易利益被减损或抵消,但该推定可以被推翻;如果申请方申诉其利益被某个不违反WTO协定的措施减损或抵消,那么它必须证明存在此种结果。

目前贸易协定通常包括以下几种:①双边自贸协定,截至2021年12月底,美国已与20个国家签订了14份自贸协定;②区域贸易协定,如《美墨加协定》;③复边贸易协定(通常成员国不是来自同一个地区,通常就某个行业贸易进行谈判),比如《民用航空器贸易协定》、《政府采购协定》(GDA)、《信息技术协定》、正在谈判的《服务贸易协定》等;④WTO"一揽子"协定。

---

① 参见第303条(a)(2)。

在民用大飞机补贴案（301 －126）中，美国指控欧盟违反了 WTO《补贴与反补贴协定》第5条[1]及第6条第3款[2]，否定了美国权利。美国指责欧盟在15年间一直对欧洲飞机制造商——空客集团进行补贴，从而损害了美国波音公司的利益。针对美国发起的该案，WTO于2019年10月正式授权，允许美国通过对欧洲每年高达75亿美元的出口产品征税来弥补损失。

标准一项下的301条款调查，不要求证明对美国商业造成负担或限制，只要调查发现存在美国在贸易协定项下的权利被否定情形，就可以采取强制措施。301条款确立了一项不可推翻的推定，即违反贸易协定就相当于对美国商业造成负担或限制。

2. 标准二：外国政府的立法、政策或做法违反贸易协定，或与贸易协定的规定不一致，或以其他方式否定了美国依贸易协定享有的利益。

在此种情形下，不要求外国政府立法、政策或做法违反了贸易协定，仅要求其通过减损或抵消减让的方式，否定了美国依该协定享有的利益。

区别依据标准一提出的诉求及依据标准二提出的诉求是十分困难

---

① 《补贴与反补贴协定》第5条“不利影响”规定，任何成员不得通过使用第1条第1款和第2款所指的任何补贴而对其他成员的利益造成不利影响，包括：(a)损害另一成员的国内产业；(b)使其他成员在1994年GATT项下直接或间接获得的利益丧失或减损，特别是在1994年GATT第2条下约束减让的利益；(c)严重侵害另一成员的利益。本条不适用于按《农业协定》第13条规定对农产品维持的补贴。

② 《补贴与反补贴协定》第6条第3款规定，如下列一种或多种情况适用，则可产生第5条(c)意义上的严重侵害：

(a)补贴的影响在于取代或阻碍另一成员同类产品进入提供补贴成员的市场；

(b)补贴的影响在于在第三国市场中取代或阻碍另一成员同类产品的出口；

(c)补贴的影响在于与同一市场中另一成员同类产品的价格相比，补贴产品造成大幅价格削低，或在同一市场中造成大幅价格抑制、价格压低或销售损失；

(d)补贴的影响在于与以往3年的平均市场份额相比，提供补贴成员的一特定补贴初级产品或商品的世界市场份额增加，且此增加在给予补贴期间呈一贯的趋势。

的。如果两者之一被引述为提起诉求的依据,那么另外一个标准很可能同时被引述为提起诉求的依据。不言而喻,301条款下的标准一和标准二都必定涉及贸易协定。同时,在大多数情况下,依据301条款提起的诉求就等同于依据标准一提起的诉求。

值得关注的是,与“否定权利”相比,“否定利益”一词暗示涵盖范围更广的可诉性做法。也就是说,即使外国政府没有违反某项贸易协定,但它也可能扭曲了贸易协定谈成的双方对等平衡(reciprocal balance),从而否定了美国利益。在这种情况下,USTR可以有效地适用“否定利益”条款,但它同时妨碍了USTR审查以“否定权利”为由提起的诉求。因此,在某些方面,“否定利益”条款可以看作等同于GATT第23条。GATT第23条规定,无论该措施是否与GATT产生不一致,都可以提起利益“丧失或减损”(nullification or impairment)的诉求。

同样,与“否定利益”条款范围更广相一致,USTR一直对贸易协定项下的“利益”予以扩大解释,USTR一直运用大众的“公正观念”标准来识别被妨碍的利益,而不是严格拘泥于与贸易协定中的“利益”相关的用词。

301条款并未明确要求申请人或USTR证明美国商业受到负担或限制,但是在实际操作中,立法条文要求其必须作出以上证明。为了使“否定利益”条款项下的诉求成立,申请人或USTR必须证明外国政府违反贸易协定义务的方式,或外国政府否定美国在贸易协定项下利益的方式。为进行上述证明,申请人或USTR必须证明,无论是在该外国市场上还是在第三方市场上,美国利益经历了销售额被降低或其他优势受到妨碍的过程。

3. 标准三:外国政府不正当的立法、政策及做法对美国商业造成负担或限制。

301条款不是精心起草的立法典范，起草人所犯的错误之一就是第301条(a)，该款对“不正当的”进行了定义，该定义是循环的。《1984年贸易法》将该定义加到第301条中，即“不正当的”是“指违反了美国国际法权利，或与其不一致的立法、政策或做法，诸如拒绝给予国民待遇或最惠国待遇，或者拒绝设立企业权利或知识产权保护”。美国国会作出上述定义的目的就是要给予私营企业尽可能大的空间，以提出301条款调查申请，不想让相关贸易协定立法用语或贸易协定的立法地位妨碍申请人提出申请。

在301条款调查最初阶段，不正当做法裁决的最多依据不是违反了贸易协定，而是违反了其他协定，诸如友好通商及航行协定(FCN)。相关的例子就是日本香烟案，日本政府有一家垄断企业（日本香烟株式会社）生产香烟违反了《1953年美日友好通商及航行条约》，该条约第7条（与《1956年美韩友好通商及航行条约》第7条相同）规定，对另一签字国的公司或居民在本国从事各种商业活动给予国民待遇。由于日本政府拥有一家香烟垄断企业，排除了美国企业从事香烟生产的商业活动，该行为被认为违反了《1953年美日友好通商及航行条约》，因此依据301条款其是可诉行为。

具有重要意义的是，争议不一定必须依据与美国之间签订的双边或多边协定产生，才具有第301条(a)“不正当的”含义。如果其他两国之间贸易关系间接影响到美国，也会产生301条款案件。比如，1976年美国钢铁研究院提交的301条款调查申请，该申请是关于日本与欧盟之间的谅解协议的。美国钢铁研究院声称，日本与欧共体秘密达成协议，从欧共体转移大量日本钢铁产品出口到美国。USTR未受理该申请，认为日本与欧共体之间谅解协议不公正地对美国企业造成负担的诉求缺乏正当理由。301条款足够宽泛的措辞，目的是保护依国际认可标准产生的美国权利。

(二)采取酌定措施的法定标准

第301条(b)规定,USTR"可以"采取措施,如果它确定:(1)外国政府的立法、政策或做法是不合理的,或歧视性的,并且对美国商业造成负担或限制;(2)美国采取的措施是适当的。

1.标准一:外国政府的不合理立法、政策或做法对美国商业造成负担或限制,并且美国采取的措施是适当的(appropriate)。

301条款将"不合理的"定义为不公平的或不公正的立法、政策及做法,即使不一定违反美国的国际合法权利或与之不一致。该定义包括了拒绝提供公平及公正的市场机会、设立企业的机会,以及拒绝为知识产权提供充分有效的保护;构成出口定向;构成了持续否定工人权利的行为;外国政府未能有效履行其与美国政府均是成员方的协议。[①] 由于不合理的措施不是与任何国际协定不一致,因此这些不合理措施可能代表了最具单边性及最有趣的301条款决定。

《1988年贸易法》以及《2015年贸易便利及贸易执法法》均修改了301条款,释明并扩大了"不合理的"做法的范围,同时列举了以下五个具体事例。根据修改后的301条款,"不合理的"做法包括以下几类持续性行为:

(1)否定工人权利(denial of worker' rights)。

这些权利包括:结社,集体谈判,不被强迫或强制劳动,童工的最低年龄,足够的工资,工作时间、工人职业安全及健康等标准。在每个案件中,USTR在确定外国做法是否合理时,应考虑:①有关国家的经济发展水平;②该国正在采取的措施,是否在规定工人权利上有显著实质性进步。

---

① 参见第301条(b)(3)(B)(i)(ii)(iii)。

(2)出口定向扶持(export targeting)。

它被定义为对特定的企业、产业或其集团实施的由一系列措施(不论是单独实施还是统一实施)组成的政府计划或方案,其结果是协助该企业、产业或集团使其在出口一类或一种货物时更具有竞争力。[①]

(3)容忍不公平竞争(toleration of anti-competitive activities)。

外国政府容忍该国私营企业在商业考虑基础上系统的反竞争活动,从而限制了美国货物的市场准入。[②]

(4)外国政府未能有效执行其与美国政府均为成员方的协议(failure to effectively enforcing agreements with US)。

(5)外国政府持续地未能有效履行其与美国政府均为成员方的协议项下的承诺,这些协议涉及货物贸易、服务贸易、农业贸易、对外投资、知识产权、数字货物及服务贸易和跨境数据流动、监管做法、国有企业及国家控股企业、本地化要求的贸易壁垒、劳工及环境、反腐败、贸易救济法、纺织品、商业伙伴关系等。

上述这些修改为USTR提供了更具体指导,即这些做法依据301条款是可诉的,同时给USTR传递了一个信号,即美国国会将期待针对这些做法使用301条款。[③]

上述做法的纳入使301条款管辖范围扩展到传统贸易问题之外。不同于1984年新出现的但仍与政府设置贸易壁垒直接相关的知识产权及投资,“对反竞争活动的容忍”将301条款扩展到外国政府措施的边界之外,将其纳入301条款管辖范围,几乎等于对外国私营企业行为

---

① See The Omnibus Trade and Competitiveness Act of 1988, § 1301, 19 U.S.C. § 2411(d)(3)(E).

② See Section 301(d)(3)(B)(Ⅰ)(Ⅲ) of the Trade Act of 1974, 19 U.S.C. § 2411(d)(3)(B)(Ⅰ)(Ⅲ).

③ See Rep. No. 71, supra note 44, at 85 – 89; H.R. Rep. No. 40, supra note 55, at 63 – 69.

可以使用贸易报复。“允许对否定工人权利行为进行报复”实际上是通过301条款在全世界推广采用美式劳动标准。

此外,301条款进一步对“不合理性”作出规定,即USTR应在“适当程度上”考虑在美国的外国公司是否能够与被拒绝的美国公司获得对等机会。[①] 考量在美国的对等机会是立法要求,301条款特别要求USTR在确定任何一项立法、政策或做法是否合理时,应当考虑美国市场向外国公司或居民提供的对等机会(对等机会条款)。对等机会条款代表了美国国会给予USTR唯一的具体立法标准,作为其作出不合理性决定时的指引。重要的是,从301条款立法演变来看,对等机会条款体现了美国国会追求对等市场准入的意图。

第301条(b)将“对等机会”作为客观标准,要求在美国和外国市场之间进行比较。因此,为完成该比较,USTR必须审查外国公司在美国市场的准入。

参议院委员会报告指出其无意将考虑对等作为一项限制因素,仅对等考虑不一定决定一项立法、政策或做法是否是“不合理的”,它只是一项适当考虑的因素。比如,即使提供的外国市场机会等于或超过在美国可获得市场机会,但如果相关外国政府违反了贸易协定或其他协定,或拒绝给予国民待遇或最惠国待遇,那么它们仍可能是可诉的。反之,即使外国市场没有提供对等机会,但在许多案件中,仍可能成为机会大小程度不是“不合理的”有效理由。例如,某国关税比美国高的事实,无论是普遍关税还是特定产品的关税,如果其关税符合贸易协定,则这个事实本身不构成起诉的理由。上述报告强调立法上的简明含义,国会不仅想让USTR审查美国市场,而且指示USTR在对美国市场上的准入与外国市场上的准入进行比较之后,如何斟酌其决定。

---

① See 19 U.S.C. § 2411(d)(3)(D).

此外,通过建议几个可选择的参照点,委员会报告确认了以美国市场作为客观标准。委员会报告表明"可以考虑的其他因素可以是在类似情形下的国际规范或做法"①,例如,USTR可以将外国做法与国际共识进行比较,国际共识可以与争议问题相关的几个国际公约为证。

对等机会条款遵循清晰逻辑,即避免当美国市场不如外国市场更开放时发生贸易上的冲突,对等机会条款背后的上述政策反映了国会使其贸易成为"一条双向通道"的意图。国会承认,在美国市场还未开放时就指控外国做法是自相矛盾的和不公平的。通过突出"双向"贸易,301条款代表了保护主义与自由贸易之间的妥协。通过允许多边贸易体制(WTO)约束之外的激烈贸易冲突,在301条款范围内突出强调的对等机会条款安抚了保护主义利益集团。同时,通过规定美国对外国公司开放市场才能指控外国政府封闭市场行为,对等机会条款维护了自由贸易原则。

美国国会仔细地解释了第301条(b)中"适当程度上"的含义,以便不与该条的强制性质发生冲突,或不与合理性决定中的将美国市场确立为客观标准发生冲突。美国参众两院委员会报告对"适当程度上"作出了几乎一样的解释。在其报告中,国会清楚地表明,"适当程度上"一词没有给予USTR不考虑在美国的市场机会的裁量权。相反,"适当程度上"一词是USTR有关在美国的外国公司市场准入决定适用的指引。

2. 标准二:歧视性的外国政府立法、政策或做法对美国商业造成负担或限制,并且美国采取的措施是适当的(appropriate)。

关于"歧视性"的做法,法规规定其是指"任何否定美国货物、服务和投资国民待遇或最惠国待遇的立法、政策和做法"。"国民待遇"是指对其他成员方的产品、服务或服务提供者及知识产权所有者和持有者

---

① S. REP. NO. 71. P87.

所提供的待遇,不低于本国同类产品、服务或服务提供者及知识产权所有者和持有者所享有的待遇。"最惠国待遇"是指缔约一方现在和将来给予任何第三方的一切特权、优惠和豁免,也同样给予缔约对方,其基本要求是使缔约一方在缔约另一方享有不低于任何第三方享有或可能享有的待遇。

(三)负担或限制的认定

第301条(a)及(b)中一些关键术语缺乏清晰的含义。例如,第301条(a)及(b)都没有精确标准,以确定是否对美国商业造成负担或限制。另外,"负担"与"限制"不能作为同义词,因为这种理解意味着其中一个是多余的,对立法用语不能作此种理解。实践中,申请人主张"限制"的情形并不多,原因是"限制"一词含有比"负担"对美国商业造成更强程度的影响的意思。相反,"负担"可能涉及进口到美国的外国产品出现增长(比如,某个出口国和另外一个进口国之间通过协议,图谋向美国转移出口产品),或降低美国获得外国进口到美国原材料的能力(可能因为外国政府的出口限制)。以往的案例表明,申请人必须证明存在市场机会的丧失,比如,无论是在从事被指控为不公平贸易行为的外国国内市场,还是在第三国国内市场,美国的出口产品均被他国产品取代。

1. 负担(burden)

301条款调查申请中经常指控对美国商业造成负担,申请人可以通过进口到美国的外国产品的增加来证明对美国商业造成负担。比如,美国钢铁研究院主张,欧共体及日本之间的协议造成了进口到美国的产品增加,转移了一定数量的日本钢铁产品到美国市场。申请人也可以通过美国获得进口到美国的原材料能力的降低来证明对美国商业造成负担,比如美国全国皮革商会曾针对阿根廷政府对皮革的出口限制提出此类主张。更多情况下,被指控的负担是他国产品或服务取代了美国货物或服务出口销售,无论是在从事不公平贸易国家的国内市场(比如,早期某个301条款调查申请指控加拿大对美国鸡蛋进口实行配额),还是在第三国国内市场(比如,后来有301条款调查申请指控欧共体对小麦粉的出口补贴)。此外,不充分知识产权保护也可能被裁定为对美国商业造成负担。

1976年10月6日,美国钢铁研究院提交申请,声称欧共体与日本双方达成协议,以转移大量日本钢材出口进入美国市场,进行不公平贸易。特别贸易代表于1976年12月9日举行了听证会,于1978年1月30日终止调查,其理由是申请书指控欧共体与日本之间的协议对美国造成不公正负担缺乏充分理由。①

1992年8月18日,P&M Cedar产品有限公司及Hudson公司依据第302条(a)提交了301条款调查申请,声称印度尼西亚有关铅笔条的多项做法是不合理的,并对美国商业造成了限制或负担。申请书声称,下列印度尼西亚做法起到了促进印度尼西亚铅笔条出口到第三国市场的效果,并具有可诉性:(1)实施差别出口税,对原木征收很高税,而对诸如铅笔条的成品不征税;(2)政府拥有的木材存货压低价格;(3)未能执行木材减让协议条款。

1992年10月2日,USTR依据第302条发起调查,并邀请公众对申请书中的指控进行评议。同时,USTR要求与印度尼西亚政府磋商。1992年12月31日,USTR裁定,不存在申请书指控的做法产生不利贸易影响的证据。因此,即使假定被指控的做法存在,并依据第302条(b)具有可诉性,但因缺乏依据,不能得出对美国商业造成负担或限制

① See 43 FR 3962.

的结论[1],USTR 随后终止调查。

2. 限制

由于限制包含有比负担对美国商业造成更强程度影响的意思,因此301条款案件中不经常指控对美国商业造成限制。

在301条款案件中,通常只要求两者具有其一:或对美国商业造成负担,或对美国商业造成限制。但有些案件裁定对美国商业既造成负担也造成限制,比如2017年对中国强制转让技术等的301条款调查中,USTR 认定中国限制技术转让对美国商业既造成了负担,又造成了限制(详见第三章第二节的六、"可诉性认定")。

第六节 301条款调查的报复措施

一、报复措施的种类

(一)强制措施

第301条(a)规定了强制措施。第301条(a)适用的情况是,USTR 根据第304条(a)(1)(2)确定美国依据任何贸易协定所享有的权利正在受到否定,或外国政府的法律、政策或做法:(1)违反了任何贸易协定的规定,或者否定了美国依该协定所享有的利益;(2)是不正当的,并且给美国商业造成了负担或限制。

如果 USTR 裁定上述外国法律、政策或做法具有可诉性,那么:(1)USTR就应根据总统的具体指示,采取第301条(c)授权的措施;(2)美国贸易代表可以采取总统权限内的、总统指示贸易代表采取的所有其他的适当并可行(appropriate and feasible)的措施,以实现美国的权

① See 58 FR 610.

利,或消除外国政府的法律、政策或做法带来的影响。此外,贸易代表可以采取总统权限内的、与货物贸易或服务贸易相关的措施,也可采取与该外国的有关关系中其他领域相关的措施。[①]

此外,所采取的旨在消除该外国法律、政策或做法带来的影响的强制措施都应当进行设计,使其对该外国的货物或服务影响程度等量于该外国对美国商业施加负担或限制的水平。[②]

但在以下四种情况下,不要求USTR采取强制措施:(1)DSB通过了报告,裁决美国依据WTO协定所享有的权利没有受到否定,或者有关法律、政策或做法没有侵犯美国的权利或与该权利不一致,或没有否定、抵销或减损美国依据任何贸易协定所享有的利益。[③] (2)USTR认为外国正在采取令人满意的措施给予美国依贸易协定所享有的权利。[④]例如,WTO成员承诺在DSU第21条规定的合理期限内实施有利于美国的DSB建议,就曾被USTR认为是"令人满意的措施",可以终止调查,不采取措施。(3)该外国同意取消或逐步取消有关做法,或者同意立即解决对美国商业的负担或限制,或者向美国提供令USTR满意的贸易利益补偿。[⑤] (4)采取措施对美国经济的负面影响大大超过所得到的利益,或者严重损害美国的国家安全。[⑥]

(二)酌定措施

第301条(b)规定了酌定措施。第301条(b)适用的情况是,外国的做法虽然没有否定美国依贸易协定所享有的权利或利益,但这些措

① See Section 301(a)and(b)of the Trade Act of 1974,19 U.S.C. §2411(a)and(b).
② 参见第301条(a)(3)。
③ 参见第301条(a)(2)(A)。
④ 参见第301条(a)(2)(B)(i)。
⑤ 参见第301条(a)(2)(B)(ii)、(iii)。
⑥ 参见第301条(a)(2)(B)(iv)、(v)。

施是“不合理的、歧视性的,给美国商业造成了负担或限制”。不合理的做法包括否定设立企业的机会、没有保护知识产权、出口鼓励、容忍私营企业的反竞争行为、否定工人权利。歧视性的做法包括否定了美国货物、服务或投资的国民待遇或最惠国待遇的做法。

如果 USTR 裁定上述外国法律、政策或做法具有可诉性,那么:(1)USTR就应根据总统的具体指示,依据第 301 条(c)授权采取适当并可行(appropriate and feasible)的措施;(2)美国贸易代表可以采取总统权限内的、总统指示贸易代表采取的所有其他的适当并可行的措施,以实现美国的权利,或消除外国政府的法律、政策或做法带来的影响。此外,贸易代表可以采取总统权限内的、与货物贸易或服务贸易相关的措施,也可采取与该外国的有关关系中其他领域相关的措施。①

例如,数个美国电视执照持有人于 1978 年 8 月 29 日提出 301 条款调查申请,指控《加拿大所得税法》某几个规定不合理,拒绝对向瞄准加拿大市场的美国广播公司购买广告时段的加拿大纳税人予以税收减免,而对从加拿大广播公司购买广告时段的加拿大纳税人予以税收减免。② 特别贸易代表于 1978 年 11 月及 1980 年 7 月举行了听证会。1980 年 8 月 1 日,美国总统裁定,最适当的反应就是仿照加拿大的做法,在美国确立一个完全相同的法律。1980 年 9 月 9 日该建议提交到美国国会。1981 年 11 月该建议又一次提交到国会。1984 年 10 月 30 日颁布该立法(《1984 年经济及关税法》第 232 条,公法第 98—573 号)。

美国总统于 2018 年 3 月 22 日签署备忘录,指示 USTR 针对美方指控中国为获取美国技术采取的不公平和有害的行动、政策和措施采取一系列对应行动。除了指示美国贸易代表拟对 500 亿美元中国产品额

① See Section 301(a)and(b)of the Trade Act of 1974,19 U. S. C. §2411(a)and(b).
② See 43 FR 39610.

外加征 25% 从价关税之外，特朗普还指示为了保护国家安全，美国将实施投资限制措施，并加强对收购重要技术的中国个人和实体的出口管制。

值得特别注意的是，301 条款并不要求酌定措施对该外国的货物或服务影响程度必须等量于该外国法律、政策或做法对美国商业施加负担或限制的水平。[①] 但 USTR 在决定报复措施是否适当时，要考虑外国政府做法对美国经济造成的伤害程度。在法国跨境数据征税的 301 条款调查中，USTR 考虑了美国公司向法国缴纳的税款金额、每年税款的增长幅度，以及其他方面对美国公司的影响，比如美国公司的合规成本等。

无论是强制措施，还是酌定措施，第 301 条(c)授权[②]美国贸易代表均可以采取下列报复措施：

(1) 中止、撤销或阻止美国执行与外国的贸易协定所做的贸易协定减让的适用、贸易协定减让的利益。

(2) 在贸易代表认为适当的时候，对该外国产品征收关税或施加其他进口限制，并且尽管有其他法律的规定，仍可对该外国服务征收费用或施加限制。

(3) 在该立法、政策或做法没有能够满足普遍优惠待遇制度、加勒比海经济复兴制度或安第斯贸易优惠制度中免税待遇资格标准的情况下，撤回、限制或中止这种待遇。

(4) 与该外国签订有约束力的协议，使该外国取消或分阶段取消该立法、政策或做法，取消由该立法、政策或做法引起的对美国商业造成的负担或限制，或向美国提供令贸易代表满意的补偿性贸易利益。提

---

① See Section 301(b) of the Trade Act of 1974.

② See Section 301(c)(1) of the Trade Act of 1974, 19 U.S.C. §2411(c)(1).

供补偿性贸易利益的协议必须有利于受益于取消该立法、政策或做法的国内产业的经济部门,或有利于与该经济部门有尽可能密切联系的经济部门,除非这种贸易利益的提供是不可行的,或有利于其他经济部门的贸易利益比该贸易利益更令人满意。

(5)限制或拒绝给予"服务市场准入授权"。例如,在法国跨境数据征税的301条款调查中,由于法国政府法律、政策以及做法针对的是美国服务提供者,USTR考虑是否对法国服务业加征费用或进行限制,并就以下问题向公众征求评议意见:①对哪些服务部门进行征税或限制;②如果征收费用,税率(按比例征税还是按固定金额征收)以及计费的基数为何;③如果采取限制措施,以何种方式进行限制;④加征费用或进行限制,哪一种方式更可行或能更有效地达到让法国政府取消歧视性法律、政策及做法的目的?

如果贸易代表采取的措施是进口限制形式,贸易代表应优先实施进口关税而不实施其他进口限制,并且如果实施进口关税外的进口限制,应在增长的基础上考虑使用相当的关税来代替该进口限制。贸易代表在实施限制他国商品输入美国的报复措施时,相较于其他进口限制措施,美国贸易代表应优先考虑征收关税。

二、确定报复措施的程序

(一)量化对美国商业造成的损害

"报复"可能来自行政体系最高层(美国总统)的指示,也可能由较低层级的官员发起。USTR(依据总统具体指示,如有)原则上决定对不公平的外国政府贸易做法采取边境措施,并公开指示其下属职员准备具体措施建议,或者根据总统具体指示,USTR立即对进出口产品加征关税或采取数量限制措施。在任何一种情形下,选取具体产品或服务,并予以加征或提高关税或者采取其他进口限制，都要从量化(quantifying)不公平外国政府做法对美国商业造成的损害开始。

与301条款下的其他措施相同，报复程序是在跨机构合作的基础上进行的。在一个专业、非政务官层面，USTR、商务部、国务院、财政部、农业部及劳工部(如合适，也可为其他机构)代表以301条款委员会名义开会，由USTR担任主席。由一名或多名代表负责量化相关不公平做法对美国商业造成的负担或限制，除了其他因素外，应特别考虑：美国相关行业的竞争力，其竞争力体现在对第三国市场的出口业绩；受影响的贸易额；该行业在相关市场的历来表现；经济计量研究(如适当)。量化应尽可能准确，因为301条款规定，受301条款调查措施影响的相关外国产品或服务的金额，应与该国对美国商业所造成的负担或限制的金额相等。① 然而，值得特别注意的是，等量要求不适用于301条款调查中采取酌定措施的案件。②

通常由商务部或农业部(根据该做法是影响农业产品还是工业产品确定)经济学家主导报复工作，但是他们的建议要受到全体301条款委员会成员的审查，本层级机构之间持续无法达成共识的，会提交政务层面的“贸易政策审议组”(仍由USTR担任主席)解决。

(二)草拟初始报复清单

301条款委员会的成员机构代表就对美国商业造成负担或限制的量化达成一致后，下一步就是草拟相关国家出口到美国的货物或服务清单。这个清单通常情况下，远高于估算的对美国商业造成的损害，主要出于两个原因：

① See Section 301(a)(3) of the Trade Act of 1974.

② See Section 301(b) of the Trade Act of 1974.

第一,所有可能受报复措施影响的外国生产商及出口商会极力游说其政府,以纠正美国指控的不公正做法,同时清单上的产业越多,要求外国政府改变不公正做法的压力就越大。毕竟其目标是通过让外国政府确信可付诸实施的报复威胁,达到让外国政府取消或降低不公平贸易壁垒的目的,以避免报复之必要。

第二,通常美国政府必须在依301条款采取措施前,为公众提供评议机会。美国进口商及消费者,以及外国生产商或出口商,经常反对某项进口限制措施。初始报复清单必须足够长,以防止因考虑了上述评议意见而造成的清单缩减。

初始报复清单草拟完成后,要经过以下程序之后才最终予以实施:

1. 举行公开听证会(public hearings)

尽管301条款并不要求在作出不公平贸易做法裁定及采取措施之前举行公开听证会,甚至也不要求给予公开评议的机会,但美国政府通常都会举行公开听证会,并给予公开评议的机会。这不仅给了各方一次口头陈述和提交书面意见的机会,而且也是一方听取另一方意见的机会。只要可行,美国政府还给予提交反驳意见的机会。

举行听证会及给予评议机会的目的是降低依301条款采取措施对美国商业造成的损害。在草拟报复清单过程中,301条款委员会尽力考虑消费者关注的问题,因此,不考虑将那些从其他国家渠道无法获得充足供给的货物列入报复清单。但是,个别公司可能受到不利影响,应当有机会对预期采取的措施发表反对意见。

2. 确定限制措施的类型(type of restrictions)

只要可行,美国政府传统上一直倾向于提高关税,而不是进行数量限制。1988年针对301条款的修正案要求USTR优先实施关税措施,而不是其他进口限制,通常做法是提高关税至禁止进口的程度。例如,日本半导体案的100%关税,欧共体接纳新成员案的200%关税。

作为选择，可能会使用配额。在欧共体接纳新成员案中，针对欧共体违反GATT对葡萄牙国内的谷物、油菜籽及油菜籽产品实施配额的情况，美国对欧共体巧克力、糖果、葡萄及梨、啤酒及一些白酒实行对等配额。301条款具体授权的措施只是提高关税或采取其他进口限制，当然，美国总统还可能采取法律授权的其他措施。

3. 向USTR提交建议（recommendations to the trade representative）

在公开听证会及审查利害关系人评议之后，301条款委员会尽量就建议报复的最终产品清单达成一致。如果301条款委员会无法达成一致，那么仍有争议的问题会被提交贸易政策审议小组解决。

301条款委员会达成一致后，由美国国际贸易委员会草拟301条款措施对美国经济影响的声明，并附上301条款委员会的建议。如果USTR还没有依301条款授权作出采取措施的裁定，USTR也要草拟一份"不公平性"裁决。USTR拟议的措施将提交总统进行审查，总统将根据个案情况决定是否给予具体指示，不必对所有案件都给予指示。

采取的任何措施，应第一时间告知相关外国政府，稍后再正式公布，且依301条款作出的声明及决定都必须刊载于《联邦政府公报》上。

4. 后续措施（subsequent action）

301条款要求USTR监督依301条款已采取的措施或已达成的协议的执行，如果USTR认为外国政府没有令其满意地执行措施或协议，那么其将采取进一步措施。此外，301条款授权USTR（依总统特别指示，如有）修改或终止在特定情形下依301条款采取的措施。

301条款的目的不是报复，而是为寻求改善美国产品及服务的外国市场准入、改进外国投资及知识产权保护条件而进行的谈判提供额外的手段。

三、报复措施的实施方式

既可以在最惠国待遇的基础上,也可在歧视的基础上,实施301条款的报复措施,而不考虑这些货物或产业机构是否涉及该301条款措施。如果USTR决定采取进口限制,它必须优先考虑征收关税,而不是进口限制。在实施报复措施时,USTR可使用总统有关贸易或与该国恰当关系相关的权利,授予USTR的该广泛权力还包括使用非贸易措施进行报复,这远超出乌拉圭回合协定涵盖的领域。

尽管美国法授予USTR广泛的裁量权,以选择采取何种措施,但诸如WTO多边协定会依据国际法对USTR进行限制。比如,不同于301条款,WTO将报复限于已实施了违法措施的国家。与301条款相比,WTO更强调针对同一货物或服务进行报复,并且要求应在与受损害国遭受的利益丧失或减损相等的程度上进行报复,301条款要求,只有当外国法律或做法违反了某项美国贸易协定或否定了美国依据某项贸易协定所享有的权利或利益时,报复程度应等同于对美国商业造成负担或限制的程度。

尽管授权USTR裁量决定采取何种措施,但实际上选定的措施几乎不可避免的是对与美国出口商受到的贸易损失额大致相等的贸易额加征100%关税,报复措施也排他性地针对实施违规贸易壁垒的国家,其中至少部分原因是WTO规则及国际规则优先选择加征关税并选择性(相对于非歧视性)实施。

事实上,USTR很少认真考虑其他选择,因为非关税或非歧视性措施将可能成为在WTO及在其他受广泛适用的报复措施影响的“无辜”外国之间激烈争议的主题。301条款范围扩大,纳入了影响美国服务、对外投资及知识产权的贸易壁垒,增加了USTR使用其他措施的可能性,比如,拒绝服务提供商在美国做生意,但是上述发展不可能导致非歧视性地使用报复措施。

因此301条款给予USTR更新报复措施的广泛自由,为USTR提供“大棒”,以确保贸易伙伴遵守贸易协定。不出所料,该自由引起了实际或可能成为美国贸易报复对象的国家的抱怨。

在决定哪些进口产品将被加征进口关税时,USTR会同其他机构通常审查三个主要因素:第一,USTR要报复的进口产品金额大约等于美国由于违规措施而损失的贸易金额。因此如果美国年度已损失了10亿美元贸易额,那么USTR可能寻求对进口产品适用进口税,在相关基期内其金额大约为10亿美元,上述金额依据货物的海关价格而确定。无论是确定美国贸易受外国贸易壁垒的影响程度,还是加征关税的进口产品金额,金额都是自然波动的,因此该计算是不准确的。第二,USTR试图针对原产于实施违法壁垒国家,并与受壁垒影响美国产品相同或类似的进口产品。比如,某一外国禁令如影响美国玉米,那么USTR就试图对原产于涉及争端的外国的玉米征收100%关税。第三,如果相同或类似产品的进口金额达不到美国损失的贸易金额,那么USTR及其他机构会寻找原产于相关国家的其他类别的产品,并对其产生足够大影响,以促使该外国政府修改或取消违规贸易壁垒。

第七节 301条款调查的特别程序

一、超级301条款调查

《1988年贸易法》第1302条修改了《1974年贸易法》第310条,创设了超级301条款调查(Super 301)。修改后的《1974年贸易法》第310条要求USTR在发布《外国贸易壁垒评估报告》(对外国贸易壁垒进行分类)之后180天内,在向美国参议院财政委员会和众议院赋税委员会提交的报告中，确定美国贸易扩展优先及优先外国贸易壁垒。[①] 同时确定优先外国做法（比如，外国政府加重美国贸易负担的做法）和优先外国，并评估假设该壁垒不存在会使美国出口增加的金额。依据301条款确定的贸易壁垒被视为“优先外国做法”，因为这些贸易壁垒的消除可能对提高美国出口，具有最明显的潜力。[②] 在确定优先做法时，USTR有权参考所有相关因素，其泛指：《外国贸易壁垒评估报告》中描述的“主要壁垒”、外国政府遵守贸易协定的程度、美国的相对竞争地位及出口潜力。[③]

USTR将某贸易壁垒确定为“优先外国做法”的结果就是它必须于确定之日起21天内发起301条款调查。[④] 在与外国政府磋商时，USTR必须于启动调查后三年内，努力商谈包括取消该优先贸易做法或对之予以补偿在内的协议。在将所谓的“超级301”条款与一般301条款联系在一起时，美国国会没有给USTR更多的授权，以纠正确定的优先做法。然而，超级301目的就是向被USTR报告点名的贸易伙伴发出信号：必须解决美国的申诉，否则几乎一定会受到报复。

但是，从期限上看，USTR仅于1989年及1990年将301条款适用于超级301程序，“超级301”条款的法律依据于1990年失效。其后于1994年3月，总统以行政命令的方式延展超级301，美国国会将1995年总统的行政命令上升为法律。但之后仅依总统行政命令发布超级301报告。[⑤] 授权超级301的总统的行政命令于1997年失效，但随后又于1999年1月被延展。

---

① See Section 310(a)(1)(B) – (C) of the Trade Act of 1974, 19 U. S. C. § 2420(a)(1)(B) – (C).

② See Section 310(a)(1)(B) of the Trade Act of 1974, 19 U. S. C. § 2420(a)(1)(B).

③ See Section 310(a)(2) of the Trade Act of 1974, 19 U. S. C. § 2420(a)(2).

④ See Section 310(b) of the Trade Act of 1974, 19 U. S. C. § 2420(b).

⑤ See Executive Order 13116, March 31, 1999, 64 Fed. Reg. 16 – 333 (Apr. 5, 1999).

超级301开始时具有很大影响，它于1988年在301条款产生的单边主义高潮中登场。对出口美国有依赖的外国害怕被超级301报告点名，一部分原因是这些国家不想成为美国报复的目标，另一部分原因是被贴上优先国家标签会使其声名狼藉。早期实施结果显示，贸易伙伴认真对待超级301，促使被点名国家与美国谈判，并在大多数情形下，改正了被点名的问题。①

乌拉圭回合之后，超级301的重要性一直在降低。这是因为WTO的诞生已使美国日益依赖WTO争端解决程序，而不是依301条款采取单边措施。由于超级301通常只会产生发起WTO争端解决程序的结果，因此多数情况下，不清楚超级301会起什么作用。尽管一些国家继续相信，将其法律及做法确定为优先做法是不光彩的，因此愿意与美国一起避免被点名或解决美国关心的问题。② 比如，在其汽车管理体制被确定为优先外国做法之后，韩国与美国达成了谅解备忘录，承诺作出重大改变，准许外国竞争者进入其国内市场。但是乌拉圭回合之后，对单边报复的限制使用已削弱超级301的影响，USTR在乌拉圭回合之后大多数年份里没有依超级301确定任何优先做法，这并不奇怪。③ 唯一的例外是在1997年，USTR将韩国汽车壁垒列为优先做法。1994～1996年，USTR没有确定优先做法，超级301于1998年失效，因此1998年没有确定优先做法。

1994年3月克林顿总统发布第12901号行政命令，要求USTR在1994年度和1995年度《外国贸易壁垒评估报告》提交后6个月内，审查美国贸易扩展优先事项，确定优先外国做法并消除这些做法，最大可能

---

① See Committee on Ways and means.

② See USTR Report, Identification of Trade Expansion Priorities, April 30, 1999, at 14－15.

③ See USTR Report, Identification of Trade Expansion Priorities, April 30, 1999, at 1.

地增加美国出口。1995年9月,克林顿总统发布第12973号行政命令,将第12901号行政命令的期限延长到1996年和1997年,该行政命令要求USTR向众议院赋税委员会及参议院财政委员会提交有关被确定的优先外国做法的报告,并刊载于《联邦政府公报》上。由于该授权于1997年届满,因此USTR于1998年没有提交上述报告。超级301授权于1999年3月通过第13116号总统行政命令延期到2001年年底。之后,超级301授权再没有以总统行政命令方式被延期。

在许多评论人士眼里,超级301似乎并不"超级",超级301只是与一般301条款具有同样威力,这是因为正是一般301条款界定了USTR对外国贸易壁垒采取措施的权限。考虑到自WTO创立以来,301条款威力减弱,不太确定超级301是否还继续有以前的威力。在最近几年几乎完全没有确定优先做法,已经使得超级301报告沦为对USTR争端解决努力的翻版。在涉及WTO相关问题时,申请人代理律师最好(有人认为唯一)的方法是继续使用超级301,以请求USTR威胁将某一特定外国做法确定为优先做法,希望将该威胁作为获得争端解决的筹码。当然在不涉及WTO或其他争端解决程序的案件中,依据301条款的单边措施会具有更大意义,超级301具有显著效果。然而,无论是WTO成员增加到164个,还是WTO议题的扩大,都将减少使用超级301的机会。

二、特别301条款调查

除了超级301报告,USTR每年还要准备报告,确定受知识产权保护的货物及服务的优先国家做法。与超级301一样,USTR必须对这些做法发起301条款调查。这个程序一般被称为"特别301"。

《1988年贸易法》修改了301条款,创立了特别301条款,在《1974

年贸易法》中增加第182条。[①] 具体来说,特别301要求USTR在发布《外国贸易壁垒评估报告》之日起30天内确定对知识产权拒绝提供充分有效保护、对依赖于知识产权保护的美国人拒绝提供公平公正的市场准入的,具有最繁苛、最严重的法律、政策、做法的国家,并将被确定国家视为"优先国家"。换言之,USTR只将那些做法最为异常,并对美国商业产生最不利影响的国家列为优先国家。

(一)实体法规定

在确定优先国家时,USTR将考虑以下几个因素:某国是否真诚地与美国进行谈判,消除已知的在知识产权保护及市场准入方面的不足;该国的知识产权法历史;美国为强化知识产权保护及执行所付出的努力,以及该国对美国努力的反击。即使某国遵守了TRIPs协定,也可能被确定为301条款目的上的优先国家。

国家确定的程序:特别301法律为确定各种指定或名单上的国家规定了笼统指引。但是,USTR也要考虑具体到每个国家的一系列因素,包括该国知识产权侵权的程度及范围,及其对美国经济的影响;该国知识产权法律的力度及其执法的有效性;过去一年间该国在改善知识产权保护及执法方面的进步。[②]

此外,USTR还考虑该国在双边或多边协定中(与美国达成双边贸易协定或加入与知识产权有关的国际协定)有关知识产权的承诺。[③]

在确定将一国放入名单方面,不存在"权重标准"(weighting criteria)或方法。另外,在确定将一国提级进入名单或降级不列入名单

---

① See Section 1303 of the Omnibus Trade and Competitiveness Act of 1988, 19 U. S. C. Section 2242.

② See 19 U. S. C. 2242(b).

③ See 19 U. S. C. 2242(b).

方面,不存在特别的门槛。在作出决定时,USTR既依据其《外国贸易壁垒评估报告》收集资料,也通过向一系列渠道咨询的方式收集资料。这些咨询渠道包括政府部门、依赖知识产权保护的产业团体、其他私营界代表、国会领导人及外国政府。

USTR已对那些知识产权保护不足,但还没有达到“优先国家”的可诉程度的国家建立了几个层级。第一层级是“优先外国”(priority foreign country);在此之下,第二层级是“优先监察名单”(priority watch list),这些国家制定了知识产权法,保证USTR监督及采取进一步措施;第三层级是“监察名单”(watch list),这些国家没有充分的知识产权保护,且其拒绝为依赖知识产权保护的美国货物及服务提供市场准入,需要特别注意。

(二)程序法规定

USTR通常必须在“优先外国”确定之日起30天内发起特别301条款调查。如果USTR确定特别301条款调查将损害美国经济利益,那么它可以拒绝发起调查,但必须报告美国国会。在采取特别301条款措施前,必须要求与该外国政府谈判,如果该调查涉及违反贸易协定,比如WTO协定,那么必须诉诸相关正式争端解决程序。特别301的时间表要比一般301条款的更短,除非未达到法定标准,否则要求USTR在6个月内采取措施。除此之外,一个允许迟延的理由就是等待WTO或其他争端解决程序的裁定。

非常规审议(out-of-cycle review):USTR通过非常规审议监督一些外国在知识产权问题上的进步,并可能导致这些外国在下一年度《特别301报告》中地位的变化。作为非常规审议,USTR也从2010年开始,在年度《特别301报告》之外发布年度“恶意市场名单”(notorious markets list)。该名单确定“被报道从事大量版权侵权及商标假冒、为之提供方便、对之视而不见,或从其中牟利的"在线或实体市场。

不同于超级301条款,特别301条款自诞生以来一直被积极使用,在1989年5月26日发布的首份《特别301报告》中,USTR没有将任何国家列为"优先外国",但USTR将8个国家列入"优先监察名单",17个国家列入"监察名单"①,"优先监察名单"上的8个国家需受到严格审查,USTR每半年进行一次"非周期"审查(semi-annual out-of-cycle review),至今仍然进行此项审查。更积极使用特别301条款的原因之一就是TRIPs协定是个新协定,通过依特别301程序提起继续解决争端的案件,USTR积极执行该协定。

自发布首份《特别301报告》以来,USTR一直在其各种名单中增加或删除一些国家,并一直采取措施,范围从与外国政府达成协议,到确保更好知识产权保护措施、增加市场准入,再到提起WTO争端解决。在1999年,USTR《特别301报告》确定的总数为57个国家,这些国家拒绝提供充分及有效的知识产权保护,或拒绝为依赖知识产权保护的美国人提供市场准入②。USTR依据TRIPs协定发起了三个WTO案例,但没有将任何国家列为"优先外国"(这将启动301条款调查)。③

2021年4月30日,USTR公布2021年《特别301报告》,指出一些贸易伙伴未能充分或有效地保护和执行知识产权,或另行拒绝美国依靠知识产权保护的发明家和创新者进入市场。这份报告要求美国的贸易伙伴解决与知识产权有关的问题,特别关注列入一般"监察名单"和"优先监察名单"的国家。

---

① See USTR Special 301 Report, May 26, 1989.

② See USTR Special 301 Report, April 30, 1999.

③ See USTR Special 301 Report, April 30, 1999.

2021年《特别301报告》的重要内容包括以下几项：USTR在优先监察名单和一般监察名单上列入33个国家。被列入优先监察名单的国家的知识产权问题代表了今年最值得关注的问题，涉及未能充分或有效地保护或执行知识产权的情况，或者限制依靠知识产权保护的个人市场准入的措施。USTR将阿根廷、智利、中国、印度、印度尼西亚、俄罗斯、沙特阿拉伯、乌克兰和委内瑞拉9个国家列入"优先监察名单"，今后一年这些国家在知识产权方面将面临密集的双边接触。中国连续第17年被列入"优先监察名单"，尽管USTR认为中国在与知识产权相关的立法、执法与司法领域均取得了一定程度的进步，但仍然对下述领域继续保持关切。首先，USTR将密切关注中国法律法规修订草案的后续落实情况，以及相关法律法规的修改是否能有效改善中国的知识产权格局，解决诸如恶意商标、假冒商品等长期存在的问题及权利人面临的获得初步禁令救济的障碍、缺乏要求提供证据的手段、烦琐的授权程序、难以确定实际损害等挑战。其次，USTR对中国行政机关与司法机关在处理与知识产权相关的案件时的透明度与独立性表示关切。该报告表示真正独立的司法系统对推进中国法治建设和知识产权保护工作至关重要。对此，中国需要深化改革以加强知识产权保护和执法，全面落实最新修订的与知识产权相关的措施，避免要求或强制进行技术转让，向外资开放中国市场，进一步消除与知识产权相关的司法与执法中面临的障碍。

USTR还将23个贸易伙伴列入一般监察名单：阿尔及利亚、巴巴多斯、玻利维亚、巴西、加拿大、哥伦比亚、多米尼加、厄瓜多尔、埃及、危地马拉、科威特、黎巴嫩、墨西哥、巴基斯坦、巴拉圭、秘鲁、罗马尼亚、泰国、特立尼达和多巴哥、土耳其、土库曼斯坦、乌兹别克斯坦，以及越南。鉴于这些国家的知识产权问题，有必要在2021年至2022年增加双边接触。《特别301报告》是对全球的知识产权保护及执法状况的年度审查报告。USTR 遵照经修订的《1974 年贸易法》第 182 条每年进行特别 301 审查。

三、政府采购与 301 条款调查

通过 1999 年 3 月 31 日发布的第 13116 号行政命令,美国总统指示 USTR 在 1999 年 4 月 30 日、2000 年 4 月 30 日及 2001 年 4 月 30 日之前,确定出现下列情况的国家:(1)不遵守 WTO《政府采购协定》、《北美自由贸易协定》(NAFTA)第 10 章,或其他美国及该国均为成员的、与政府采购相关的协定项下义务的;(2)在政府采购时,采取明显地及持续地歧视美国货物或服务的方式或做法,该方式或做法对美国商业造成了可确定的损害,并且美国政府大量采购了这些国家的货物或服务。①

在确定上述国家时,USTR 必须:(1)考虑 WTO《政府采购协定》《北美自由贸易协定》或其他采购协定的要求,政府采购做法及该做法对美国商业的影响,以其为基础,评估外国政府采购做法是否没有向美国货物或服务提供公平市场机会;(2)除了其他因素,考虑是否以及在多大程度上,这些国家使用了非竞争或不公平的采购程序;(3)考虑未能适用透明及竞争程序,未能实行并执行禁止与政府采购相关的贿赂及其他腐败做法的制度。

一旦某个外国政府采购做法依上述行政命令被确定,USTR 将与该外国磋商,目的是寻求令人满意的解决。如果在相关做法被确定之日起 90 天内未能获得满意解决,那么 USTR 必须发起 301 条款调查,一般情况下适用 301 条款规定的时限及程序,除非 USTR 决定:(1)调查涉

① See Title Ⅶ of the Omnibus Trade and Competitiveness Act of 1988, 64 Fed. Reg. 16 – 333 (Apr. 5. 1999). 第 13116 号行政命令基本上重启了以前依《1988 年贸易法》第七章适用的程序。

及复杂问题,需要更多时间;(2)被调查的有关外国在制定或执行法律或行政措施方面取得实质进步,这些措施将消除歧视性采购做法;(3)该外国已采取强制措施,以消除歧视性采购做法。

四、电信贸易与301条款调查

《1988年电信贸易法》第1377条规定,USTR每年审查美国国际协定,确定那些违反这些协定,或拒绝给予美国通信货物或服务"互利的市场机会"的国家。[①] 在进行该审查时,USTR必须"考虑以下证据,即该实际贸易方式没有反映该国依据其货物或服务国际竞争地位而作出的承诺或减让产生的"[②]贸易方式,这种贸易方式是从该国的承诺或减让中可以合理预期到的。美国国会指示USTR在进行此种贸易方式审查时,应听取国际贸易委员会的意见。

USTR依据《1988年电信贸易法》第1377条作出的肯定性裁定被认为是依据301条款作出的可诉"不正当的"或"不合理的"贸易做法的裁定。该裁定实际上省去了发起301条款调查的麻烦,反而启动USTR考虑何种措施(如有)是适当的问题。

尽管美国国会指示USTR优先采取那些对"优先外国"进行电信货物及服务贸易有最直接影响的措施,但是如果USTR决定针对其他经济领域的措施在达到遵守这些协定的目的方面"更有效"[③],国会授权USTR可依301条款采取措施。

---

① See Section 1377(a).

② Section 1377(b).

③ See Section 1377(b)(2).

第二章　美国301条款调查典型案例及分析

自1975年《1974年贸易法》生效，到2020年10月2日对越南木材和货币估值发起2起301条款调查截止，美国对34个国家或地区共发起了130起301条款调查[①]，其中只有20起实施了报复措施。曾经遭受过301条款调查最多的WTO成员是欧盟（包括欧共体）及其成员国，共45起，其中欧盟（包括欧共体）为30起，排在其后的是日本（15起）、加拿大（14起）、韩国（11起）、巴西（9起）、中国台湾地区（7起）、阿根廷（6起）、中国（6起）、印度（6起）、泰国（3起）、印度尼西亚（3起）等。

第一节　WTO成立前的301条款调查概况及典型案例

一、WTO成立前的调查概况

在WTO成立之前，对那些并不拥有美国那样的谈判筹码，却又非常依赖美国市场的国家和地区来说，301条款调查像是一场噩梦。1975年至1994年的20年间美国共发起95起案件调查。

1981年里根总统就职时，美国对其他所有国家的贸易赤字总额为280亿美元，而对日本一个国家就达160亿美元，到了1987年，这两个

① See Congressional Research Service：U. S. Trade Policy Primer：Frequently Asked Questions，p. 39.

数字则分别增长到1530亿美元和560亿美元。贸易赤字的快速增长招致了美国国内和美国国会对里根政府贸易政策的不信任,以及对日本的强烈谴责。

1985年之前,还没有自行发起调查的先例。从1985年开始美国贸易代表及总统开始自行发起调查,作为对其优先解决的贸易问题的适当回应,美国贸易代表自行发起了对韩国保险、韩国知识产权做法、日本烟草、巴西信息业政策等的调查。美国总统自行发起了对欧共体有关葡萄牙、西班牙加入欧共体的农产品做法,欧共体荷尔蒙指令,中国台湾地区海关估价以及啤酒、红酒及烟草的做法等的调查。

在WTO成立前,美国对其主要贸易伙伴不需要尽什么义务,在解决贸易争端时,有很大的空间来单方面采取措施。里根政府时期总共进行过49起301条款调查,有些甚至没有行业协会或工会提出正式的请求,而是由政府主动发起301条款调查。

在20世纪70年代引发的301条款调查主要涉及“不合理或不公平的贸易做法”,主要包括:1975年美国鸡蛋生产商要求政府调查他们在加拿大市场的份额,1976年佛罗里达州柑橘委员会指控欧洲对美国橙汁征收歧视性关税,1979年美国雪茄协会要求政府对其在日本的销售情况进行调查。

贯穿20世纪80年代前后的主题是美日贸易争端,因而在1976年至1989年的10多年间,美国对日本钢铁、电信、木材、医美、半导体等行业发起了14起301条款调查。

同样,在20世纪八九十年代,美国认为中国台湾地区未能执行知识产权的相关规定,动用301条款调查单方面限制中国台湾地区对美国的出口。20世纪90年代,中国成为美国就知识产权而展开301条款调查和谈判的主要对象之一。20世纪90年代美国对中国的4起301条款调查中,有3起是针对知识产权的。

事实上,美国依据301条款采取的措施通常是在最惠国待遇基础上打开全世界的市场,因此,除了被迫开放市场国家的消费者以外,其他国家及美国的生产商及出口商均受益。

在1985年至1992年,对于开放市场,301条款调查可能比任何其他国政府活动,包括乌拉圭回合谈判,做出更多贡献。此外,使用301条款调查及其他可以引发301条款调查程序的法律规定可能使得美国在乌拉圭回合谈判总体上,特别是争端解决及知识产权方面取得了更有利规则。

二、WTO成立前的典型案例

(一)日本半导体市场准入限制案[①]

1985年6月14日,美国半导体产业协会向USTR提交301条款调查申请,声称日本政府已设立了阻碍外国半导体在日本销售的结构性壁垒体系[②],具体包括受政府纵容并得到官方规制支持的企业间反竞争商业惯例,使美国企业无法在日本市场上得到"公平和公正的市场机会"。USTR于1985年7月11日发起调查,要求利害关系人于1985年8月26日之前就301条款调查申请书提交评议意见。

美国与日本分别于1985年8月、9月、11月及12月进行了磋商,于1986年1月、2月进行了技术会谈,又于1986年3月、4月、5月、6月及7月进行了进一步磋商。1986年7月31日,美国总统宣布美国与日本已达成"标志性协议"(landmark pact),该协议将增强美国半导体生产

① 参见301－48,1985年7月11日。

② See Initiation of Investigation Under Section 301; Semiconductor Industry Association, 50 FR 28866.

产业在日本市场上进行公平竞争的能力,将有助于防止日本产业在美国及第三国市场上进行倾销。美国总统在301条款裁决中批准了该协议,中止301条款调查。[①] 1986年9月2日,USTR签署了最终协议。

该协议主要目标是增加日本市场上的半导体自由贸易。在该协议五年有效期内,期望稳步扩大市场准入。日本政府将鼓励日本半导体生产企业及用户使用日本市场上日益可获得的外国生产的产品。依据该协议,日本政府应成立机构,帮助外国半导体生产企业增加在日本市场上的销售。该机构应要求可对外国半导体产品进行质量评定,为外国公司组织研究项目、研讨会及展览会。日本政府还应通过产品开发与日本客户衔接,促进日本半导体采购商与外国生产商建立长期关系。同时,美国政府将确保外国公司完全及平等获得从政府主持的半导体研发项目中产生的专利。在监督及磋商的基础上,日本政府将采取日本法律法规规定的适当措施,防止日本公司以低于其"公允价值"价格出口产品。

该协议的另一个目标是防止日本生产企业以低于成本价格在美国及第三国市场上倾销半导体。具体来说,日本政府同意监控从日本出口美国的半导体产品的成本及价格。依据该协议,日本半导体出口商应向日本国际贸易及产业部提交公司及产品的成本及出口价格。当美国政府认为受监控的日本产品正在美国市场上以低于该公司的公允价值进行倾销时,美国政府应向日本政府提交支持其认定倾销的信息。美国政府在14天内(除非双方同意延展期限)要求与日本政府立即进行磋商。受监控产品既包括标准、通用的半导体,也包括有证据表明存在低于公允价值销售威胁(threat of sales at less than fair value)的半导

① See Memorandum of July 31,1986,Determination Under Section 301 of the Trade Act of 1974,51 FR 27811.

体。必要时可对受监控产品清单进行审议,并对清单上的产品予以删除或增加。

美国政府拥有依据可获得信息自行发起或依申请发起反倾销调查的权力。在自行发起反倾销调查时,美国应事先与日本政府进行磋商。如果是针对受监控产品发起的反倾销调查,那么在美国商务部发出调查问卷的14天内,被调查的日本出口商应向美国商务部提交其已向日本国际贸易及产业部备案的数据。然后美国商务部将进行快速调查。为防止倾销,日本政府也将对日本半导体公司出口到第三国市场上的半导体产品成本及出口价格进行监控。美日两国政府可单方面要求举行紧急磋商。协议签订之后,无论是反倾销调查还是301条款调查都已经中止。只要完全履行协议目标及原则,那么针对半导体的反倾销调查和301条款调查均继续中止。

1987年3月美国301条款委员会就对日本未能执行半导体协议项下义务应采取的措施要求公众进行评议。① 1987年4月13日举行了听证会,4月17日美国总统认定日本未能实施或执行半导体协议的主要条款。② 美国随后宣布不再遵守半导体协议,并对原产于日本的价值3亿美元的计算机、电视机和电动工具报复性加征100%关税。

(二)欧共体禁止荷尔蒙肉制品进口案③

1985年12月,欧共体实施一项有关家畜生产的指令,该指令限制为治疗目的而使用天然荷尔蒙,禁止使用人工合成荷尔蒙,禁止进口服

---

① See U. S. -Japan Semiconductor Arrangement; Request for Public Comments on Possible U. S. Actions in Response to Acts by the Government of Japan Apparently Inconsistent With the Arrangement, 52 FR 10275.

② See Memorandum of April 17, 1987 Determination Under Section 301 of the Trade Act of 1974, 52 FR 13419.

③ 参见301-62,1987年11月25日。

用上述荷尔蒙的动物及其肉。该指令后来被欧洲法院以程序瑕疵为由宣布无效。1987年11月25日,美国总统宣布对欧共体出口美国的金额约1亿美元产品加征100%关税,以回应欧共体于1988年1月1日开始实施的《动物荷尔蒙指令》。美国认为,在没有任何有效科学证据的情况下,欧共体不应禁止使用过荷尔蒙动物的肉制品进口。但是,美国总统指出,如果欧共体在接下来12个月的过渡期内继续允许上述肉制品进口,那么他就将中止加征关税。

鉴于欧共体没有实施该指令,1987年12月24日,美国总统宣布立即中止加征关税,并将修改、中止、终止加征关税的权力授予USTR。但欧共体又于1988年在未做任何修改情况下,重新通过了该指令,且该指令于1989年1月1日生效。作为回应,USTR于1989年1月1日重新开始对欧共体1亿美元产品加征100%关税(对产品清单作了部分修改)。[①] 1989年1月12日,美国与欧共体同意给予1989年1月1日前已经出口的产品或已认证出口的肉制品一个宽限期。1989年2月18日,美国与欧共体成立高级别工作组以寻求于1989年5月4日前解决荷尔蒙争端。1989年5月,双方延长了工作组授权,工作组得以继续工作。由于欧共体仍然允许美国未使用荷尔蒙的牛肉进口,从1989年7月28日起USTR中止了对猪火腿肉及猪肩肉加征的关税。

1995年1月1日,WTO《实施卫生及植物卫生措施协定》(SPS)生效后,美国及后来加拿大均将荷尔蒙禁令诉诸WTO正式争端解决程序予以解决。在WTO专家组成立之前,欧共体用另外一个指令取代了原来的《动物荷尔蒙指令》,并延长了荷尔蒙禁令的实施。1996年5月20日,DSB成立了争端解决专家组,审查荷尔蒙禁令是否违反欧共体依WTO协定承担的义务。

---

① See 53 FR 53115.

1997年8月18日，WTO专家组发布报告，认定荷尔蒙禁令没有依据科学论据、风险评估或相关国际标准，违反了欧共体依据WTO SPS应承担的义务。欧共体随后又上诉到WTO上诉机构。上诉机构于1998年1月16日支持了专家组关于欧共体违反了WTO SPS义务的认定。在1998年2月13日举行的会议上，DSB通过了专家组及上诉机构关于荷尔蒙禁令的报告。

欧共体随后要求4年期限以实施DSB的建议，但美国不同意欧共体要求的4年期限，双方就该事项又申请WTO仲裁。WTO仲裁认为实施WTO裁决的合理期限应为15个月，其将于1999年5月13日届满。欧共体并没有于1999年5月13日届满的期限之前执行DSB有关荷尔蒙禁令的建议。因此，1999年5月17日，美国依据DSU第22条规定的权利，要求DSB授权其中止对欧共体及其成员国的关税减让及GATT项下的有关义务，涉及贸易金额为2.02亿美元的产品。欧共体反对美国建议的2.02亿美元中止水平，声称美国遭受的贸易损失只有5300万美元。根据DSU第22条第6款规定，美国要求WTO予以仲裁。DSU规定，此类仲裁必须于合理执行期限届满之日起60天内完成，即应在1999年7月12日之前完成仲裁。

1999年7月12日，WTO仲裁组发布最终裁决，美国因欧共体荷尔蒙禁令违反WTO义务而造成利益丧失或损害的水平为1.168亿美元。因此，根据WTO DSB授权，美国有权中止对欧共体及其成员国的关税减让及GATT项下的相关义务，最高金额为1.168亿美元。1999年7月26日，DSB正式授权美国中止上述减让。随后USTR正式公布将加征100%关税的欧共体产品清单。①

① See Implementation of WTO Recommendations Concerning EC-Measures Concerning Meat and Meat Products(Hormones),64 FR 40638.

2005年12月,WTO成立专家组以审理欧盟关于其荷尔蒙禁令已符合其WTO义务以及DSB不应再授权美国加征关税的诉求。2008年WTO专家组及上诉机构均支持DSB于1999年7月作出的授权依然有效。

2009年1月,USTR采取以下措施:(1)从被征收100%关税产品清单中删除了部分产品;(2)增加了对某些原产于欧盟成员国的产品加征100%关税;(3)修改了对某些欧盟成员国的产品覆盖范围;(4)对一种产品提高了关税。修改过的加征100%关税的产品清单的总金额没有超过WTO授权的每年1.168亿美元。

为了留出更多时间与欧盟达成协议,USTR于2009年3月推迟上述第2项至第4项产品加征关税时间至3月23日。

2009年5月,美国与欧盟达成了一个谅解。根据该谅解中将于2012年8月届满的第一阶段协议,欧盟有义务对美国未使用促进生长荷尔蒙的牛肉进口实行零关税的关税配额。作为回应,美国承诺不会在2009年3月23日之前生效的关税基础上再加征关税。

2012年8月3日,欧盟与美国达成了谅解第二阶段协议,有效期只有一年。根据第二阶段协议,USTR终止所有加征关税,欧盟将其关税配额由2万吨增加到4.5万吨。2013年8月,欧盟与美国将第二阶段协议再延长二年,至2015年8月届满。

2016年12月9日,美国牛肉产业代表申请USTR恢复针对欧盟的贸易措施,理由是欧盟关税配额带来的好处不足以补偿欧盟荷尔蒙禁令对美国造成的损害。2016年12月28日,USTR在《联邦政府公报》上刊登公告征求公众评议意见,以考虑恢复原有贸易措施。USTR于2017年2月15日举行了听证会。

2019年,美国与欧盟成功结束磋商,解决了关税配额实施中存在的问题。双方于2019年8月2日签订相关协议。该协议设立了美国独享的零关税的关税配额。根据该协议,欧盟给予美国农场主的初始年的关税配额为18,500吨,金额大约为2.2亿美元。在接下来的7年内,每年美国独享的关税配额逐步增加到35,000吨,金额大约为4.2亿美元。2019年12月13日,USTR发布公告决定不恢复针对欧盟的相关措施,并于2020年11月1日终止301条款调查。2020年11月1日,欧盟开始分配给美国独享的关税配额。

(三)日本汽车配件市场准入限制案①

1994年10月1日,USTR依据第302条(b)自行发起301条款调查,该调查是针对日本政府限制或拒绝美国汽车零配件供应商进入日本汽车零配件及售后市场的立法、政策及做法的。具体来说,被调查的日本市场壁垒主要包括日本政府有关"关键配件"、配件更换的法规和汽车修理厂及修理师认证制度。这些法规内容含糊,范围很大,它们支持并且辅助日本汽车公司及配件分销商采取的市场限制做法,极大地限制了外商进入日本汽车配件售后市场,特别是限制了外国配件供应商向日本汽车生产厂家销售原车设备。如果无法使日本对关键配件及更换的管制更加清晰及减少限制,那么美国配件供应商就不能极大地扩大其在日本市场上的销售。

1994年10月13日,USTR邀请公众对被调查各项进行评议。1994年11月10日,USTR延长了提交评议的期限。② 1995年5月10日,USTR裁定,日本政府限制或拒绝美国汽车配件供应商进入日本汽车配件市场的立法、政策及做法是不合理的和歧视性的,并对美国商业造成负担或限

---

① 参见301-93,1994年10月1日。

② See Extension of Comment Period for Section 302 investigation of Barriers to Access to the Auto Parts Replacement Market in Japan,59 FR 56099.

制。USTR认为,一套不合理或不正当的复杂制度限制了日本汽车配件市场。该套制度使大部分汽车修理业务流入极少使用外国配件的日本政府认证的修理厂,并且限制了其他更多可能使用外国配件的汽车修理厂的发展。此外,即使对汽车添加极小的配件都被要求对汽车进行全面检测及纳税,严重限制了美国汽车配件供应商的市场机会。1995年5月18日,USTR要求公众就提议中的对日本进口的豪华轿车加征100%的从价关税提交评议意见,并于1995年6月8日举行了听证会。①

经过多轮漫长谈判,1995年6月28日美日双方就放松日本汽车配件市场管制的若干措施达成协议。具体来说,日本政府同意:(1)立即对以下列入关键配件清单的产品放松管制:减震器、动力方向盘、拖车栓钩;(2)对实施配件清单进行为期一年的审议,放松对于不涉及健康及安全核心汽车配件的管制;(3)实施一套申请程序,日本运输部应于收到将某个关键配件从清单上删除的申请之日起30天内作出回应;(4)关于售后市场,日本运输部不再对以焊接及铆接之外的任何方式对汽车进行的改装(modification)进行检测;(5)颁布法规,对于从事组合关键配件清单上配件修理的汽车修理厂,建立"特别认证修理厂"制度,这些修理厂的修理不再接受日本运输部检测;(6)大幅降低"政府批准"修理师人数要求,"指定"修理厂的修理师人数由3人降为2人,经"认证"修理厂的修理师人数由2人降为1人;(7)允许将拥有5名修理师并从事定期检测的修理厂"认证"为"特别指定修理厂"。

根据日本在协议中作出的上述承诺以及这些承诺将被完全执行的期待,USTR决定终止本起301条款调查,USTR将根据第306条监督日

① See Notice of Determination and Request for Public Comment Concerning Proposed Determination of Action Pursuant to Section 301: Barriers to Access to the Auto Parts Replacement Market in Japan, 60 FR 26745.

本对协议的遵守。①

第二节　WTO成立后的301条款调查概况及典型案例

自1995年1月1日WTO成立以来,美国一直主要依赖WTO的DSU执行其贸易权利。因此,依301条款发起的许多案件已提交到WTO进行争端解决(如果初始磋商未能解决问题)。

事实上,在大多数案件中,USTR已直接将争端提交到WTO,不再进行正式的301条款调查。然而,1994年《WTO协定及乌拉圭回合协定法行政措施声明》(以下简称《行政措施声明》)也明确表示,如果USTR确定被调查做法不涉及或不属于WTO"一揽子"协定涵盖的范围,那么美国不承诺援用争端解决程序。

从1995年1月1日WTO成立至2022年1月的27年间,仅有35起案件;与此同时,不仅在小布什政府期间,美国仅发起了1起301条款调查案件,而且在2004~2016年的12年间,USTR决定不发起301条款调查的就有6起。

一、WTO DS152案件之前②

(一)调查概况

1995年之前,美国广泛使用301条款迫使其他国家取消贸易壁垒,对美国出口产品开放市场。WTO建立美国极力主张的具有强制力的争端

① See Termination of Investigation: Barriers to Access to the Auto Parts Replacement Market in Japan, 60 FR 35253.

② 1995年1月至2000年1月。

解决机制,极大地减少了美国使用301条款。1995年1月至2000年1月的WTO成立之初的5年间,美国一共发起了24起301条款调查。

在决定是通过WTO还是单边纠纷解决外国不公平贸易做法方面,美国保留了一定灵活性。《行政措施声明》是一部专门解释说明美国政府行政机构如何实施乌拉圭回合协定的法律,该法规定,如果301条款调查涉及声称违反WTO协定(或损害了美国依WTO协定享有的利益),那么USTR应援引DSU规定的争端解决程序。同时,《行政措施声明》作出以下澄清:"行政机构旨在利用301条款强力应对外国违反美国依乌拉圭回合一揽子协定享有的权利或否定美国依该一揽子协定获得利益的不公平贸易壁垒。同样,行政机构也打算使用301条款应对不在乌拉圭回合一揽子协定涵盖范围之内的外国不公平贸易壁垒。美国国会在《1988年综合贸易及竞争法》中所追求的目标是:一方面,美国国会将创建一个更加有效和快捷争端解决机制作为美国首要的谈判目标;另一方面,美国国会对301条款做出重大修改,以加强使用301条款对付外国不公平贸易做法,既包括美国作为一方的贸易协定范围之内的做法,也包括贸易协定范围之外的做法。"

"如果USTR认为某一事项不涉及乌拉圭回合协定,那么不论301条款,还是DSU均不要求USTR援用争端解决程序,301条款将一如既往地可用于纠正那些不违反美国依乌拉圭回合一揽子协定享有的权利或拒绝美国依该一揽子协定获得利益的不公平做法,并且正如过去一样,进行301条款调查将不用援用DSU程序。"

"此外,乌拉圭回合一揽子协定涉及诸如知识产权的特别主题,仅此事实并不意味在每个涉及该主题的301条款调查中USTR必须启动DSU程序。如果涉案外国政府的措施不在乌拉圭回合一揽子协定涵盖的范围之内,那么进行该301条款调查就不用援用DSU程序。"

"有些外国政府做法可能涉及数个措施,其中一些措施在乌拉圭回合一揽子协定的规则涵盖范围之内,另外一些措施在这些协定范围之外。在涉及诸如此类混合措施的301条款调查时,行政机构一直在延续现行做法,对属于乌拉圭回合协定范围之内的措施启动WTO争端解决程序,而通过双边谈判纠正其他不在乌拉圭回合协定范围之内的措施。”

“最后,DSU规定绝不影响对美国非WTO成员或对WTO成员乌拉圭回合一揽子协定涵盖范围之外的外国政府做法适用301条款。USTR将在双边基础上对此等政府的做法进行301条款调查。”如果USTR认为某事项不涉及WTO协定,那么无论是301条款,还是DSU均不要求USTR援引WTO争端解决程序,而且USTR完全可酌情作出该事项是否涉及WTO协定的决定。但是,USTR规避WTO争端解决并采取报复措施的决定可能被起诉到WTO。

即使在WTO成立后,“301条款”仍是美国对其他成员单方面采取措施的工具。不过这一切在2000年发生了改变。2000年1月,WTO争端解决机构通过了针对欧共体诉美国“301条款”案(WTODS152案件)的专家组报告。美方在此案中以“明确、正式、再起及无条件”方式作出承诺,即USTR将仅依据DSU裁决作出认定。在该案中,专家组明确指出:“如果美国政府在任何程度上否定或撤回这些承诺,美国将承担国家责任,其‘301条款’相关法律规定将被认定不符合DSU第23条的规定。”

(二)典型案例

1. 日本消费照相胶卷及相纸市场准入限制案①

1995年5月18日,柯达公司依据《1974年贸易法》第302条(a)提

① 参见301-99,1995年5月18日。Initiation of Investigation Pursuant to Section 302 Concerning Barriers to Access to the Japanese Market for Consumer Photographic Film and Paper; Request for Public Comment,60 FR 35447.

交一份301条款调查申请书，声称依据301条款，日本拒绝外国胶卷与相纸进入其国内市场的立法、政策及做法是不合理的、歧视性的，并且是可诉的。具体来说，申请人声称，1976年之前日本存在的对外国投资日本胶卷及相纸市场的正式限制，违反了《美日友好通商条例》及OECD《资本自由流动守则》。申请人还声称，在上述限制正式被取消之后，日本实行与贸易及投资自由化相抵消的措施，继续对贸易与投资进行限制。下述为一系列政府指令的与自由化相抵消，并影响柯达公司的措施：日本国际贸易及产业部要求日本国内银行增加持股的行政指引；日本国际贸易及产业部重整分销体系的行政指引；代表日本照相材料生产商，日本国际贸易及产业部干预日本公平贸易委员会工作。日本对因抵消措施而产生的限制竞争市场结构的容忍行为被认为违反了《OECD关于国际及多边投资和跨国产业的宣言》项下日本承担的义务，申请人认为上述行为依据301条款是不正当的。

申请人还声称，日本国际贸易及产业部与公平贸易委员会一直系统性容忍限制竞争做法，同时积极鼓励并强化了限制竞争做法。根据301条款，此种容忍行为是不合理的及歧视性的。申请人具体声称如下：

(1)富士公司已建立分销系统，利用多种限制竞争因素作为相互强化的手段，将柯达公司驱出市场。

(2)富士公司的下列行为违反了《日本反垄断法》：①维护零售价格；②非价格手段的垂直限制，比如排他性交易安排；③限制条款下的交易；④拒绝交易；⑤联合抵制。

(3)日本公平贸易委员会未能对富士公司限制竞争做法执行《日本反垄断法》。

(4)通过以不鼓励打折销售及促销的方式执行《日本公平竞争法》，日本公平贸易委员会加强了上述分销体系。

(5)日本国际贸易及产业部容忍上述限制竞争的做法。

(6)考虑到日本政府无数个政策倡议及增强反垄断法执行的国际承诺,上述容忍行为是恶劣的行为。

此外,申请人还声称,申请书引述的上述壁垒对美国商业造成负担或限制。这是因为通过限制柯达公司进入日本照相胶卷及相纸市场,柯达公司放弃出口收入,为富士公司在日本建立一个利润安全港,从而极大影响柯达与富士的全球竞争。

1995年7月2日,USTR决定发起301条款调查,同时,USTR要求与日本政府进行双边磋商。在1995年10月3日东京会议上,美国政府官员做好准备与日本就301条款调查涉及问题的实质进行磋商,并要求日本政府提交相关意见及资料。然而,在该会议上及整个301条款调查过程中,尽管美国政府多次试图进行磋商,但日本政府不合理地拒绝与美国就被调查问题的实质进行磋商。

根据USTR的调查及对申请人、利害关系人提交所有资料的审查,在没有收到日本政府的反驳意见情况下,USTR裁定,日本政府有关照相材料销售及分销的立法、政策及做法是不合理的,对美国商业造成负担及限制。具体来说,USTR裁定,日本政府建立并容忍了妨碍美国照相材料产业出口日本的市场结构,该市场结构中的一些做法妨碍了美国产品对日本的出口,因而否定了公平及公正的市场机会。

USTR还裁定,20世纪60年代,当日本政府迫于国际压力,逐步取消对进口及外商投资正式限制后,日本政府同时施行与放开限制相抵消的措施,该抵消措施旨在限制外国资本及产品进入日本市场,这些措施包括限制外国对日本新设产业及已设立产业的投资。由于认为需要对日本照相材料产业予以保护,以免受外国产品冲击,消费照相材料产业是日本最晚几个放开限制的产业之一。对外国投资日本现有产业的限制一直持续到20世纪80年代初。在实施抵消资本与进口放松限制的措施期间，日本政府，特别是国际贸易及产业部，采取措施重整了分销体系，以防止外国产品进入日本市场。比如，日本国际贸易及产业部实施了照相胶卷分销指南，依该指南建立市场结构及做法旨在在日本主要照相材料生产商、总批发商、二级批发商及零销商之间培育一种相互依赖并具有排他性的关系。依日本国际贸易及产业部指引所建立的该产业内的分销体制、零销环境及商业关系至今仍然存在。USTR还开释了限制竞争活动应当受到全面及彻底审查的重要证据。

USTR裁定，日本上述立法、政策及做法应当按下列方式予以全面纠正：

依据有力证据，已经得出以下结论：有理由确信日本政府抵消放松限制的措施，特别是分销指引及相关措施、《大型零售商店法》、《反不正当赢利及误导性陈述法》，违反了日本依WTO协定所承担的义务及承诺，使美国减损或丧失了依WTO协定累积的利益，因此依据《1974年贸易法》及DSU第23条规定，USTR立即援引WTO争端解决程序，向WTO申诉上述日本政府措施及其适用。如果在WTO争端解决程序结束时，WTO争端解决机构裁定日本政府的立法、政策及做法违反WTO协定任何规定，或不符合WTO协定规定，或以其他方式否定了美国依WTO协定享有的权利，那么除非日本正采取令人满意的措施给予美国依WTO协定享有的权利，已同意取消或逐步取消有关的立法、政策及做法，或承诺立即令人满意地解决对美国商业造成的负担或限制，或者对美国贸易利益提供令人满意的补偿，那么WTO将依DSU规定采取301条款规定的措施。

①依据1960年GATT缔约方通过的《限制性商业做法的磋商安排》，美国将立即要求与日本政府磋商，并转到WTO程序。②根据日本首相的个人承诺及日本政府依《结构性障碍计划》《美日就经济伙伴关系框架的联合声明》作出的加强“日本公平贸易委员会”的一系列承诺，

以及日本竞争法的执行,美国要求柯达公司提供其已向日本公平贸易委员会提交的有关日本消费照相材料市场中限制竞争的资料,并将资料提供给日本公平贸易委员会,促使其在消费照相材料市场上执行竞争法。③在审核日本市场上限制竞争的证据及考虑救济措施时,美国司法部将寻求同日本公平贸易委员会合作,并且USTR将征询美国司法部意见,评估日本公平贸易委员会在日本消费照相材料市场上执行竞争法的努力情况。④美国将研究日本消费照相材料市场对竞争的扭曲程序,以及在美国及第三方市场上造成经济损害的程序,考虑适当的反制措施。

2. 欧共体香蕉进口管理体制案①

1994年9月2日,依据第302条(a),美国奇吉塔牌(Chiquita Brands)国际公司及夏威夷香蕉行业协会向USTR提交301条款调查申请②,声称欧盟、哥伦比亚、哥斯达黎加、尼加拉瓜、委内瑞拉香蕉贸易相关立法、政策及做法是歧视性的、不合理的,并对美国商业造成负担或限制。1994年10月17日,USTR发起301条款调查,主要对欧共体以下两个政策进行调查:

(1)欧共体理事会第404193号条例及相关规则。该条例及规则实行一套对从拉丁美洲进口香蕉的美国香蕉贸易公司实行歧视的香蕉贸易政策,具体包括限制性及歧视性许可证制度,目的是将市场份额转移到传统上从非洲、加勒比海及太平洋和欧盟海外领地进口香蕉的公司。

(2)欧盟与哥伦比亚、哥斯达黎加、尼加拉瓜及委内瑞拉之间于1994年3月29日达成的框架协议。

---

① 参见301-94,301-100。

② See Initiation of Section 302 Investigation Concerning European Community Banana Import Regime and Request for Public Comment,59 FR 53495.

1994年10月17日，USTR发布公告，就被调查事项征求公众评议意见，并要求与欧盟进行磋商。由于欧盟与哥伦比亚等国于1994年3月29日达成的框架协议还未生效，因此USTR决定本次不对哥伦比亚、哥斯达黎加、尼加拉瓜、委内瑞拉等国发起301条款调查。

根据与欧盟的磋商、公众评议，以及与申请人及依据《1974年贸易法》第135条成立的业界顾问委员会的协商，USTR决定本起调查中提起的问题涉及《建立WTO协定》附件中的协定，包括《关税与贸易总协定》、《进口许可程序协定》和《服务贸易总协定》(GATS)，最适合通过DSU程序予以解决。根据上述情况及征得申请人同意，USTR于1995年9月27日终止了1994年10月17日发起的针对欧盟香蕉管理体制的301条款调查(301－94)，并根据从该调查中获得的信息，于1995年9月27日决定发起第二个针对欧盟香蕉进口、销售及分销体制的301条款调查(301－100)。同日，USTR征求公众对欧盟有关香蕉管理的立法、政策及做法的评议意见，并依据DSU要求与欧盟进行磋商。

在1995年10月20日举行第一轮与欧盟的磋商之后，美国与危地马拉、洪都拉斯及墨西哥决定推迟提交成立专家组的请求，直到世界最大香蕉出口国厄瓜多尔完成加入WTO程序，并加入本次与欧盟香蕉管理体制的争端解决程序中。根据厄瓜多尔、危地马拉、洪都拉斯、墨西哥及美国政府联合提交的磋商请求，1996年3月4日上述国家与欧盟举行了第二轮磋商，1996年5月8日成立了争端解决专家组。

1997年9月25日，DSB通过了上诉机构及专家组报告，WTO报告通过以下几个方面裁定欧共体措施违反其依WTO协定应承担的义务：(1)欧共体歧视性地将市场份额分配给了非洲、加勒比及太平洋地区的国家和《香蕉框架协议》签字国；(2)当某一国香蕉出现不足时，欧共体歧视性地再分配年度份额的规则；(3)欧共体歧视性地对从欧共体和非洲、加勒比及太平洋地区之外的地区进口香蕉的欧共体及非洲、加勒比及太平洋地区的分销公司实施“B”类许可证;(4)对拉丁美洲的香蕉进口实行许可证制度,而对非洲、加勒比及太平洋地区香蕉的进口不要求许可证;(5)欧共体在发放催熟剂分销许可证时,有利于欧共体公司,歧视美国公司和拉丁美洲公司;(6)对欧共体及非洲、加勒比及太平洋地区分销公司发放额外许可证,以便从拉丁美洲进口香蕉。

因此,根据WTO争端解决机构的裁决结果、公共评议及适当磋商,USTR裁定欧共体立法、政策及做法违反了GATT及GATS,并以其他方式否定了美国依据上述WTO协定享有的利益。

在1997年10月16日DSB举行的会议上,欧共体声称完全尊重其相关国际义务,并要求一个合理期限。1997年12月17日,在WTO仲裁会上,欧共体明确表示其要求的合理期限是于1999年1月1日之前执行WTO DSB的建议及裁决。1998年1月7日,WTO任命的仲裁庭裁定欧共体必须于1999年1月1日之前执行完毕WTO DSB的建议及裁决。

根据上述情况,USTR裁定,欧共体在合理期限内执行WTO DSB的建议及裁决的承诺构成了第301条(a)(2)(B)(i)规定的采取令人满意的措施赋予美国依1994年GATT及GATS享有的权利。因此,根据第301条(a)(2)规定,USTR决定不依301条款采取措施,并终止本次调查。USTR将监督欧共体执行WTO裁决。如果欧共体不执行WTO裁决,USTR将采取措施。1999年1月1日,欧共体修改其香蕉管理体制的第1637198号及第2362198号条例生效。欧共体声称上述修改已使其香蕉管理体制符合其依WTO协定承担的义务。然而,上述条例修改却法定化了WTO裁决指出的不符合WTO的歧视性欧共体香蕉管理规定。因此,1999年1月14日,美国依据DSU第22条规定的权利,要求DSB授权中止对欧共体及其成员国实行关税减让及其他GATT项下的义务,美国要求授权的贸易金额为5.2亿美元。

1999年1月29日，欧共体对美国提出的5.2亿美元中止减让水平提出异议。根据DSU规定，该事项要提交WTO仲裁。1999年3月2日，WTO仲裁庭发布了初始决定，并要求美国、欧盟提交进一步资料。1999年4月6日，WTO仲裁庭发布终裁，确定美国因欧共体违反了WTO义务而受到的利益损害或丧失为每年1.9亿美元，授权美国可以在不超过每年1.9亿美元金额情况下，中止对欧共体及其成员国的关税减让及履行相关义务。

根据WTO DSB授权，USTR宣布于1999年3月3日起对欧共体9个产品加征100%关税。此后，欧盟与美国举行磋商，以求解决争端。2001年4月11日，美国与欧盟就争端达成谅解。该谅解规定了以下分步实施方案：2001年7月1日之前，欧盟实行一套新的香蕉许可证制度，该制度建立在历史参照期限之上；2002年1月1日之前，欧盟对原产于拉丁美洲的香蕉（美国公司占有相当大份额）实施的关税配额增加10万吨；2006年1月1日之前，欧盟将对香蕉进口实行只征收关税的管理体制。

二、WTO DS152案件之后[①]

（一）调查概况

2000年1月至2017年1月的17年间美国只发起过5起301条款调查。2017年之前，最近一起301条款调查发生于2013年，针对的是乌克兰的知识产权保护。但是，考虑到乌克兰的政治状态，USTR决定当时采取报复措施是不适当的。特朗普政府之前，301条款调查中采取报复措施的最近一起调查是在2009年，涉及加拿大对《2006年美加软

① 2000年1月至2017年1月。

木协议》的遵守。根据美加谅解备忘录，USTR于2010年中止加征关税。

这5起301条款调查具体包括：加拿大小麦贸易协会小麦贸易做法(wheat trading practices of canadian wheat board)案(301－120)；乌克兰知识产权法及做法(intellectual property laws and practices)案(301－121)；加拿大软木协议合格(canada-compliance with softwood lumber agreement)案(301－122)；中国清洁能源技术(trade and investment green technology)相关立法、政策及做法案(301－123)；乌克兰知识产权案(301－124)。

(二)经申请未发起调查的案件

在2004～2016年的12年间，USTR决定不发起301条款调查的就有6起。

1. 关于不发起针对中国货币估值的301条款调查

一共三个机构分别于2004～2007年四次提起对中国货币估值进行301条款调查的申请。"中国货币联盟"于2004年9月9日①，"国会中国货币行动联盟"分别于2004年9月30日②及2005年4月20日③，"两党中国货币行动联盟"于2007年5月17日④向USTR申请对中国货币估值进行301条款调查，申请理由及依据均相同。USTR均未予立案，

① See Petitions Under Section 302 on the Valuation of Chinese Currency; Decisions Not to Initiate Investigations, 69 FR 78516.

② See Petitions Under Section 302 on the Valuation of Chinese Currency; Decisions Not to Initiate Investigations, 69 FR 78516.

③ See Petitions Under Section 302 on the Valuation of Chinese Currency; Decisions Not to Initiate Investigations, 70 FR 46259.

④ See Petition under Section 302 on China's Currency Valuation; Decision Not To Initiate Investigation, 72 FR 46688.

而且拒绝立案调查理由均相同。

上述机构依据第302条(a)(1)向USTR提交301条款调查申请,指控中国政府有关货币估值的立法、政策及做法拒绝并违反了美国国际合法权利,是不正当的并对美国商业造成负担或限制。申请书具体指控,中国保持人民币对美元固定汇率的立法、政策及做法已造成中国货币严重低估,并针对中国汇率政策提出以下三项具体指控:(1)违反《补贴与反补贴协定》及1994年GATT第6条、第16条规定的禁止性出口补贴(prohibited export subsidy);(2)属于1994年GATT第15条项下的可使同一协定的第1条、第2条、第3条及第11条规定目的落空(frustration)的外汇措施(exchange action);(3)违反了中国按照WTO《农业协定》第3条、第9条及第10条所承担义务的补贴。申请书还指控,中国立法、政策及做法违反了美国依《国际货币基金协定》第4条及第8条享有的权利,并且通过压制美国为国内消费及出口增长而进行的生产,对美国商业造成负担或限制。

收到申请书之后,USTR决定不发起调查,理由是发起调查不是解决申请书所涉及的立法、政策及做法问题的有效方法。美国行政机构目前正与中国政府努力解决申请书中提出的问题。USTR认为,依据第302条发起调查只会妨碍而不是促进美国行政机构解决中国货币估值政策问题的努力。

2. 关于不发起针对中国工人权利的301条款调查①

2004年3月16日,美国劳工及产业组织大会联盟(AFLCIO)依据第302条(a)(1)向USTR提交301条款调查申请,指控中国政府有关

① See Petition under Section 302 on Workers' Rights in China; Decision Not to Initiate Investigation, 69 FR 26204.

制造业工人的立法、政策及做法是不合理的[①]，并对美国商业造成负担或限制。申请书具体指控中国立法、政策及做法持续构成以下行为：（1）拒绝制造业工人的结社权，以及组织并进行集体谈判的权利；（2）允许强迫劳动；（3）未能规定最低标准的工资、工作时间及职业安全和健康。申请书指控，通过压低中国制造业工人工资，中国生产的产品具有成本优势，造成美国制造业工作流失，从而对美国商业造成负担。

USTR 决定不发起调查，理由是发起调查不能有效解决申请书中提及的立法、政策及做法问题。美国行政机构目前正与中国政府共同努力解决申请书中提到的许多劳工问题。USTR 认为，提起 301 条款调查不能促进美国行政机构改善中国工人权利的努力，相反还会妨碍上述努力。

3. 关于不发起针对以色列知识产权保护的 301 条款调查[②]

2009 年 5 月 13 日，中东政策研究院依据 301 条款向 USTR 提出 301 条款调查申请，指控以色列违反 TRIPs 协定第 39 条规定的义务。申请书列举了五项独立指控：（1）要求获得有关 1985 年美国与以色列的自贸协议谈判的机密报告；（2）军事工业间谍；（3）美国医药公司的知识产权；（4）钻石出口收入的使用；（5）支持以色列游说者的行为。申请书指控申请书中的事项造成了美以之间贸易逆差，并且双边贸易逆差导致美国就业流失。申请书要求 USTR“立即中止《美国—以色列自贸协议》，直至申请人诉求得以纠正，并且以色列就以往违反知识产权行为给予损害赔偿”。

USTR 不予发起调查，理由有三个：（1）中东政策研究院将自己描

---

① See Section 301(d)(3)(B)(iii) of the Trade Act of 1974.

② See Petition Under Section 301 on Israel's Protection of Intellectual Property Rights; Decision Not To Initiate Investigation, 74 FR 31789.

述为一个涉及中东政策制定的机构，未能说明其具备要求发起以色列拒绝美国知识产权301条款调查的申请人资格所必备"重大利益"(significant interest)；(2)作为对申请的回应，发起调查不是一个解决相关问题的有效手段，申请书中提出的事项大多数与违反TRIPs协定指控没有关联，并且对于申请书中描述的与TRIPs协定相关问题，可以通过特别301程序及正在进行中的"非周期性审查"予以解决；(3)301条款法律没有规定本申请中要求的救济方式——未进行任何形式调查或争端解决就立即中止《美国—以色列自贸协议》。

4. 关于不发起针对《美国—以色列自贸协议》的301条款调查①

2011年5月24日，中东政策研究院向USTR提出申请，指称在1984年美以自贸协议谈判期间，以色列政府窃取了(misappropriate)美国贸易协会、美国企业及产业提供给USTR及美国国际贸易委员会的商业机密资料。申请书指称，以色列政府利用这些机密产业资料获得了在美国市场上的系统性优势，并造成了美以双边自贸逆差。该申请书又指称，该窃取行为已让美国产业利润降低，申请书要求从以色列政府处获得66.4亿美元和解费，以便在美国受损害产业界别之间分配。

听取301条款委员会意见后，USTR决定不发起调查，理由有：(1)中东政策研究院不具有提起处理美国公司财务损失的301条款调查申请的资格，申请书列举了76家在20世纪80年代反对美以自贸协议的企业及行业协会名单，并声称中东政策研究院代表其中一些公司和行业协会。但是，USTR条例要求申请书列明其代表的公司或协会名称，并简要描述申请人因申请书中要求处理事项而受到直接影响的经

---

① See Petition Under Section 302 on the U. S. -Israel Free Trade Agreement; Decision Not To Initiate Investigation, 76 FR 41858.

济利益。[①] 申请书没有满足上述要求。(2)申请书未能指称存在具有301条款可诉性的以色列政府立法、政策及做法。反之,申请书只是列举了27年前发生的以色列政府的行为。申请书未能指称以色列政府目前不适当的或不合理的,并对美国产业造成损害的立法、政策或做法。

5. 关于不发起针对德国律师能力考试的301条款调查[②]

2011年3月14日,彼特·M.汉弗代表自己依据第302条向USTR提交301条款调查申请,要求调查德国政府有关律师能力考试参加资格的立法、政策或做法。申请书指称,汉弗先生是一位在德国以外国法律顾问身份从事美国法及法国法执业的美国公民。申请书指出,依据德国法,只有德国、欧洲经济区及瑞士联邦的居民才有资格参加德国律师能力考试(german bar aptitude examination),从而限制了美国公民获得德国律师执业许可,并且这些限制:(1)违反了依友好合作条约(FCN)项下的国民待遇义务;(2)违反了依友好合作条约项下的最惠国待遇义务;(3)构成了对美国公民的不合理及歧视性待遇。申请书要求USTR依据301条款对德国采取措施。

依据301条款委员会意见,USTR决定不依申请发起调查。理由有三个:

(1)申请书未说明汉弗先生具有依301条款要求发起调查的利害关系人资格中的重大利益(significant interest)。[③] 根据申请书,因为汉弗先生已经在德国居住并执业三年,他具有了"自动成为德国律师会员权利,所以汉弗先生不必参加德国执业法律考试"。由于汉弗先生声称他还有其他自动成为德国律师会员的选择,因此,申请书未能说明他具

① See 15 CFR 2006.1(a)(1).

② See Petition Under Section 302 on Access to the German Bar Aptitude Examination; Decision Not To Initiate Investigation, 73 FR 25401.

③ See 15 CFR 2006.0(b).

有申请有关德国律师能力考试301条款调查资格所必备的重大利益。比如,申请书未能说明,如果他通过了律师能力考试可以获得一些经济上的好处,而这些经济好处却无法通过在德国执业三年自动获得德国律师资格方式获得。

(2)在《1974年贸易法》架构中,申请书中对德国违反友好与合作协定项下的最惠国待遇及国民待遇的指控属于依据第301条(d)(4)项下的不正当立法、政策及做法的指控(将不正当立法、政策及做法定义为"违反了美国国际法律权利,或与之不一致",包括拒绝给予国民或最惠国待遇)而不是第301条(a)(1)(B)(i)项下的违反"贸易协定"的指控。为达到第301条的可诉性,不正当立法、政策及做法必须对美国商业造成负担或限制。[①] 本案中,申请书未能提供有关因德国法对参加律师能力考试的限制而对美国商业造成负担或限制的充分资料。申请书未能确定有关法律服务的贸易额,或有关限制是如何影响相关贸易额的[②](要求申请书中包含有关对美国商业造成负担或限制的资料)。

(3)发起调查不是处理申请书中所提问题的有效方式。[③] 根据申请书,汉弗先生之前已经在德国法院提起过友好合作公约项下的诉求,德国法院驳回了他的诉求。汉弗先生认为,德国法院对友好合作协议的解释是错误的。

友好合作协议的确包含了争端解决机制条款:双方因FCN的适用或解释而引起的争端均应提交到国际法院(International Court of Justice),但是,对301条款来说,国际法院诉讼不是一个有效的工具。具体来说,依据301条款法律规定,USTR人员在12个月内结束调查并

① See Section 301(a)(1)(B)(ii) of the Trade Act of 1974.

② See 15 CFR 2006.1(a)(7).

③ See Section 302(c) of the Trade Act of 1974.

决定采取何种措施，而依据 FCN 进行的国际法院诉讼通常情况下都超过 12 个月。基于此原因及其他原因，发起 301 条款调查将不是处理申请书中指控的对参加德国律师能力考试进行限制问题的有效途径。

作出不发起调查的决定并不妨碍其通过其他途径努力解决申请书中提出的问题。

6. 关于不发起针对多米尼加投资征收的 301 条款调查①

2011 年 5 月 24 日，两个自然人莫里舒（Mauricio）和卡罗莱娜（Carolina）向 USTR 提交 301 条款调查申请，要求 USTR 对多米尼加政府的对投资进行征收（expropriations）未给予足够赔偿的行为发起 301 条款调查。申请书声称，两个申请人的父亲伊莱亚斯（Elias）是萨尔瓦多居民，20 世纪 50 年代特鲁希略（Trujillo）政权时期在多米尼加进行投资，但其财产在特鲁希略政权垮台后分别于 1961 年及 1962 年被国有化（nationalized）。两位申请人是美国公民，现住在佛罗里达州，声称是其父伊莱亚斯财产的继承人，因此要求多米尼加政府为被征收的投资提供足额补偿的财产利益。申请书还声称，多米尼加政府一直在进行侵犯其财产权的行为，最近一次是在 2011 年 3 月。

申请书声称，多米尼加政府违反了《多米尼加—中美洲—美国自贸协定》（以下简称《多中美自贸协定》）项下的义务，该义务要求多米尼加政府对于该自贸协定涵盖的投资应给予"公平及平等待遇，以及完全保护和安全，"并提供"迅速、充分及有效的补偿"。申请书还主张，多米尼加政府拒绝给予被征收的投资充分补偿的行为是不合理的。同时申请人还认为，多米尼加政府行为具有歧视性，因为在特鲁希略政权垮台后，其父亲获得的待遇低于其他投资被征收的投资人。

① See Petition Under Section 302 on Alleged Expropriations by the Dominican Republic; Decision Not To Initiate Investigation, 76 FR 41857.

根据301条款委员会的建议,USTR决定不发起调查。其理由有三个:(1)申请书仅声称其父亲的财产被征收,并没有声称美国公民的投资被征收。根据其申请书,其父亲是萨尔瓦多居民,不是美国居民。(2)USTR不去调查一件50年前发生的事件,其远在《1974年贸易法》及《多中美自贸协定》生效之前。因此301条款调查不是处理申请书中所提出问题的有效手段。(3)对于申请书中声称的最近多米尼加政府违反《多中美自贸协定》项下投资义务的立法、政策及做法,可以通过《多中美自贸协定》第十章规定的"投资者—国家"争端解决机制解决。在不要求美国政府介入的情况下,该争端解决机制赋予投资者通过"投资者—国家"争端解决方式实现其诉求的权利,并将由审理争端的国际仲裁庭确定该诉求的法理依据。

三、特朗普政府发起的调查①

在特朗普政府之前,自1995年结束乌拉圭回合多边贸易谈判成立WTO以来,美国一直沿用301条款授权,主要目的是收集案件并通过WTO解决争端。但是,特朗普总统更愿意依据301条款授权采取单边措施,推广特朗普政府认为的"自由"、"公平"及"对等"贸易,2017年至2022年1月已自主发起6起案件。特朗普政府将其政策上的转变归咎于美国与外国政府歧视或使美国公司处于不利地位的做法之间的长期及不可弥合的分歧。此外,特朗普政府一直在为其最近的关税措施作正当性辩护,特别是针对中国的关税措施。其辩护主要有三种方式:(1)指出WTO争端解决程序存在的不足;(2)WTO缺乏规则或现有规则不足以纠正中国不公平做法;(3)它还一直引述过去为推进美国公司及工厂对等市场准入的经贸谈判与协议宣告失败。

① 2017年1月至2022年1月。

(一)中国技术转让、知识产权及创新案[1]

详见第三章内容。

(二)民用大飞机争端案[2]

美国与欧盟长期以来互相指责对方直接或间接地补贴其国内民航产业。美国声称,欧盟及某些成员国政府,包括法国、德国、西班牙及英国,向各自的空客关联企业补贴、资助大型商用飞机的开发、生产及营销,补贴方式包括股权投入、债务免除、债务展期(debt rollover)、营销支持,以及对购买国政府的政治及经济施压等。相反,欧盟声称波音受益于美国政府支持,主要形式是从美国宇航管理局、国防部及其他机构获得的研发资金。此外,欧盟声称波音以税收减免,以及对开发并制造新飞机的基础设施上的支持等形式获得补贴。

20 世纪 70 年代及 80 年代,美国与欧共体展开双边及多边谈判,以解决上述问题。尽管双方努力最终失败,但产生了两份至今仍然有效的协定:1979 年关税协定即《贸易及民用飞机协定》及 1986 年《民用飞机产业谅解》。美国也曾依据 GATT 和《补贴与反补贴协定》,启动过争端解决案件,随后美国与欧盟于 1992 年达成一份双边协议:《美国—欧盟大型民用飞机协议》。该协议对影响波音及空客生产大型民用飞机的政府补贴进行了限制,该协议还包含了禁止未来生产支持,对开发支持规定了限额,对间接支持规定了最高限额,为偿还条款设定了条件。

---

① See 301 – 125, Thechnology Transfer, Intellectual Property and Innovations.

② See 301 – 126, Enforcement of U. S. WTO Rights in Large Civil Aircraft Dispute. Office of the USTR, *Initiation of Investigation*; *Notice of Hearing and Request for Public Comments*: *Enforcement of U. S. WTO Rights in Large Civil Aircraft Dispute*, 84 Federal Register 15028, April 12, 2019. For more detail, see CRS In Focus IF11364, *Boeing-Airbus Subsidy Dispute*: *Recent Developments*, by Andres B. Schwarzenberg.

不满欧盟对1992年协议遵守及未能就补贴达成更加全面的协议，美国于2004年将双方争端提交WTO（DS316），并退出1992年双方协议。作为回应，欧盟立即宣布启动针对美国的WTO案件（DS353），并反对美国终止1992年协议。随后双方于2004年下半年及2005年上半年举行了密集磋商，并就新的双边协议条款达成共识。双方也承诺在新协议谈判期间，不要求成立WTO专家组，不对飞机开发或生产提供新的政府支持。然而，谈判无果而终，双方于2005年5月要求WTO成立专家组。

2004年10月6日，美国要求与欧盟及法国、德国、西班牙、英国就其向欧盟大型民用飞机的国内产业提供补贴一案，进行WTO争端解决下的磋商，美国认为上述补贴违反了其依1994年GATT及《补贴与反补贴协定》所承担的义务。

2005年5月31日，美国要求成立争端解决专家组。2011年5月WTO专家组报告（经上诉机构报告修改）认定，欧盟及法国、德国、西班牙、英国对大型飞机制造的补贴违反了欧盟依《补贴与反补贴协定》应承担的义务。DSB于2011年6月1日采纳了专家组报告，建议欧盟及法国、德国、西班牙、英国使其与WTO不一致措施符合WTO规则。欧盟及法国、德国、西班牙、英国应于2011年12月1日前使其措施符合WTO规则。

2011年12月1日，欧盟声称它已经执行完毕DSB的建议，但美国提出异议，要求DSB授权其采取与欧盟不符合WTO措施所造成的不利影响大致相等的反制措施。随后欧盟将争议事项提交WTO进行仲裁，以确定反制措施的适当程度。

2012年年初，美国与欧盟达成一个程序性协议。根据该协议，中止WTO仲裁程序直到WTO合规专家组及上诉程序裁定欧盟是否已经执行了DSB建议。2018年5月28日，DSB通过了合规专家组及上诉机构的报告，支持了给予空客A380及A350XWB飞机的启动资助(launch aid)对美国利益继续构成了违反WTO的不利影响。

应美国要求，并根据美欧双方先前达成的程序性协议，WTO仲裁庭于2018年7月13日重新开始确定授权美国的反制措施水平。2019年4月12日，USTR自行发起301条款调查，执行美国依WTO案件享有的针对欧盟及法国、德国、西班牙、英国的权利，同时在《联邦政府公报》上刊载了USTR拟建议的裁定，并征询公众的评议意见。该建议的裁定认为，欧盟及法国、德国、西班牙、英国已经否定了美国依据WTO协定享有的权利，具体来说是1994年GATT及《补贴与反补贴协定》第5条及第6条第3款项下的权利，并且未能执行DSB要求使其违反WTO的补贴符合WTO规则的建议。

2019年10月2日，WTO仲裁庭裁定，为回应欧盟违反WTO的补贴，美国可采取的适当反制措施的适当水平大致等于每年75亿美元。2019年10月9日，USTR发布公告，认定美国依1994年GATT及《补贴与反补贴协定》第5条、第6条第3款享有的权利正在被否定，欧盟及法国、德国、西班牙、英国提供的补贴违反了上述WTO协定；欧盟没有令人满意地执行WTO DSB的建议。基于上述原因，USTR作出了肯定的可诉性裁决，并决定对欧盟进口到美国价值75亿美元的产品加征10%或25%关税，并于2019年10月18日生效。依据USTR 2019年10月的301条款调查及裁决结果，美国决定将对欧盟大型民用飞机加征10%的关税，对欧盟农产品和其他产品加征25%的关税。美方先前指控法国、德国、西班牙和英国补贴空客，因而清单中所列绝大部分产品来自这四国，包括法国红酒、德国咖啡、西班牙橄榄制品、英国威士忌以及整个欧盟范围内生产的奶酪等。加征关税将持续到欧洲取消补贴或双方通过谈判达成解决方案。尽管两方一直在进行贸易谈判，但至今仍未达成令双方满意的解决方案。

2019年12月2日，WTO合规专家组驳回了欧盟提起的其补贴已经符合WTO裁决的申诉。

2019年12月12日，USTR开始审核同年10月18日采取的措施，以决定被加征关税的产品清单是否应当予以修改或者提高关税。

2020年11月9日，根据WTO的授权，欧盟发布对美国的报复措施，涉及对美国商品征收价值约40亿美元的报复性关税。美欧围绕大飞机补贴问题争端已久，2020年10月26日，DSB正式授权欧盟可就其诉美大飞机补贴案（DS353），向美实施每年不超过39.93亿美元的贸易报复措施。欧盟报复措施涉及对美国飞机产品加征15%的关税，对一系列美国农产品和工业产品加征25%的关税（其中包括新鲜或冷冻的鱼、新鲜或脱水的水果和蔬菜、可可、巧克力、坚果和种子、棉花、橙汁、葡萄柚汁、烈酒、手提箱、拖拉机以及健身器材等）①。

修改后的《1974年贸易法》第306条要求USTR，当目标外国政府不履行按照WTO争端解决程序作出的建议时，定期修改（比如，更换）报复（比如，关税或其他贸易限制）产品的清单，此种定期修改报复产品清单就是著名的"行李传送带式报复"。不断更换产品（和/或加征关税税率）的目的就是通过其国内生产商向该外国政府施压，以改变该国对被诉做法的立场。在首次采取措施之日起120天或之后每180天，USTR将审查产品清单或措施，并作出全部或部分修改。在修改产品清单或措施时，USTR必须以最大可能出现目标外国政府履行WTO争端解决机构的建议的结果，或取得双方对争议问题达成双方满意协议的方式进行修改，如果USTR确定外国政府将很快遵守WTO争端解决机构的建议，或与美国受损行业达成不必修改清单的一致意见，则不必修

① See https://eur-lex.europa.eu/legal-content/EN/TXT/PDF/?uri=CELEX:32020R1646&from=EN.

改报复产品的清单。

USTR 使用“行李传送带式报复”授权，三次修改了与“美欧大型民用客机”争端的美国 WTO 权利执行相关的 301 条款调查措施。

1. 2020 年 2 月修改

2019 年 12 月，USTR 宣布审查 2019 年 9 月采取的初始措施。USTR 具体就下列问题征求公众评议：(1)措施涵盖的产品是否应当予以保留或从清单上删除；(2)对于保留在清单上的产品，目前加征的关税税率是否应当提高到 100%；(3)产品清单上是否应当增加更多欧盟产品。依据本次审查，2020 年 2 月 14 日 USTR 发布声明，将上调从法国、德国、西班牙等国进口大型民用飞机的关税，从 10% 提高至 25%，于同年 3 月 18 日生效；同时对欧盟国家加征 25% 关税的产品清单进行微调，清单中包括葡萄酒、奶酪、猪肉、威士忌、橄榄和其他农产品，并于同年 3 月 5 日生效。USTR 表示，经调整，被征收关税的商品的年价值仍将保持在 75 亿美元。

2. 2020 年 8 月修改

2020 年 6 月，USTR 启动对该 301 条款调查措施的第 2 次审查，并征求公众评议。尽管 2020 年 7 月欧盟宣布对法国和西班牙空客投放市场计划资助合同进行一定修改，但 USTR 认为这些变化是不够的，没有完全执行 DSB 的建议，因此 2020 年 8 月 USTR 调整了被征收额外关税的除飞机之外的产品名单构成，删除了两组产品线，并增加了相同贸易额的 9 组产品线，其于 2020 年 9 月 1 日起生效，受影响的贸易额和额外关税的税率维持不变。按照《1974 年贸易法》第 306 条要求，USTR 将视美国与欧盟谈判进展情况，继续定期对关税措施进行审查。

3. 2020 年 12 月修改

经 WTO 授权报复之后，欧盟于 2020 年 11 月开始对美国产品加征关税。为回应对欧盟行使 WTO 授权所使用方法的关切，美国决定调整

301 条款调查措施的参照期间,完全与欧盟所使用的方法对等。USTR 认为,欧盟使用的方法确定的美国产品范围参照期间为 2019 年 8 月至 2020 年 7 月,这个期间的贸易金额受到疫情相关的经济下行严重影响。与美国使用的参照期间数据确定方法相比,欧盟上述方法可以让其措施涵盖更大金额的美国进口产品。因此,USTR 在被加征 25% 关税的产品清单中增加了原产于法国和德国的飞机制造配件、红酒、上等白兰地、果子酒等,并于 2021 年 1 月 12 日生效,受影响的贸易额和额外关税的税率维持不变。

美国于 2021 年 3 月 4 日和 5 日分别与英国、欧盟达成协议,在随后 4 个月内双方相互中止征收与 WTO 大飞机争端相关的关税。本次暂停的关税措施将涵盖飞机类产品与非飞机类产品,并将于双方完成内部程度后生效。本次联合声明指出,欧盟和美国致力于通过谈判达成全面、持久的大飞机案的争端解决方案,而谈判的关键要素包括未来将在这一领域适用的纪律、支持性措施、监管与实施方案,以及应对非市场经济体(中国)的进入造成的贸易扭曲的做法与挑战。①

2021 年 6 月 15 日②和 17 日③,美国分别与欧盟、英国就涉及欧洲飞机制造商空中客车(Airbus SE)和美国波音公司(Boeing Co.,BA)的关税争端达成暂停协议。为确保两国工人和行业能公平竞争,美欧、美英同意自 2021 年 7 月 4 日起,五年内暂停对彼此征收报复性关税。双方将成立一个由美欧、美英贸易部长领导的工作组,分析并解决双方的潜在分歧,贸易部长每年将进行至少一次磋商,通过谈判寻找解决这一争

---

① See https://ustr.gov/about-us/policy-offices/press-office/press-releases/2021/march/joint-statement-european-union-and-united-states-large-civil-aircraft-wto-disputes.

② See https://ustr.gov/about-us/policy-offices/press-office/press-releases/2021/june/ustr-announces-joint-us-eu-cooperative-framework-large-civil-aircraft.

③ See https://ustr.gov/about-us/policy-offices/press-office/press-releases/2021/june/joint-us-uk-statement-cooperative-framework-large-civil-aircraft.

端的方法。

美国贸易代表戴琪发表声明，表示美欧、美英成功达成协议表明民主国家能够共同制定贸易政策帮助工人，这种以工人为中心的政策将指导美国解决其他美欧、美英贸易问题。

（三）法国数字服务税案①

2019年3月6日，法国政府公布了对来源于为法国用户或定向法国用户提供数字服务的收入开征3%税即数字服务税（DST）的建议。随后法国国会两院的联合委员会就联合提交的数字服务税草案达成一致。同年4月9日法国国民大会通过了数字服务税法案。5月21日法国参议院通过了最终草案。法国国会两院于同年7月4日通过了最终法案，总统马克龙于7月24日签署该法案，其正式成为法律。

根据法国数字服务税法，对来自“数字接口”服务（货物及服务的在线市场）及互联网广告服务的营业收入征收数字服务税，不包括传送“数字内容”的数字接口（digital interfaces）在内的服务。只对受管辖服务的全球年营业收入超过7.5亿欧元及来自法国受管辖服务的年营业收入超过2500万欧元的公司征收数字服务税。数字服务税针对的是来自服务于或定向于法国个人的毛收入而不是所得。被征税的许多公司可能在法国没有住所和没有常设机构。根据现行国际税收规则，这些公司不用或预期就向法国个人或定向法国个人提供数字服务的营业收入向法国缴税。数字服务税溯及既往地从2019年1月1日开始实

---

① 参见301－127，2019年7月10日。France's Digital Service Tax. Office of the USTR, *USTR Announces Initiation of Section* 301 *Investigation into France's Digital Services Tax*, Press Release, July 10, 2019, and *Initiation of a Section* 301 *Investigation of France's Digital Services Tax*, 84 Federal Register 34042, July 16, 2019. For more detail on the investigation, see CRS In Focus IF11564, *Section* 301 *Investigations: Foreign Digital Services Taxes* (*DSTs*), by Andres B. Schwarzenberg.

施。可获得的证据（包括法国官员声明）显示，法国期望数字服务税是针对某些大型美国科技公司的。

2019 年 7 月 10 日，USTR 自行发起针对法国数字服务税的 301 条款调查，并发布公告，就下列三方面问题征询公共评议意见：（1）歧视性。包括法国官员声明在内的可获得证据显示，数字服务税事实上等于对美国公司的歧视。例如，征税的营收门槛设定实际上将较大公司（主要是美国公司）纳入征税范围，而豁免了对小型公司（主要是法国公司）征收数字服务税。（2）溯及既往性（retroactivity）。数字服务税是溯及既往地从 2019 年 1 月 1 日起开征的新税，这就产生了数字服务税公平性问题。另外，由于该税具有溯及既往性，因此被征税的公司无法追溯性地找到 2019 年年初数据，以计算其可能的纳税额。（3）不合理税收政策。在许多方面，数字服务税偏离了美国税收制度及国际税收制度的规范，这些明显偏离主要包括：域外性，主要针对法国域外的外国公司；对营业收入而不是所得征税；目的是惩罚商业成功的某些科技公司。

2019 年 8 月 9 日，USTR 及 301 条款委员会举行了公开听证会。USTR 就被调查事项要求与法国政府进行磋商，2019 年 11 月 14 日双方举行了磋商。根据调查中获得的信息，包括公众评议意见及听证会上提交的意见，2019 年 12 月 6 日 USTR 发布裁决报告①，认定法国数字服务税是不合理的或歧视性的，并对美国商业造成负担或限制。具体理由如下：

（1）本次调查收集的证据表明，从其结构和操作方式来看，法国 DST 法案歧视美国数字公司。

---

① See Notice of Determination and Request for Comments Concerning Action Pursuant to Section 301: France's Digital Services Tax, 84 FR 66957.

负责制定和提出法国DST法案的法国官员的声明也表明,该法案就是在故意针对美国公司。法国经济和财政部长布鲁诺·勒梅尔(Bruno Le Maire)以及其他法国官员和议员,多次将DST法案称为"GAFA税","GAFA"分别代表Google(谷歌)公司、Apple(苹果)公司、Facebook(脸书)和Amazon(亚马逊)。宣布DST提案的法国政府网站上甚至有一张带有Google、Apple、Facebook和Amazon标志的图片。一位法国议员的发言似乎表明了政府的态度:"我认为向更多的大型跨国企业——尤其是GAFA公司征税,是所有议员欢迎的共同愿望。"法国官员解释说,DST的目的就是对美国的"数字企业巨头"征税,而不是法国和欧洲的企业。部长勒梅尔表示,该项税收是有"针对性的,因为它只会影响到达到2个税收起征点(前文所述)的最大的数字公司。这些税收标准的目标非常明确:我们不想拖慢初创企业的创新速度,也不想遏制中小企业的数字化进程。"

DST法案的目标只是在服务领域占主导地位的美国公司,而法国公司更具优势的服务领域则不受影响。预计由于提供数字广告服务而受到DST影响的9家公司中有8家都位于美国。这并不奇怪,因为美国公司在法国互联网广告领域取得了巨大成功。法国公司在传统广告业相当成功,但DST并不适用于这些服务领域。同样,在数字接口领域,可能受DST影响的21家公司中,有12家位于美国,而没有一家位于法国。事实证明美国公司已经并将继续在全球商业市场取得成功。但是美国公司并没有在法国电子商务市场中占据主导地位。事实上法国公司在电子商务领域非常成功,而且潜力巨大。因此,DST将电子商务排除在外,再加上全球业务收入的纳税标准,DST将火力对准美国公司,而将成功的法国公司排除在外。

"营业收入标准"同样也使DST对准那些总部位于美国的公司,并且将许多在法国提供DST所涵盖服务的非美国公司排除在外。美国公司几乎涉及所有提供DST“定向广告”服务的公司集团,这很大程度上是由于DST的“营业收入标准”。包括数十家法国公司在内的非美国公司在法国提供定向广告服务。但是也有例外,总部位于美国以外国家的公司集团在提供定向广告服务方面还不够成功,无法满足上文说到的两种营业收入起征点。其中一些公司规模太小,另一些公司规模较大而且非常成功,但其业务仅有一部分在DST范围之内。同样包括法国公司在内的许多非美国公司也在法国提供数字接口服务,但是DST的经营收入起征点也将这些法国公司排除在DST之外,原因可能是它们规模太小(即使它们在法国可能非常成功),也可能是DST覆盖的服务仅占其业务的一部分。值得注意的是,法国的DST是在欧盟DST提案的基础上提出的,根据欧盟的DST提案,许多法国公司可能需要交纳DST,因为欧盟提案中的全球收入起征点适用于所有公司业务收入。法国尚未就起征点的变化做出任何公开解释,也未给出设定两个收入起征点的理由。

DST与法国收入所得税的关系也表现出对美国公司的歧视。根据法国法律,缴纳的DST税款可以抵扣公司所得税。DST和所得税的这种关系可以减少公司多达1/3的DST税款。在法国,法国公司比美国公司集团更有可能缴纳大量所得税。因此,相较于受DST影响的美国公司集团而言,DST与法国收入所得税之间的这种关系更有可能使法国公司受益。

(2)本次调查收集的证据表明,法国DST的追溯性不合常规,与现行的税法不符,DST给受影响的美国公司造成巨大负担,进而影响其客户,包括美国的小企业和消费者。

税收确定性是国际税收的重要原则之一。OECD、二十国集团和联合国都赞同向纳税人表明法律和财政的确定性,使他们在承担纳税义务之前先了解其纳税义务。从实质上说DST是新的税种,需要新的报税和会计系统。DST极大地改变了公司的报税责任、税务记录保存责任,以及整体税收责任。DST带来的这些改变将在其发布后立即生效,甚至可能在其公布之前的7个月内生效。这违反了税收的确定性原则,也违反了OECD关于实质性新税收(尤其是境外增值税)的具体指导原则。针对DST的意见和证人证词肯定了DST的追溯性是非比寻常的,其重要意义和规模都是前所未有的。

DST的追溯性给相关美国公司带来巨大负担,这也将影响到购买其服务的公司和个人。DST要求公司实施新的复杂的业务和财务报告系统用以获取新的交易数据。根据DST的规定,这些系统必须在DST颁布之时立即生效。这增加了建立此类系统的负担和成本,更增加了审计的不确定性,产生额外的成本。此外DST的追溯性意味着,在DST颁布之时公司已经承担了7个月的DST责任,却没有任何办法对这项额外税负实施预算。DST带来的税收负担将影响到美国的小企业和消费者,因为相关公司将会提高价格以适应这项新税收。

(3)本次调查收集的证据表明,法国DST法案针对营业总收入而非实际收入所得征税违反了现行的税收原则,并给相关美国公司带来了巨大的额外负担。

国际税收体系的结构明确反映出,征税的恰当基础是公司的实际收入(按国内法律定义),而不是公司营业总收入。OECD《收入和资本税收示范公约》、《联合国发达国家和发展中国家双重征税示范公约》、《美国税收协定范本》、《美法税收协定》,以及其他3000多个实际上有效的双边税收协定都反映了这一原则。税收通常都应基于实际收入,而不是基于公司在某一国家经营的营业总收入。最近包括欧洲国家在内的发达国家放弃了根据营业总收入征税,这也可以说明以上问题。像DST这样基于营业总收入征税的税种因其效率低下,不公平且对经济增长造成障碍而广受批评。DST违反了对实际收入而不是营业收入征收公司税的原则。

DST 对营业收入而非实际收入征税,大幅增加了相关美国公司的负担。首先,对于无利润或利润率较低的公司来说,DST 征收的营业所得税远高于收入所得税。原本这些公司只需要支付很少甚至不用缴纳收入所得税,而 DST 则可能导致他们利润更低甚至完全消除其利润。其次,DST 对营业收入而非实际收入征税,这意味着即使是对盈利的公司来说,DST 税负也异常繁重,因为它将导致对同一收入流进行双重征税,而且总营业收入税相当于税率高得多的收入所得税。最后,DST 新的适用范围意味着它将给相关公司带来巨大的行政负担。例如,以前并不要求公司区分交易或广告"在法国"或"不在法国"进行。同理 DST 带来的负担也将间接地扩大到相关美国公司的客户身上(包括小企业和消费者)。

(4)本次调查收集的证据表明,法国 DST 对与法国境内没有关系的业务收入征税,违反了现行的国际税收原则,对相关美国公司来说负担尤其沉重。

国际税收制度的原则之一,是如果公司与一国领土没有关系,就不受该国公司税管制。例如,国际税收协定规定,如果公司在某国没有"常设机构",那么该公司就不需缴纳该国的企业收入所得税。此外,国际税收制度的另一原则是,如果外国公司在某国家或地区设有常设机构,则仅在限定范围内(仅根据该常设机构的利润)向该国家或地区缴税。法国 DST 违反了这一原则,因为它不仅限于在法国设有常设机构的公司,也不仅限于在法国的常设机构取得的收入。相反,查看网站的个人位置决定了公司是否缴纳 DST,而提供服务的公司的位置则与此无关。此外,DST 也并未规定需要缴税的营业利润必须在法国产生。

与法国常设机构无关的营业收入也需要缴纳 DST,这对相关美国公司来说负担异常繁重。首先,相关意见和听证会证词表明,DST 针对与法国常设机构无关的营业收入征税将导致沉重的DST管理负担。其次,DST是在现有国际税收体系架构内征收的收入所得税和消费税之外的附加税收。DST适用于与法国的常设机构无关的营业收入,这意味着相关公司还需要在其经营或常驻国家(地区)对这些收入缴纳收入所得税。实际上对于某些公司而言,DST是在现有收入所得税和增值税基础上的第三层税收。

(5)本次调查收集的证据表明,法国DST向一小部分数字公司征税,违反了“反对针对数字经济的特殊的不利税收待遇”的国际税收原则。

国际税收原则反对单独对待数字经济,谴责不给予数字经济与传统商业模式相同的优惠税收待遇的做法。在《税基侵蚀和利润转移(BEPS)项目2015年报告》《应对数字经济的税收挑战——2015年第一项行动报告》,以及2019年3月欧盟根据BEPS包容性框架发布的公众咨询文件中,OECD曾多次警告不要为数字经济制定新的税收规则。国际商会、美国政府以及欧盟委员会的专家组都认为,不应当为数字公司制定特殊的税收制度。其根本原因是数字化正在整个经济中蔓延,因此不可能定义“数字公司”群体并划清原则界限。DST专门对提供特定数字服务的公司征税,显然违反了这一原则。

法国提出了征收DST的两项理由,但是这两项理由的基础都是错误的或未经证实的。

首先,法国官员认为受DST影响的公司并没有公平地缴纳税款,因为它们的总体税率远低于其他公司。法国政府的说法似乎完全基于欧盟对于拟议欧盟DST的影响评估报告。该报告指出,数字业务模式的平均有效税率比传统业务低14个百分点。但是在欧盟委员会发布影响评估报告后不久,完成该报告的公司就明确否定了委员会的分析,指出欧盟委员会引用了“14个百分点的差距”这一数据,但其报告不能用于支持委员会的声明。此外其他研究表明，数字公司支付的平均有效税率与其他公司的平均税率基本持平甚至更高。

其次，法国官员辩称，DST针对的数字服务公司从法国用户的相关数据中获取的价值是独一无二的，这就是对这些公司征税的基础。法国政府的这些说法是站不住脚的，它们与OECD在其数字经济报告中的结论相矛盾。与法国官员的说法相反，OECD的报告指出数字化正在彻底改变整个经济，因此很难甚至不可能“出于税收目的将数字经济与其他经济区分开来”。事实上，那些被认为可以创造用户价值的商业做法正越来越多地变为许多传统行业的特征，其中就包括医疗保健行业，以及汽车和智能设备制造行业。

2019年12月2日，USTR宣布根据对法国DST 301条款调查的结果，考虑对法国约24亿美元的产品征收100%的关税。2019年12月6日，USTR征询公众关于对法国产品加征100%关税的评议意见，同时也征询公众关于对法国服务加征费用及采取限制措施的评议意见。USTR及301条款委员会于2020年1月7日和8日举行公开听证会。2020年1月法国政府宣布2020年全年暂时停止征收数字服务税，以便继续与美国一起努力通过OECD就数字服务新的国际税收规则达成双边和多边的解决方案。

USTR面临在法律规定期限于2020年7月10日届满之前作出采取何种措施决定的要求，因此最终作出采取加征关税的报复措施的决定。2020年7月10日，USTR发布公告指出，美国拟对价值约13亿美元的法国输美商品加征25%的关税，以回应法国开征数字服务税对美国科技企业造成的不利影响。不过，USTR同时表示，对法国商品加征关税的时间将推迟180天，即2021年1月6日生效，从而为双边和多边谈判达成满意结果争取更多时间。

由于OECD谈判进展一直很慢，因此达成协议的期限已经被推迟到2021年年中,法国于2020年10月宣布将于2020年12月开始征收数字服务税,但美国没有修改或缩短其于2020年7月宣布的中止期限。2021年1月USTR宣布无限期中止原本于该月生效的对法国产品加征的关税,以便推动做出和其他有关数字贸易税301条款调查案件协调一致的回应。

(四)外国数字服务税案[①]

2020年6月2日,USTR宣布开始对奥地利、捷克、印度尼西亚、西班牙、土耳其、欧盟、英国、意大利、巴西、印度10个贸易伙伴已实施或正在考虑实施的数字服务税发起301条款调查。USTR表示,欧盟、捷克、巴西和印度尼西亚提议的数字服务税仍在考虑当中尚未生效,美方相关调查也还在进行中。

USTR还列出了上述10个经济体所制定的数字服务税征税进程,目前奥地利、印度、意大利、土耳其的数字服务税法律已经生效。

(1)奥地利2019年10月实施了数字服务税,对来自在线广告服务的收入征收5%数字服务税。该法案已经于2020年1月1日生效。奥地利规定,该税仅适用于在全球所有服务的年收入至少为7.5亿欧元,并且在奥地利国内涵盖数字服务的年收入至少为2500万欧元的公司。

(2)印度于2020年3月通过了征收2%数字服务税的法律。该税仅适用于非本地公司,涵盖了为印度人提供在线商品和服务的零售商。该税适用的范围是年收入超过约2000万卢比(约26.7万美元)的公司。该税已于2020年4月1日生效。

---

① See 301 – 128, Office of the USTR, *USTR Initiates Section* 301 *Investigations of Digital Services Taxes*, Press Release, June 2, 2020, and *Initiation of Section* 301 *Investigations of Digital Services Taxes*, 85 Federal Register 34709, June 5, 2020. For more detail, see CRS In Focus IF11564, *Section* 301 *Investigations: Foreign Digital Services Taxes*(*DSTs*), by Andres B. Schwarzenberg.

(3)意大利也实施了数字服务税,对来自定向广告和数字接口服务的收入征收3%的税。该税适用于在全球所有服务的收入至少为7.5亿欧元、在意大利国内涵盖数字服务的收入至少为550万欧元的公司。目前该税已经于2020年1月1日生效。

(4)土耳其已经实施了数字服务税。土耳其规定,对来自定向广告、社交媒体和数字接口服务的收入征收7.5%的税。该税适用于在全球涵盖数字服务的收入为7.5亿欧元、在土耳其国内涵盖数字服务收入为2000万土耳其里拉的企业。土耳其还规定,土耳其总统有权将税率提高到15%。该数字服务税已经于2020年3月1日生效。

(5)印度尼西亚在2020年7月1日开始针对跨境数字交易征收电子交易税。新税的生效还需要进一步的实施措施。

(6)英国将对收入超过2500万英镑的互联网搜索引擎、社交媒体和在线市场征收2%的税。该税适用于在全球涵盖数字服务的收入至少为5亿英镑、在英国国内涵盖数字服务的收入至少为2500万英镑的公司。该法案已进入议会通过的最后阶段,如果获得通过,受影响的企业将在2021年上缴税款。

除上述国家外,还有4个经济体正在考虑或即将实施数字服务税:(1)巴西正在考虑一项题为"为经济领域的干预作出贡献"(CIDE)的立法提案。如果被采纳,CIDE将适用于大型科技公司提供数字服务的总收入。(2)捷克议会也正在考虑一项法律草案,该草案将对来自定向广告和数字接口服务的收入征收7%的数字服务税。该税仅适用于在全球所有服务的年收入为7.5亿欧元、在捷克国内涵盖数字服务的年收入为5000万捷克克朗的公司。(3)欧盟委员会则正在考虑将数字服务商作为其新冠疫情恢复计划中财务"一揽子"方案的一部分。这一方案基于2018年一项未被采纳的数字服务税提案。这份提案包括对来自定向广告和数字接口服务收入征收3%的税,适用于在全球涵盖数字服务的年收入至少为7.5亿欧元、在欧盟范围内涵盖数字服务的年收入至少为5000万欧元的公司。(4)西班牙则正在考虑数字服务税草案。西班牙计划对来自定向广告和数字接口服务的收入征收3%的税。该税适用于在全球所有服务的收入至少为7.5亿欧元、在西班牙国内涵盖数字服务的收入至少为300万欧元的公司。

USTR称,公众可以就调查涉及的任何问题提交书面意见,而且USTR尤其欢迎关于以下问题的评论:涉及调查所涵盖的国家或地区已采纳或正在考虑的一项或多项数字服务税;涉及的一项或多项数字服务税是否不合理或具有歧视性;涉及的一项或多项数字服务税对美国贸易造成负担或限制的程度;涉及的一项或多项数字服务税是否与WTO协定或任何其他国际协定所规定的义务不一致;应采取何种行动(如果有的话)。

经过全面调查,USTR于2021年1月14日公布对印度、意大利、土耳其、英国、西班牙和奥地利6国数字服务税的301条款调查结果,称这6国的数字服务税"歧视"美国企业、不符合国际税收普遍原则,但未宣布关税惩罚措施。

USTR表示,美方目前不会针对上述调查结果采取任何具体措施,但会继续评估所有可用政策选项。美国贸易代表莱特希泽在声明中说,对参与国际商品和服务贸易的企业征税是一项重要议题,最好由各国一起寻找解决方案。

2021年3月,USTR宣布了建议对上述6国采取的措施,并启动公众评议程序,收到了几百份评议,召开了7次听证会。同时终止对巴西、捷克、欧盟及印度尼西亚4个经济体的301条款调查,因为这4个经济体还没有实施被调查的数字服务税。

2021年6月2日,USTR宣布结束为期一年的对印度、意大利、土耳其、英国、西班牙和奥地利6国已经实施的数字服务税的301条款调查,最终决定对原产于上述6国的价值20亿美元的某些产品加征25%关税,但同时宣布180天内暂停加征关税,以便给予更多时间,完成正在OECD和G20进行的有关国际税收的多边谈判。

(五)越南货币估值案①

2020年10月2日,USTR宣布发起有关越南对美贸易的两起301条款调查。这两起调查针对的是越南关于木材贸易和币值低估立法、政策及做法。在其中一起调查中,USTR将审查越南进口的可能非法采伐或非法贸易的木材,该木材用于越南木材产品生产行业的投入并随后向美国出口。在另外一起301条款调查中,USTR将在与美国财政部协商后审查任何可能导致越南币值低估并损害美国出口产品竞争力的做法。USTR已经要求与越南政府磋商并就调查涵盖的任何问题征询公众评议。

越南对美货物贸易顺差快速增长,2019年已达到558亿美元的历史最高值(比起2016年增长74%),特朗普政府和一些国会议员一直对此表达关切。他们一直将不断增长的越美贸易顺差主要归因于通过操纵货币贬值而获得的越南贸易做法及不公平出口竞争。其他人则认为,美国进口产品来源的近期变化主要归因于其他因素。比如,据报道生产厂商正将生产基地从亚洲其他国家搬到越南,以利用更低成本,并规避美国对原产于中国产品加征的301条款关税。2020年8月,美国财政部认定,越南通过其中央银行——越南国家银行(State Bank of Vietnam)于2019年蓄意低估其货币对美元的币值。该评估是美国商务

---

① See 301 - 129, Currency Valuation. Office of the USTR, *Initiation of Section 301 Investigation: Vietnam's Acts, Policies, and Practices Related to Currency Valuation*, 85 Federal Register 63637, October 8, 2020.

部反补贴调查程序的一部分,从2020年开始,美国允许商务部在其反补贴活动调查中考虑货币贬值。

越南政府通过越南国家银行严格管理其货币——越南盾的币值。越南国家银行对越南盾的管理就是紧紧与美元挂钩。USTR审查了显示越南盾在最近几年一直被压低的证据,越南盾的币值被压低的部分原因是越南国家银行对外汇市场的积极干预。在宣布启动301条款调查时,美国贸易代表莱特希泽指出:"不公平货币做法是可以伤害到美国工人和企业的,他们要与因币值压低而人为被定低价的越南产品进行竞争。"

USTR需要确定越南货币低估做法是否不合理或具有歧视性,以及是否对美国商业造成负担或限制。具体来说,本起调查重点放在以下几点:(1)越南国家银行对外汇市场的干预是否造成越南盾币值的压低;(2)可能造成越南盾币值压低的具体立法、政策或做法;(3)这些做法,特别是越南盾币值低估对美国商业造成负担或限制的性质和程度;(4)美国应采取何等措施,以消除这些做法。在进行调查过程中,USTR发表声明:就货币估值和汇率政策有关事项,它将与美国财政部通力合作。

USTR 2021年1月15日公布对越南汇率政策的301条款调查结果,称与越南货币估值相关的行为和政策整体看来"不合理"且限制美国商业活动。但美方未宣布关税惩罚措施。

USTR表示,针对越南汇率政策和货币估值问题,美国贸易代表已征询美国财政部意见。美国财政部曾发布报告,将越南列为"汇率操纵国",指责越南政府干预汇率以在国际贸易中获取不公平竞争优势。越南国家银行回应称,越南管理汇率是为确保宏观经济稳定。USTR表示,美方目前不会针对上述调查结果采取任何具体措施,但会继续评估所有可用政策选项。美国贸易代表莱特希泽在声明中指出,导致货币价值低估的“不公正”立法和政策伤害美国工人和企业利益，希望美国与越南能找到解决美方担忧的方法。

USTR于2021年7月裁定，美国财政部与越南国家银行达成的协议为被调查事项提供了满意解决方案，目前任何措施不具有正当性。

（六）越南非法木材的进口和使用案①

过去10年，越南成为世界最大木材及木材制品出口国之一，2019年出口额约为95亿美元。作为加工中心，越南正严重依赖进口在其他国家非法采伐的木材，特别是制造并出口诸如家具等高端产品。根据USTR报告，制作这些高端木材产品所使用的木材相当大比例一直是来源于非法采伐或贸易。USTR还声称，这些木材中的一部分被列入《濒危野生动植物物种国际贸易公约》的保护名单之中。作为该公约的缔约国，美国与越南均受该公约约束，该公约旨在抵制非法木材贸易。

美国是越南出口产品最大的目的地市场。在宣布启动301条款调查时，USTR指出在出口美国市场的木制产品中，“使用非法木材损害了环境，并且对遵守使用合法采伐木材规则的美国工人和农业是不公平的”。在2019年，越南已是美国木材和木材产品进口的第三大供应国，仅次于加拿大和中国。美国从越南进口的木材及木材产品总额为58亿美元，其中37亿美元为木制家具。比2018年增长34%，比2016年增长77%。

基于以上关切，USTR在本起301条款调查中将解决以下问题：

（1）越南是正在进口非法木材以供应其木材加工行业所需的投入

---

① See 301 – 130, Import and use of illegal timber. Office of the USTR, *Initiation of Section 301 Investigation: Vietnam's Acts, Policies, and Practices Related to the Import and Use of Illegal Timber*, 85 Federal Register 63639, October 8, 2020.

吗？这些进口违反了越南国内法(比如，有关进口、加工及复出口木材的法律)、出口国法律或国际协定及承诺吗？USTR 将审查越南进口的木材是否为违反来源国法律(特别是柬埔寨法律)而进行的采伐及非法贸易，比如违反了原木出口禁令、《濒危野生动植物物种国际贸易公约》，或美国野生生物贸易法律及条例。

(2)越南官员是否不当记录跨越柬埔寨和越南边境木材的原产地，为非法木材进口提供方便，或允许依据无效许可证，进口《濒危野生动植物物种国际贸易公约》所列物种？USTR 将调查进口并加工这些木材是否违反了越南国内法律和《濒危野生动植物物种国际贸易公约》。USTR 声称，越南的木材加工者不能保证其使用林木的合法产地，并且越南政府没有执行进口或复出口许可或认证要求。

(3)在越南用非法林木生产的产品，包括木制产品，有多大比例被进口到美国？USTR 努力确定越南与非法木材进口和使用有关的做法是否对美国商业造成负担或限制，并且美国应采取什么措施予以解决。

USTR 于 2021 年 10 月裁定，依据《越美有关非法采运及木材贸易协议》，被调查的越南政策/做法不具有可行性，目前任何措施均不具正当性。

第三节　针对中国的 301 条款调查概况及案例分析

USTR 共对中国发起过 6 起 301 条款调查(不包括台湾地区)，其中针对中国专利、知识产权方面的特别 301 条款调查 3 起，一般 301 条款调查 3 起。发起人方面，美国协会或公司作为申请人的调查 2 起，USTR 自行发起调查 4 起。

一、中国等国与日本加捻丝线协议案[①]

1977年2月14日,美国吉尔志·F.菲舍尔(Geerge F. Fisher)公司提交申诉,声称巴西、韩国、中国与日本之间的加捻丝线协议有效阻止了原产于美国的同类产品进入日本市场,此类行为构成了歧视性行为。[②]

美国特别贸易代表于1977年3月29日举行了公开听证会。在与日本快速磋商未果情况下,美国依GATT第23条第2款提出申诉。1977年秋季专家组审理了该案件。在GATT专家组发布裁决之前,日本调整了该限制,美国特别贸易代表于1978年3月3日终止调查。[③]

二、1991年特别301条款调查案[④]

1989年5月26日,USTR发布了第一份《特别301报告》。该报告把包括中国在内的8个国家列入"优先监察名单",没有国家被列入"优先外国"名单。USTR宣布要努力说服中国政府制定一部版权法,该法将把计算机软件纳入保护范围,建立与美国的版权关系,改善对所有发明形式的保护。之后中美双方有进行过数次磋商。1989年7月中国加入《商标国际注册马德里条约》,1990年9月中国颁布了第一部《著作权法》。同时,中国政府准备公布有关保护计算机软件的规定,承诺修改专利的保护期限和范围,计划加入《保护文学和艺术作品伯尔尼公约》(以下简称《伯尔尼公约》),但USTR于1991年4月26日将中国列

---

① 参见301-12。

② See 40 FR 11935.

③ See Office of the Special Represen Tative for Trade Negotia Tions [Docket No. 301-12] Trade Policy Staff Committee: Termination of Section 301 Review, 43 FR 8876.

④ 参见301-86。

入“优先外国”名单，即认为中国是未能对美国知识产权进行充分及有效保护最严重的国家之一。

1991年5月6日，USTR依据《1974年贸易法》第302条(b)(2)(A)对中国有关立法、政策及做法发起调查，认定该立法、政策及做法未能对美国知识产权提供充分及有效保护，并且未能对依赖知识产权保护的美国企业或个人提供公平及平等的市场准入。1991年5月31日，USTR发布报告，邀请公众对调查事项进行评议[①]，并请求与中国政府进行磋商。同时，美方还宣布，调查期为6个月，如果在1991年11月26日之前双方不能达成协议，美国政府将单方面实施报复措施。截至1991年11月底，中美双方已经进行了四轮谈判。中国政府于1991年6月4日颁布了《计算机软件保护条例》。1991年11月26日，USTR认为本起调查涉及复杂问题，需要延长调查期限，USTR决定将认定可诉性及决定采取何种报复措施的时间推迟到[②] 1992年2月26日。1991年12月2日，USTR发布公告[③]，要求公众对拟议的裁定进行评议，拟议的裁定认为中国有关知识产权保护的立法、政策及做法是不合理的，并对美国商业造成负担或限制。同时，USTR还要求公众对针对上述不合理立法、政策及做法的适当相关措施进行评议。USTR公布了拟对中国输美商品（共105类，金额为61.5亿美元）实施报复措施的清单。1991年12月16日，USTR宣布1992年1月16日为双方达成最后协议的最终期限，如果届时无法达成协议，美国将采取报复措施。1992年1月6日

---

① See Initiation of Section 302 Investigation and Request for Public Comment: Intellectual Property Laws and Practices of the People's Republic of China, 56 FR 24878.

② See 56 FR 61447.

③ See Proposed Determinations Regarding the People's Republic of China's Intellectual Property Laws, Policies and Practices: Request for Public Comment, 56 FR 61278.

至7日,USTR举行了听证会,听取公众对上述报复清单的意见。[①] 1992年1月17日,达成了《中美关于知识产权保护的谅解备忘录》。

根据《中美关于知识产权保护的谅解备忘录》,中国对美国作出了以下承诺:

(1)修改专利法,将专利的保护范围扩大到所有的化学发明及方法,将发明专利的保护期限延长到自专利申请提出之日起20年;

(2)对符合具体条件的美国药品及农化工产品发明进行行政保护;

(3)加入保护文学、艺术作品的《伯尔尼公约》,加入保护唱片制作者、禁止其唱法被擅自复制的《日内瓦公约》,并根据上述两个公约及备忘录修改其法律、政策;

(4)1994年1月1日前制定保护商业秘密的法律;

(5)在中国境内或边境采取有效程序及法律救济,以避免或防止对知识产权的侵权,并遏制进一步侵权;

(6)应美国政府请求,中国政府同意可就知识产权的保护及实施问题立即进行磋商。

基于中国政府的上述承诺,美国政府同意终止针对中国的301条款调查,并且不再将中国列入"优先外国"名单。

三、中国市场准入301条款调查案[②]

1991年10月10日,USTR又宣布,美国正式开始调查中国对美国的出口产品设置壁垒以阻止其进入中国市场的问题,即对中国发起"一

---

① See Possible Action in Response to the People's Republic of China's Intellectual Property Laws, Policies, and Practices; Notice of Trade Policy Staff Committee (TPSC) Public Hearing, 56 FR 64280.

② 参见301-88。Proposed Determinations Regarding Certain Market Access Barriers of the People's Republic of China: Request for Public Comment and Public Hearing, 57 FR 38912.

般301条款”的调查。美方同时宣布，这项调查的期限为12个月，即双方应于1992年10月10日前达成协议，否则美方将采取报复措施。从此，中美双方展开了有关市场准入问题的艰苦谈判。在此期间，中方作出了很大的努力，并采取了一些积极的措施，其中包括宣布取消进口调解税，降低225种商品的关税，整理并陆续公布了1979年以来涉及经贸管理的法规。在一年的时间里，双方经过多达8轮的谈判，终于如期于1992年10月10日达成了《中华人民共和国政府和美利坚合众国政府关于市场准入的谅解备忘录》①，双方关于市场准入问题的争端也暂告一段落。

按照《中华人民共和国政府和美利坚合众国政府关于市场准入的谅解备忘录》，中国政府作出了以下承诺：

(1)在透明度方面，中国将定期公布含有以下内容的文件：为关税目的而对产品进行的分类和评估，关税税率，对进出口的要求，等等；为了能使有关的人士了解这些规定，中国应设定一个专门的出版物，而所有文件都应在这个出版物上公布；为有关人士提供就上述事项提出上诉的机会。

(2)在进口数量限制方面，中国政府愿意取消附件所列产品的进口限制、配额及许可证要求；确保只有中央政府实施的有关限制才是有效的。

(3)在进口替代方面，中国政府已经取消了进口替代的规定，将来也不会对任何产品采取进口替代的措施。

(4)在标准和检验方面，对进口商品的卫生和植物卫生适用的标准，应该是公正的，并且不应给产品的进口制造不必要的障碍；对农业

① See Termination of Section 301 Investigation Regarding Certain Market Access Barriers of the People's Republic of China, 57 FR 47889.

产品、植物产品、畜牧产品和国内木材产品的检验，都应以科学为依据。

(5)在关税方面，中国政府将对1988年以来提高的一些关税作大幅削减。

美国依该备忘录向中国作出的承诺是，美国将促使"巴黎统筹委员会"对民用计算机的出口清单和程序放宽要求；美国将支持中国取得GATT的缔约方地位；美国终止对中国发起的有关市场准入的301条款调查。

四、1994年特别301条款调查案①

1994年4月30日，USTR在其公布的《特别301报告》中将中国及其他35个国家列入"优先监察名单"，并告知中国在未能充分及有效保护美国知识产权上的问题特别严重，并且将于60天内重新审查中国在特别301的地位。1994年6月，一个由多个美国政府部门组成的代表团前往中国，寻求中国取消或修改美国关注的立法、政策及做法，但发现中国在处理这些问题上进展缓慢。

由于中国在知识产权保护及为依赖知识产权保护的企业或个人提供市场准入方面存在严重问题，以及中国政府不愿意在过去60天内通过富有成果的磋商解决相关问题，因此1994年6月30日，USTR已将中国从"优先监察名单"升级到"优先外国"名单，并针对中国相关立法、政策及做法发起301条款调查。

USTR认为，尽管中国已经履行了其在1992年《中美关于知识产权保护的谅解备忘录》(*Memorandum of Understanding Between the Government of the United States of America and the Government of the People's Republic of China on the Protection of Intellectual Property*)中作

① 参见301-92。

出的大部分承诺,但中国政府未能建立起有效的知识产权执法体系,盗版特别猖獗,商标侵权依然严重。中国政府似乎没有下决心打击。恰当地执行中国新专利法及对药品和农化工产品的行政保护方面也令人担忧。中国目前执法体系存在的主要问题包括:国内法律规定不一致,执法架构缺乏透明,对现有作品缺乏保护,中央及地方在适用法律上不一致,缺乏资金、培训及教育,缺失清晰及有效的刑事处罚,利益冲突,政府部门的苛刻及歧视性要求,适用范围过大的强制许可规定,缺乏执行权威部门的协调,缺乏有效的边境管控机制。

中国还未能为依赖知识产权保护的企业或个人提供公平及平等的市场准入。在视听产品、录像制品及出版书面资料等领域存在最严重的市场准入问题。特别值得关注的是不公开的内部配额,缺乏透明度,在适用上缺乏一致,对知识产权产品的进口及分销实行垄断性控制,禁止与产品内容无关的知识产权产品的生产及分销。

1994年6月30日发起调查的当天,USTR邀请公众对被调查事项进行评议,并同时要求与中国政府进行磋商。① 同时,USTR宣布将于发起调查之日起6个月内(1994年12月30日之前)完成调查。1994年12月31日,USTR裁定,由于调查涉及问题复杂,调查期限被延长到1995年2月4日。② 同日USTR还要求对拟议裁定被调查做法具有可诉性以及采取报复措施的适当性进行公众评议。同时USTR公布了一个金额为28亿美元的初始报复清单,对中国出口的成衣、运动鞋、玩具及电子产品等征收高达100%的惩罚性关税,这是美国当年有史以来报

① See Identification of Priority Foreign Country and Initiation of Section 302 Investigation, 59 FR 35558.

② See Extension of 301 Investigation of the People's Republic of China's Protection of Intellectual Property and Provision of Market Access to Persons Who Rely on Intellectual Property Protection; Proposed Determinations; Request for Public Comment; and Notice of Public Hearing, 60 FR 1829.

复金额最大的一起。与此同时，中国政府依据1994年颁布的《对外贸易法》第7条公布了对美反报复清单[①]，主要包括对美国输入的各种游戏机、游戏卡、录像带、激光唱盘、烟、酒、化妆品加征100%关税。

1995年11月24日至25日，USTR针对拟议的报复措施举行公开听证会，听取利害关系人及产业代表的意见。1995年2月4日，USTR发布裁定，认为依据第304条(a)，中国有关知识产权保护及依赖知识产权保护的企业或个人市场壁垒的立法、政策及做法是不合理的并具有歧视性，并且对美国商业造成了负担或限制。依据第301条(b)及(c)规定，USTR决定对中国出口的成衣、运动鞋、玩具及电子产品等征收100%的关税。

经过紧张谈判，中美两国于1995年2月26日达成了协议，该协议采用了换文的形式(exchange of letters)。该协议包含了一份《有效保护及执行知识产权的行为计划》(*Action Plan for the Effective Protection and Enforcement of Intellectual Property Rights*)，中国政府将纠正谈判中美国提出的问题。1995年3月11日，中美双方正式签署了《知识产权执法及市场准入协议》。依据该协议，中国作出了以下三个承诺：

---

① “对外经贸部公布拟对美反报复清单：鉴于USTR不顾我国在保护知识产权方面所做的重大努力，单方面公布拟对我国出口美国的电子、玩具、鞋、箱包、发电机、自行车、手表等价值28亿美元的产品实施贸易报复，将使我国对外贸易蒙受重大损失，根据《中华人民共和国对外贸易法》第七条的规定，‘任何国家或者地区在贸易方面对中华人民共和国采取歧视性的禁止、限制或者其他类似措施的，中华人民共和国可以根据实际情况对该国家或者该地区采取相应的措施’。对于美国的贸易报复措施，我国将不得不采取如下报复措施：一、对于进口产于美国的各种游戏机、游戏卡、录像带、激光唱盘、烟、酒、化妆品加征100%关税；二、暂停进口产于美国的电影片、电视片及其录像、激光视盘；三、暂停与美国音像制品协会、国际知识产权联盟、商业软件联盟的贸易合作关系；四、暂停受理美国音像制品制造公司在华设立分支机构或办事处的申请；五、暂停受理对美国化学、药品制造商根据我国《化学、药品行政保护条例》所提出的申请；六、暂停与美国公司正在进行的大型汽车合资项目的谈判；七、暂停受理美国公司及所属子公司在华设立投资公司的申请。公告说，上述措施拟于美国正式执行对中国出口报复时生效。公布以上初步反报复清单意在广泛征求各界人士的意见和有关建议，公告确定的征求意见的最后期限为1995年1月31日。”载《人民日报》1995年1月1日，第1版。

第一，立即采取措施，在全国范围内打击盗版活动：(1)在一个“特别执行期”内，集中力量，清扫大规模侵权产品的生产者和流通者；(2)对正在生产侵权产品的工厂采取行动，并采取长期实施措施，使侵权工厂在未来不能开设；(3)设立适当的机构，防止非法产品出口。

第二，采取长期措施，保证知识产权的有效执行：(1)政府部门不使用未经授权的知识产权产品，设立适当的机构，确保只购买授权的、合法的计算机软件；(2)设立强有力的知识产权执行机构，包括在中央和地方设立知识产权协商工作组，协助执行有关法律，每个协商工作组下设执行组织，有权对所有的知识产权采取执行措施；(3)确保在不同的辖区进行有效的合作；(4)创设有效的海关实施体制；(5)创设权利核实体制，防止未经美国所有权人的同意而生产、流通、进口、出口、零售美国的视听产品，美国所有权人协会可在中国设立办公室，参加这一体制；(6)采取集中的措施保护视听产品、计算机软件和出版物的知识产权；(7)确保美国权利所有人有效的司法救济，包括民事诉讼费用上的国民待遇和迅速审结知识产权案件，在案件审理期间保全证据以防被销毁；(8)设立一项制度，使得中国向美国提供实施的情况，以便中美政府进行定期的讨论；(9)保证有关知识产权的授予、保护和实施的法律的透明度；(10)增加培训法官、律师、学生、政府官员和商人，让他们了解知识产权的性质和重要性；(11)严格执法。

第三，保证美国权利持有人增加进入中国市场：(1)对美国视听产品不设配额。(2)在接受审查的条件下，允许美国的录音公司在中国出售全套产品。(3)允许美国有关知识产权的公司在中国合资生产、复制他们的产品；这些合资公司可以在中国销售他们的产品；他们首先在广州和上海设立，五年内扩大到另外几个城市。

在这个协议中，美国对中国的承诺是：第一，撤销“301”行动，不实施对中国的贸易制裁。根据 301 条款的规定，如果美国与外国订立了有约束力的条约,该外国同意取消或逐步取消有关的立法、政策或做法,那么贸易代表就可以撤销根据301条款发起的调查。第二,在保护知识产权方面,为中国提供技术援助。第三,继续通过协商办法与中国就其他货物、外国竞争性产品和农产品的市场准入问题开展工作,以及提供相应的协助。

五、美国对华清洁能源301条款调查情况

2010年9月9日,美国钢铁工人联合会对中国清洁能源的相关政策措施提出301条款调查申请。在申请书中,美国钢铁工人联合会搜集近6000页材料,[①]涉及中方在清洁能源领域的共70项政策措施,主要包括五类:一是限制外国公司获得关键原材料(如稀土和其他矿物);二是以出口实绩或当地含量为条件的禁止性补贴;三是针对进口货物和外国企业的歧视性做法,包括对风力、太阳能工厂实施产化率要求,对国内风力公司的优待,排除承揽减排项目的外国公司使用碳权,对国内企业供应商实施产化率要求;四是强制要求外国投资者转让技术;五是为发展绿色科技提供扭曲贸易的国内补贴。[②]申请人称,上述政策和措施违反了WTO相关规定,提议USTR将这些政策和措施诉诸WTO。

该申请还指控自中国加入WTO以来,上述被指控立法、政策及做法已经造成了美国清洁技术产品每年对中国的出口逆差,金额为20亿美元。中国出口到美国的清洁能源产品比2001年增长了将近5倍,而同期美国出口到中国的同类产品只是稍有增长。同时,中国是美国清

① 该申请指控:中国“采取许多政策,以刺激并保护中国国内清洁能源技术生产商,该政策覆盖领域广泛,从风能、太阳能产品到现金电动及节能汽车”,使中国成为许多清洁能源技术的全球主要提供者。

② 该申请指控:中国在清洁技术领域(green technologies)立法、政策及做法违反了中国依据1994年GATT、WTO《补贴与反补贴协定》及《中国加入议定书》所作出的承诺。

洁技术贸易逆差的最大贡献国。

2010年10月15日,USTR依据第302条发起针对中国上述立法、政策及做法的301条款调查。由于被调查的中国立法、政策及做法涉及美国依WTO协定享有的权利,任何磋商请求都必须依据WTO的DSU规定进行,除非磋商达成双方可以接受的解决方案,否则USTR将依据DSU要求成立WTO专家组。

由于申请书长达6000页,指控中国清洁能源领域政策措施多达70项,经与申请人协商后,USTR决定推迟90天再与中国政府进行磋商,以便核实并细化申请书中各项指控。在推迟磋商期间,USTR从申请人及依据第135条成立的咨询委员会处获得资料,并听取他们的建议,在核实并改进301条款调查申请书过程中,USTR考虑了上述资料和建议,以及其他公众评议;同时,USTR也做了许多研究。经过上述努力,USTR已经核实并细化了涉及中国风能设备基金项下的风能设备补贴的指控,特别是USTR已核实中国风能设备基金的资助是以优先使用国内设备而不是进口设备为条件的,这似乎是禁止补贴,违反了中国依据WTO《补贴与反补贴协定》第3条所承担的义务。此外,中国既没有让公众获知已翻译成WTO官方语言文本的该项措施,也没有将该项措施通报给WTO,中国政府未能遵守WTO协定项下的透明度义务。具体来说,中国政府违反了1994年GATT第16条第1款、WTO《补贴与反补贴协定》第25条,以及《中国加入议定书》第一部分第1.2段(仅限于《中国加入工作组报告书》第334段)规定。

因此,2010年12月22日美国政府要求与中国政府就中国风能设备基金进行磋商。根据中国风能设备基金计划,中国似乎提供了WTO规则禁止的补贴,因为依据该项目发放的补贴是以风能设备制造商使用中国国内生产的零配件而不是国外生产的零配件为条件的。美国磋商请求中还包含了与透明度相关的诉求,该诉求要求纠正中国政府未能遵守WTO《补贴与反补贴协定》要求将该补贴通知WTO的义务，以及未能遵守《中国加入议定书》中将该措施翻译成一种或多种WTO官方语言的义务的行为。2010年12月31日，中国政府接受了磋商请求。

自2010年10月15日发起调查以来，USTR未能核实及细化301条款调查中其他指控。因此这些指控并未被纳入美国政府与中国政府的磋商请求之中，也不予继续调查。但是USTR仍然对这些立法、政策及做法以及对美国工人及产业的影响表示高度关注。USTR也继续与申请人及其他利害关系人共同努力，挖掘更多信息，以找到处置上述问题的有效手段。

(一)中国风能设备措施案[①]

本案争议措施为中国财政部公布的《风力发电设备产业化专项资金管理暂行办法》中的措施。

2010年12月12日，美国请求与中国进行磋商。美国认为，《风力发电设备产业化专项资金管理暂行办法》规定了向境内风能设备(包括整机和部件)制造企业提供奖励、补贴或奖金的措施。美国表示，这些措施根据是否使用中国国内货物(而不是进口产品)提供奖励、补贴或奖金，与WTO《补贴与反补贴协定》第3条不符。此外，美国认为，由于中国并未通知这些措施，中国未能遵守1994年GATT第16条第1款以及WTO《补贴与反补贴协定》第25条第1款至第4款规定。美国还指控，由于中国没有将这些措施翻译成一种或多种WTO官方语言，中国也没有遵守《中国加入议定书》第一部分第1.2段(其并入了《中国加入工作组报告书》第334段)中的义务。

2011年1月12日，欧盟请求加入磋商。2011年1月17日，日本请

---

① See DS419, China-Measures Concerning Wind Power Equipment.

求加入磋商。2011年2月16日,中美在日内瓦进行了磋商,在磋商中,中方确认争议措施将会被废除。

2011年2月21日,中国财政部公布《关于公布废止和失效的财政规章和规范性文件目录(第十一批)的决定》(财政部令2011年第62号),宣布《风力发电设备产业化专项资金管理暂行办法》失效。

(二)中国稀土案①

美国政府依据2010年美国钢铁工人联合会等联合工会对中国提起301条款调查申请书中的部分内容(限制外国公司获得关键原材料,如稀土和其他矿物),向WTO争端解决组织起诉中国,要求与中国政府进行磋商。本案争议措施为中国针对稀土、钨、钼三种原材料施加的出口税、出口配额以及配额管理措施。2012年3月13日,美国、欧盟和日本分别请求与中国进行磋商,磋商未能解决争议。

2012年6月27日,美欧日请求DSB设立专家组。2012年7月23日,DSB设立了单一专家组审查美欧日的起诉。巴西、加拿大、哥伦比亚、印度、韩国、挪威、阿曼、沙特阿拉伯、中国台北、越南、阿根廷、澳大利亚、印度尼西亚、秘鲁、俄罗斯和土耳其16个WTO成员先后保留各自的当事方权利。美欧日也分别保留在其他两个案件中的当事方权利。

2012年9月12日,美欧日请求总干事组建专家组。2012年9月24日,总干事组建了专家组。专家组报告于2014年3月26日散发给各成员。专家组裁定:(1)中国出口税措施与《中国加入议定书》第11.3段不一致,且中国不能援引也不能根据1994年GATT第20条(b)项获得正当性。(2)中国出口配额措施与1994年GATT第11条第1款,并入

① See DS431/432/433, China-Rare Earths.

《中国加入议定书》的《中国加入工作组报告书》第162段和第165段不一致，且不能根据1994年GATT第20条(g)项获得正当性。(3)中国对稀土和钼出口企业施加的贸易权限制与《中国加入议定书》第5.1段，并入《中国加入议定书》的《中国加入工作组报告书》第83(a)段、第83(b)段、第83(d)段、第84(a)段以及第84(b)段不一致，且不能根据1994年GATT第20条(g)项获得正当性。

2014年4月8日，美国抢先提起上诉。2014年4月18日，中国也提起了上诉。2014年8月7日，上诉机构报告发布。上诉机构维持了专家组最终裁决，但推翻了专家组的一项中间裁决[1994年GATT第20条(g)项施加了公正无偏性要求]。

2014年8月29日，DSB通过了本案专家组和上诉机构报告。2014年12月8日，中国与美、欧、日分别达成了合理期限协议，同意中国执行本案专家组和上诉机构裁决的合理执行期为8个月零3天，即于2015年5月2日到期。

关于出口配额措施，2014年12月31日，中国商务部、海关总署发布《2015年出口许可证管理货物目录》(2014年第94号)(已失效)。根据第1条第3项、第10条的规定，对于涉案的稀土、钨及钨制品、钼三种产品不再实行出口配额管理，而是实行出口许可证管理，企业凭出口合同申请出口许可证，无须提供批准文件。新目录于2015年1月1日实施。

关于出口税措施，2015年4月14日，中国国务院关税税则委员会公布《关于调整部分产品出口关税的通知》(税委会〔2015〕3号)，取消稀土、钨、钼等产品的出口关税，自2015年5月1日起实施。

2015年5月21日，中美、中欧、中日分别将DSU第21条和第22条程序协议通报DSB。

此外，美国贸易代表莱特希泽还曾考虑对中国的劳工问题展开调查,且采取的手段或是再次启动301条款调查。而背后推动该项调查的是美国劳联—产联(AFL-CIO)。

美国劳联—产联是美国老牌的工会组织,也是最大的工会组织,其影响力足以左右一次总统选举。在2018年的中期选举中,美国劳联—产联敲开了230万户家庭的大门,打出的电话有50万个,以支持那些支持工人家庭的候选人。而中期选举的结果也表明,呼吁支持劳动者政策的候选人得到了支持,美国工人的选票成为候选人赢得选举胜利的最大助力。劳联—产联早在2004年小布什政府时期就针对中国劳工问题提出启动301条款调查的申请,随后在2006年再次提出申请,要求USTR调查中国是否通过剥夺工人权利获得了不公平的贸易优势,但这两项申请均被拒绝了。

美国《1974年贸易法》第301条规定,许多劳工行为可以被认为是"不合理的",包括一些持续性的行为模式,如剥夺工人的结社权,剥夺工人组织和参与集体谈判的权利,允许任何形式的强迫劳动或强制劳动,未规定儿童就业的最低年龄,或者未规定最低工资、工作时间和工人的职业安全卫生标准。

2018年10月,由参议员马尔科·鲁比奥(Marco Rubio)(佛罗里达州)和众议员克里斯·史密斯(Chris Smith)(新泽西州)主持的国会—中国问题执行委员会在向总统和国会提交的年度报告中谴责中国在劳工问题上的做法,该委员会于2000年在国会组成,以监督人权和中国法治的发展。2018年的该份报告长达324页,指出中国的立法和做法一直在违反国际劳工权利标准,并侵犯中国宪法规定的权利,包括建立或加入独立工会的权利,同时还提出了中国工人应有集体"讨价还价"的权利。该报告称,中国《劳动法》、《劳动合同法》和《工会法》的规定为集体合同的谈判提供了法律框架,但这些法律指定由中华全国总工会负责代表工人与用人单位谈判并签署合同。

美国政府下一步或将把关注点放在中国的劳工问题上，与当前的贸易问题挂钩，正如在《美墨加协定》中对劳工问题作出的史无前例的规定那样，在工人权利的保护方面，美国或将“尝试并做此前共和党政府所不能做的事情”，会令当前的局面更为复杂和严峻。

第三章　美国对中国技术转让、知识产权及创新的301条款调查

第一节　2017年调查的背景及原因

一、诱发原因：中美长期存在巨额贸易逆差

（一）中美贸易逆差的状况

中美建交40年来，双边经贸发展迅速，从1979年的不足25亿美元，到1988年的100亿美元，再到1997年的500亿美元。中国于2001年加入WTO后，中美双边贸易更是飞速发展，2003年双边贸易超过1000亿美元，2005年突破2000亿美元，2007年突破3000亿美元，2008年达到3337亿美元。2011年达到4143.2亿美元，2012年达到4256.4亿美元，2015年达到6594亿美元，2016年中美双边贸易额为5785.9亿美元，2017年中美双边贸易额为6359.7亿美元，自1979年以来年均增长15.9%。中国产品占美国总进口的比重由1990年的3.1%上升到2011年的18.1%[①]，2015年首次突破20%达到21.5%，2016年占21.1%，2017年中国产品占美国总进口的21.6%。

---

① 参见徐滇庆、王直、李昕：《从外贸顺差到汇率之争——人民币升值的定量分析》，北京大学出版社2013年版，第2页。

2017年中美互为第二大贸易伙伴(都是仅次于欧盟27国),美国是中国的第一大出口市场,2015年中国对美出口4818.8亿美元,2016年对美国出口额达4626亿美元,2017年对美国出口额达5056亿美元。同时中国也是美国的第三大出口市场,2015年达到1160亿美元,占美国总出口的7.7%,2016年达到1156亿美元,占美国总出口的6.8%,2017年达到1303.7亿美元,占美国总出口的8.4%。根据美国商务部统计,2017年美国对华贸易总额为5362亿美元,同比增长7%,占美对全球贸易总额的14%。其中,对华出口1106亿美元,同比增长6%;自华进口4256.4亿美元,同比增长7%;对华贸易逆差3150亿美元,增长7%。同期,美对全球贸易总额为38,218亿美元,同比增长4%;出口15,464亿美元,同比增长4%;进口22,754亿美元,同比增长3%;逆差7290亿美元,与2011年基本持平。

20世纪90年代后,美国的贸易逆差一直大幅增加,其中对中国的贸易逆差增加最为迅猛。据美国商务部统计,美国对华的贸易逆差从2001年的831亿美元猛增加到2010年的2731亿美元,比2009年增长20.3%,10年间翻了3倍多。2010年美国对华贸易逆差占整个美国2010年贸易逆差的42%,高居美国的所有贸易伙伴之首。2011年中美贸易逆差为2954亿美元,2012年中美贸易逆差为3151亿美元,比上年增加7%,占整个美国贸易逆差的43%,中美贸易逆差仍在不断增长。2015年美国对中国的贸易逆差为3656.9亿美元,占美国GDP的2%,占美国所有贸易逆差的49.61%;2016年美国对中国的贸易逆差为3470亿美元,占美国所有贸易逆差的46.08%;2017年美国对中国的贸易逆差为3750亿美元,占美国所有贸易逆差的46.30%。美国国内对中国履行其WTO承诺、开放市场的呼声也日渐增大。2016年中美双边货物总额为5785.9亿美元,美国出口中国1157.8亿美元,从中国进口4628.1亿美元,逆差为3470.4亿美元。2017年美国与中国双边货物进出口额为6359.7亿美元，增长10.0%。其中，美国对中国出口1303.7亿美元，增长12.8%，占美国出口总额的8.4%，提升0.5个百分点；美国自中国进口5056.0亿美元，增长9.3%，占美国进口总额的21.6%，提升0.4个百分点。美方贸易逆差达到创纪录的3752.3亿美元①，中国是美国第一大贸易伙伴，是美国第三大出口市场；美国是中国第一大出口市场。

多年来，美国国内一直有很多议员和工会组织将美国高失业率归咎为中国对美国巨额贸易顺差。2013年3月17日“美国制造业生产力与创新联盟”发布的报告认为，2012年逆差导致的制造业岗位流失达到14万到28万个。2012年，美中制造业贸易不平衡继续增长，增幅为8%，美国逆差达到4980亿美元，中国顺差为7550亿美元，增幅15%。2009年至2012年，美国贸易逆差增加1720亿美元，增幅53%；中国贸易顺差增加3330亿美元，增幅79%。3年的贸易逆差导致美国制造业就业岗位流失70万到140万个，2012年岗位流失数为14万到28万个。

（二）特朗普对贸易逆差的解读

特朗普之前的历届美国政府很少将贸易逆差和进口关税同美国的国家安全联系在一起，然而特朗普政府正在把贸易逆差作为晴雨表，以衡量全球贸易体系的成败、美国贸易政策的成败以及与各国双边贸易关系的成败。它认为贸易逆差损害了美国经济以及国家安全，全球现有贸易规则是导致美国贸易逆差的主要原因。

特朗普观点最重要的特点是其持续关注贸易不平衡。他一直以来

① 2005年至2020年《美国货物贸易及中美双边贸易概况》，载中国商务部《国别货物贸易及双边贸易概况》文献库，https://www.countryreport.mofcom.gov.cn/record/view110209asp?news_id=67856，最后访问日期：2022年1月28日。

不厌其烦地将美国贸易逆差,无论是逆差总额还是双边贸易逆差,解读为美国的直接损失,声称美国每年损失8000亿美元的贸易。在特朗普看来,在现有的贸易关系中,美国正在受损。因此他声称,即使大胆地非常规对现存贸易关系的改变也是可以接受的风险,“当一个国家(比如美国)在与几乎每一个有贸易往来的国际贸易中,每年损失数亿美元贸易额,那么贸易战是件好事,并且轻松获胜”。

特朗普及其政府还寻求美国在全球经济地位的再平衡。他们认为,并且许多特朗普选民也认为,美国以前太开放,给予了其他国家利用美国的机会,损害美国人利益。美国参加的许多国际条约和国际组织强化了这些“不公平”条件。如果有机会作出改变,就需要采取严厉的措施。美国政府许诺美国优先,不再允许其他国家利用美国。

在特朗普就任美国总统的最初几个月里,特朗普政府发布了一系列“行政命令”及“总统备忘录”,展现了一个“美国优先”贸易策略,具体而言,美国政府:

(1)2017年1月23日,宣布退出TPP。

(2)2017年2月2日,宣布打算重新谈判《北美自由贸易协定》(NAFTA)。

(3)2017年3月31日,命令提交一份重大贸易逆差的报告。

(4)2017年3月31日,强化反倾销及反补贴措施的执行。

(5)2017年4月18日,发布“买美货,雇美国人”。

(6)2017年4月20日至27日,发起对钢铁及铝进口产品的国家安全调查。

(7)2017年4月29日,启动对贸易协定违反及滥用的研究。

(8)2017年7月21日,宣布对《美韩自由贸易协定》进行评估及修订。

(9)2017年8月14日,发起对中国知识产权盗窃行为的301条款调查。

二、直接原因:通过WTO争端解决机制解决争端存在障碍

(一)美国对WTO争端解决机制的强烈不满[①]

美国对WTO争端解决机制不满主要表现在以下几个方面:

第一,上诉机构不仅重写了WTO的协定,对WTO这些成员强加了未经过谈判也未同意接受的新的实体义务规则,而且还忽视或改写了争端解决制度的规则,从而扩大了该机构自身权限,以便制定和强加新的规则。

第二,上诉机构未经批准地违反现有规则、制定新规则的做法是显而易见的。WTO成员通过谈判并经国内批准的WTO规则明确规定,上诉机构必须在90天内作出决定,对此没有作出可以例外的规定。然而,上诉机构迄今几乎从未遵守过这一期限,在未获得总理事会和DSB全体成员批准的情况下,违反了上述规则。

第三,在DSU没有提供任何依据的情况下,上诉机构就作出决定,可以让一个"不再是上诉机构成员"的人继续被视作该机构成员。

第四,除了违反规范其活动的规则外,上诉机构还作出了一系列令人不安的、广泛的条款解释,这种解释实质上创造了新的WTO法律,而这项职能很明显专属于成员,并通过谈判行使。

基于上述理由,美国从奥巴马政府开始一直阻挠上诉机构法官遴选。WTO上诉机构因美方刻意阻挠,已经超过三年无法纳新,上诉机

① 参见美国USTR:《2018年贸易政策议程和2017年年度报告》,第22~28页。USTR.gov/about-us/policy office/reports-publications/2018/2018-trade-policy-agenda-and-2017,最后访问日期:2022年2月18日。

构已处于彻底瘫痪状态。2019年12月11日WTO上诉机构宣布中止所有手头案件,也无法审理任何新的上诉案件。自2017年以来,美国以所谓上诉机构“越权裁决”“审理超期”“法官超期服役”等为由,将上诉机构裁决与遴选挂钩,频频动用一票否决权,单方面反对启动新法官遴选程序,致使在任法官人数一再缩减,最终上诉机构因法官人数不足陷入瘫痪。

(二)WTO争端解决机制周期过长

WTO诉讼程序主要包括提出磋商申请、进行磋商、提出申请专家组请求、设立专家组、专家组审查并作出建议或裁决、提出上诉、上诉机构审查并作出建议或裁决、争端解决机构通过上诉机构和专家组的建议或裁决、执行阶段、执行审查阶段、申请和授权报复等。

WTO从第一次提出“设立专家组请求”到“争端解决机构会议决定设立专家组”平均需要45天,个别案件最长为195天;WTO从“专家组设立”到“专家组组成”的时间平均为72天,最长为371天;从“专家组组成”到“初始报告提交争端方”平均需要11个月16天,最长46个月23天。WTO上诉机构从“争端方提出上诉通知”到“发布上诉机构报告”平均跨度为90.6天,最长为140天。案件完成整个程序需要时间过长,很多时限未被严格遵守。一个争端从“提出磋商请求”到“争端解决机构通过上诉报告”的平均用时长约740天;如果程序继续,从“争端解决机构通过上诉报告”到起诉方“获得争端解决机构报复授权”平均又需要约720天,总计约4年时间。执行期期间征收的反倾销税不用返还。

(三)WTO争端解决机制对举证责任要求较高

USTR公布301条款调查报告称,在2001年之前,中国通常明确要求技术转让,要求技术转让作为市场准入的交换条件。2001年中国加入WTO,承诺不对技术转让的投资或进口批准作出规定。该报告多处指责中国的技术转让政策和做法变得更加隐蔽,通常通过口头指示和“不公开方式”进行。

此外,WTO诉讼证据要求要比301条款调查高得多。实际上,USTR不必要求与WTO案件同等程度的论据及证据,因为USTR单独作出终裁。换言之,由于USTR不必说服中立的国际仲裁员专家组,其措施具有更大的灵活性,它可能对申请的政策及政治,而不是案件的严格法律实体问题更敏感。

决定权由USTR转到WTO造成美国败诉的最著名案例就是日本胶卷案。[①] 1996年9月20日,美国根据DSU的规定,请求设立专家组,以解决影响进口消费胶卷和相纸分销、促销和国内销售的某些日本法律、法规、要求和措施的问题。美国认为,在过去的30年里,日本通过采取三类措施,阻碍了进口消费胶卷和相纸在日本的分销和销售。这三类措施分别是:分销措施,即鼓励和便利设立一种胶卷和相纸的市场结构,使得进口产品被排除在传统的分销渠道之外;限制设立大型零售商场,从而限制了可供进口产品选择的分销渠道;促销措施,即通过限制促销手段使进口处于不利地位。美国称,这些措施抵消或减损(nullify or impair)了美国应得的利益。

1998年3月31日,专家组作出裁决,认为美国对日本的非违反之诉不能成立,因为对于日本的其他文件,美国无法证明其仍然有效,也无法证明其对国内和进口产品有歧视,或者无法证明专家组有权审查某个文件。最后,美国无法证明日本这些措施的总和对美国应得利益

① See Japan-Measures Affecting Consumer Photographic Film and Paper-Panel Report, WT/DS44/5, 23 April 1998.

构成了抵消或减损。

依据1994年之前的301条款,美国几乎可以肯定裁定,由于日本在美国胶卷生产商柯达公司企图渗透日本市场的道路上设置障碍,日本违反了贸易协定的义务,以及造成美国权利的减损或抵消。美国肯定会进行著名的威胁报复,日本可能早已回到谈判桌并作出妥协。即使在胶卷案整个过程中,日本也认为柯达公司遇到的问题绝对是私营领域的问题,与日本政府行为没有任何关系。然而,即使如此,301条款报复的威慑可能已足够强大,促使日本政府代表柯达公司协助解决。

然而,在胶卷案中日本却被WTO裁定不存在违反协定,不存在减损或抵消美国权利,让美国及柯达公司没有任何手段以打开日本市场。依据WTO成立之前美国随意动用301条款调查威胁其贸易伙伴,让后者打开国内市场,出现这种结果几乎是不可想象的。

三、主要原因:中美之间常年存在不公平贸易

2017年9月18日,在战略与国际研究中心(CSIS)的一场演讲上,美国贸易代表莱特希泽指出:“在当前世界贸易的场景中有一个挑战比过去的情况要困难得多,这个挑战就是中国。”他指责中国通过贸易补贴、国有企业、强制技术转让和扭曲市场等方式来扩展经济的规模,对世界贸易体系构成了“前所未有”的威胁。他还指责WTO没有能力解决这个问题,WTO及其前身GATT并不是为了成功地管理这种规模的重商主义而设计的。“我们必须找到其他方法来保护我们的公司、工人、农民和我们的经济体系。我们必须找到新的方法来确保以市场为基础的经济得以实现。”

美国《2018年国别贸易壁垒评估报告》特别关注中国政府的产业政策和财政支持,该报告认为它们导致中国产能大量过剩,因而出现过量生产及出口增加,扭曲了全球市场,损害在美国市场及第三国市场的

美国生产商及工人。在这些第三国市场,美国出口与中国出口有所竞争。此外,产能过剩引致全球价格下跌,供过于求的情况令最具竞争力的制造商也无法生存。[①]

2018年5月8日,WTO总理事会召开年内第二次会议,美国驻WTO代表谢伊的发言集中体现了美国对中国的不满,[②]他指责"中国才是单边主义者,其行为一直在破坏开放和公平的全球贸易体系。今天的议程其实应该讨论以下议题:数不清的市场准入壁垒;强制技术转让;规模空前的知识产权盗窃;自主创新政策和'中国制造2025'计划;歧视性技术标准;大规模政府补贴导致重要产业机构长期产能过剩;以及高度限制性的外资政策。如果WTO还想保持其存在的合理性,就必须立即面对中国国家资本主义所带来的破坏"。

美国301条款调查报告认为,USTR始终关注中国政府有关技术转让、知识产权和创新的各种不公平做法。例如,USTR曾寻求通过WTO争端解决程序和WTO各委员会,以及通过年度特别301审查,以多边或双边方式寻求解决这些问题。USTR在与中国的双边对话中也提出了这些问题,包括美中商贸联合委员会(JCCT)和美中战略与经济对话(S&ED),试图解决美国担忧的一些问题。

一位白宫官员说:"总统和他的主要顾问一致认为,这个问题已搁置太长时间,当前需要加以解决。过去的对话更多关注的是审慎商讨开放产品的问题,而我们现在的立场是,我们一概不会容忍旨在推动发展国家主导企业的广泛政策。"

---

① 参见《2018年国别贸易壁垒评估报告》,载http://economists-pick-research.hktdc.com/business-news/article/美国商贸法规/美国年度贸易障碍评估报告关注中国相关政策法规/baus/sc/1/1X000000/1X0ADO8S.htm,最后访问日期:2022年1月28日。

② See Statement as delivered by Ambassador Dennis Shea, Deputy U.S. Trade Representative and U.S. permanent Representative to the WTO, WTO General Council, Geneva, May 8, 2018.

在特朗普的领导下,美国致力于重新平衡中美贸易关系,使贸易更加公平和对等。在经过多年成果甚微的中美对话以后,美国正在采取措施,处理中国不公平的经济行为问题,创造公平竞争环境,从而让所有美国人有更好的机会取得成功。①

美国也曾尝试通过337调查解决钢铁行业窃取技术秘密,但未能成功。2016年5月26日,应原告美国钢铁公司(U. S. Steel Corporation)申请,美国国际贸易委员会(ITC)对中国输美碳钢及合金钢产品发起337调查。该调查申请由美国钢铁公司于2016年4月26日依据《1930年关税法》第337条规定向美国国际贸易委员会提出,原告就中国钢铁企业依靠中国钢铁协会“合谋操纵”产品价格和出口量(“反垄断诉点”)、标记“虚假”原产地以规避美国双反税令(“反规避诉点”),以及钢铁企业通过中国政府黑客攻击而“窃取”原告先进高强钢的技术秘密(“商业秘密诉点”)三个诉点提出起诉,请求美国国际贸易委员会发布普遍排除令及禁止令。2017年2月22日,美国国际贸易委员会行政法官裁定美方三项指控均不成立,终止关于宝钢的“商业秘密诉点”的调查。

此外,美国也难以大面积、大范围采取反倾销与补贴措施,以应对美国所称的“中国的不公平贸易行为”。因为每个反倾销或反补贴措施只能针对单一税号产品,调查周期长,成本高,满足基本立案条件高,具有需要美国国内产业配合以及美国商务部人力与财力有限等限制因素。

四、根本原因:中美经济发展模式发生冲突

美国的经济制度是一种自由经济制度。所谓的自由经济制度,就

① See Section 301 Fact Sheet.

是政府是市场的“守夜人”,负责维持秩序,企业生产什么、生产多少、用什么样的技术去生产,全是资本家和金融体系的事,政府是不参与的。英美经济在过去几百年的时间里都是在这种模式下成长起来的,是市场资本主义。

中国的市场经济模式是政府主导下的市场经济制度。这两种制度安排是非常不兼容的,随着中国经济在技术上日益复杂化,规模日益扩大,两者之间的冲突势必愈演愈烈。根本的原因在于,在美国的企业看来,中国的企业背后站着中国政府,政府和企业是捆绑在一起,无法分开的。在竞争之中,政府通过产业政策、财政补贴、准入限制、廉价信贷乃至直接订单等手段支持中国的企业,这使得美国的企业在中国和全球市场上都处于不利的竞争地位。

中国加入WTO已经20余年,但仍然不被美欧认定为是市场经济体。2017年10月30日,美国商务部公布了其在铝箔反倾销调查中开展的“中国市场经济地位”问题调查结论,仍将中国视为“非市场经济国家”,在对华反倾销调查中继续适用“替代国”做法。2017年11月15日,欧洲议会通过欧盟反倾销调查新方法修正案,取消了原来的“市场经济国家”与“非市场经济国家”的划分,引入“市场严重扭曲”的概念和标准,并考虑环境和社会对倾销的影响。该法案规定,若出口国的市场存在“严重扭曲”,“不适宜”使用该国的国内价格和成本,可采用新方法来确定其正常价值。在这种情况下,正常价值应“根据反映未经扭曲的价格或基准的生产和销售成本”来推定。在确定是否存在严重扭曲时,必须考虑的因素包括出口国市场上的国家所有权、国家在企业内得以干预价格或成本的影响力,以及出口国的破产法。

中美经济发展模式冲突,主要体现在以下几个方面。

（一）补贴造成严重产能过剩

2006 年以来，中国市场开放步伐明显放缓，限制市场准入和限制投资措施明显增多，政府对经济干预明显增多，特别是 2008 年全球金融危机，政府实施了 4 万亿元计划投资和 10 万亿元贷款的经济刺激政策，这些投资和贷款主要给了国有大企业和政府项目，同时实施的十大产业振兴计划，使国有企业获得了更多的政策支持和资源支持。同时这些产业政策又造成严重产能过剩，使中国同世界各国的贸易摩擦增加。我国多个行业产能严重过剩，既有钢铁、水泥等传统行业，又有风电、光伏等新兴产业。在产能过剩的行业中，除了铜、锌、玻璃等，对于其余行业中国均是净出口国，中国也是全世界最大的钢铁、铝、皮革和化纤出口国。由于中国出口数量巨大，这些行业的过剩必然影响到中国与贸易伙伴的关系，越来越多的国家认为中国出口威胁到他们国内市场。

以钢铁为例，OECD 钢铁委员会估计，当前，全球有近 7 亿吨过剩的钢铁产能。在得到国家政策支持下，中国粗钢产量从 1996 年的 1 亿吨增长到 2020 年的 10.65 亿吨，增长了 10 倍，如今占据全球 57% 的钢产量，[①]过剩产能达到 3.36 亿 ~ 4.25 亿吨。尽管中国政府采取了很多措施，但化解严重过剩产能的任务依然艰巨。中国钢铁工业协会最新统计数据显示，[②]2022 年，重点统计会员钢铁企业实现营业收入 65,875 亿

---

① 陈德荣：《为中国钢铁高质量发展鼓与呼》，载中国钢铁工业协会网站，http://www.chinaisa.org.cn/gxportal/xfgl/portal/content.html?articleId=f68e656175ead20679eca77b0efc0d6a037a3ae2efd0a67420af4c9d09bda85a&columnId=a873c2e67b26b4a2d8313da769f6e106abc9a1ff04b7f1a50674dfa47cf91a7b，最后访问日期：2023 年 3 月 31 日。

② 何文波：《贯彻落实二十大精神 加快构建新发展格局为中国钢铁的美好明天努力奋斗》，载中国钢铁工业协会网站，http://www.chinaisa.org.cn/gxportal/xfgl/portal/content.html?articleId=6b86f6eb8ad60181c7da7a4f30e6e577db2aca96c96d9688a4964fa0dc64a0b9&columnId=50e7242bfd78b4395f3338df7699a0ff8847b886c4c3a55bd7c102a2cfe32fe9，最后访问日期：2023 年 3 月 31 日。

元,同比下降6.35%;实现利润总额982亿元,同比下降72.27%;2022年年末资产负债率为61.73%,同比上升0.53个百分点。产能严重过剩领域已经成为反倾销和反补贴的重点调查目标。钢铁产业是反倾销和反补贴“重灾区”。据不完全统计,美国针对我国产品的71项全部有效的反倾销令中,有16个是针对我国钢铁产品,约占22%。产品涉及热轧钢、中厚板、螺纹钢、铁钉、线材、钢管。中国的钢铁行业存在严重的产能过剩,结果是把全球的钢价都压得很低,美国的钢铁公司、日本的钢铁公司大量倒闭。根据美国商务部报告,美国是全球最大的钢铁进口国,进口几乎是出口的4倍。进口对钢铁业“造成不利影响”,2000年以来已有6座咸性氧气转炉和4座电炉关闭,而就业人数自1998年起减少了35%。与此同时,2000年以来,世界炼钢能力增长127%,2020年全球产能过剩达6.254亿公吨,几乎是美国钢铁消耗量的7倍。该报告指出,中国是迄今最大的钢铁生产国和出口国,其过剩产能已超过美国的炼钢能力。

据欧洲钢产品贸易协会(Eurofer)称,中国出口商为尽量减轻钢产过剩问题,已把出口量扩大25%,而2015年平板钢材的出口价格已经下降40%。欧盟的钢制造商声称,自2008年以来,欧洲钢业已失去85,000个职位,而英国一些钢公司更宣布短期内将削减5000个职位。欧洲公司把业界问题归咎于来自中国的倾销产品。

欧盟的钢生产商一致反对自2016年12月起给予中国市场经济待遇。2015年11月5日,来自欧盟及美洲的9个钢业协会发表声明,对中国可能在贸易防卫调查中自动获得市场经济待遇感到忧虑。他们认为推行这项措施的时机未至,中国政府仍然控制国家经济的许多方面,特别是国有钢业。这些协会称,至今中国仍非市场经济体,到2016年年底有显著改变的机会甚微。

（二）政府干预经济

中国经济处于转型期，在过去10年间，中国政府频频对经济进行干预，制定产业政策，配置资源，支持国有企业兼并，并增强国有企业的竞争力。政府对企业微观经济活动的行政干预，在“宏观调控”的名义下有所加强。从2003年第四季度开始，中国经济出现了过热的现象。在对宏观经济形势进行判断时，主流意见却把问题的性质确定为“局部过热”，采取的主要措施是由主管部委联合发文，采用审批等行政手段对钢铁、电解铝、水泥等“过热行业”的投资、生产活动进行控制。各级政府官员享有过大的自由裁量权，他们通过直接审批投资项目，对市场准入广泛设立行政许可，对价格进行管制等行政手段加强了对企业微观活动的干预和控制。行政力量配置资源的能力和手段在大为强化，而市场配置资源的基础性作用则遭到削弱。

根据樊纲等人的《中国市场化八年进程报告》①（2008年至2015年），政府与市场关系的指数由市场分配资源的比重、减少政府对企业的干预和缩小政府规模三个分项指数组成。市场分配资源的比重分项指数得分从2008年的8.39分下降到2014年的7.06分，是政府分配资源比重上升的结果（我们界定政府支出以外的资源分配为市场分配。2008年至2010年，政府支出包括预算内支出、预算外支出和土地出让金支出；2011年及之后年份，政府支出包括政府预算内支出和政府性基金支出）。政府支出比重在实行双宽松刺激政策的2008年至2010年有大幅上升。已分省平均数据衡量，各省份政府支出占GDP比重从25.7%上升到31.5%。其中土地出让金支出升幅达167.7%，政府预算内支出升幅也达到50%。此后到2014年，分省政府支出占GDP比重

① 樊纲等：《中国市场化八年进程报告》，载《财经》2016年总第463期。

持续上升到34.4%，政府预算内支出和政府性基金支出都有显著上升。在2008年至2014年，所有省份市场配置资源的程度都下降了。从2008年延续到2011年的大规模政府投资和货币刺激政策，一方面拉动了短期经济增长，另一方面也强化了行政力量对市场的干预，对市场化进程带来了不良的影响和若干后遗症。其间，政府与市场的关系发生了不利于市场分配的变化，降低了市场化程度。同时，要素市场的发育以及市场的竞争的法制环境，也受到了一些不良影响。在政府与市场关系方面和产品市场发育方面，还需要扭转市场化停滞或下滑的趋势，确立市场对资源配置的决定性作用。

据外媒2016年9月18日报道，加拿大自由市场智库菲莎研究所(Fraser Institute)发布了最新的年度《世界经济自由度》报告。结果显示，香港继续成为全球经济自由度最高的地区。第二名至第五名分别是新加坡、新西兰、瑞士和加拿大。在共159个国家或地区中，中国排名是第113位。虽然经济自由度的概念可能会非常主观，但菲莎研究所的排名是根据一系列标准做出的。其中包括个人自由、市场准入、对私人财产的尊重和法治等。基于一个经济体在每个标准中的得分，最后给出一个总的分值。报告中一些自由度最低的经济体都遭遇了经济困境，并影响到社会稳定性，比如利比亚、委内瑞拉和津巴布韦。菲莎研究所还发现，经济自由化会给经济增长带来涓滴效应。也就是说，经济自由度越高，民众富裕程度也趋向于更高。

有“吴市场”之称的著名经济学家吴敬琏2020年撰文指出，在中国，使市场在资源配置中起决定性作用的制度基础还没有完全建立起来。在这种情况下，唯一的出路就是尽快建立和完善统一开放、竞争有序的市场体系。

在这次301条款调查中，《中国制造2025》备受美国关注，成为USTR主要攻击对象。《中国制造2025》，是中国政府实施制造强国战略第一个十年的措施纲领。《中国制造2025》提出，通过“三步走”实现制造强国的战略目标：第一步，到2025年迈入制造强国行列；第二步，到2035年中国制造业整体达到世界制造强国阵营中等水平；第三步，到中华人民共和国成立100年时，综合实力进入世界制造强国前列。围绕实现制造强国的战略目标，《中国制造2025》明确了9项战略任务和重点，提出了8个方面的战略支撑和保障。简单地说，这是一个国家工业政策规划。《中国制造2025》中提到，要对这些产业提供强大的金融支持，比如成立政府和国企背景的产业投资基金，强有力的银行贷款支持，给予政府财税补贴，大力支持人才引进，提供优先、优惠的土地供应。美国人认为，这些政府扶持和补贴政策，严重破坏市场竞争环境，不符合公平贸易的原则，必须加以改变。

（三）国有企业的不公平竞争

2014年11月2日“美中经济与安全审查委员会”提交给美国国会的年度报告指出：“尽管中国多年来大力促使将其认定为市场经济国家，但美国至今仍将中国认定为市场经济国家的原因之一就是中国国有企业经济中的主导地位。”

中国有全世界规模最大的国有企业，截至2014年年底，中国各类国有企业共有15.6万户，其中央企约为5.2万户，地方国企约为10.4万户，国企数目居全球之首。[①] 中国又是仅次于美国的世界第二大经济体，世界第一大贸易国以及世界第三大对外投资国，特别是中国政府和国有企业在资源配置中的支配地位，国有企业在电信、石油、钢铁、铁道、金融等主要行业的垄断地位，国有企业从政府获得巨额补贴和其他方式的大力支持以及政府全力推进的“走出去”战略，引起了美国等西

① 参见翁仕友、储楚：《国企改革再启幕》，载《财经》2015年9月14日。

方发达国家的极大关注和忧虑，惊呼他们的企业在国际市场上不是与中国企业竞争，而是被迫与中国政府进行竞争。根据天则经济研究所的研究，[①]1994年至2013年，据不完全统计，国有及国有控股工业企业获得财政补贴约为6394亿元。而这只是冰山一角。更大的且更隐蔽的是免费使用国有土地、低息获得贷款和低价获得资源开采权的补贴。2001年至2013年，国有及国有控股工业企业应交而未交的地租约64,260亿元；低息优惠共计约57,124亿元；少交纳资源租金约11,138亿元。

中国钢铁行业的产能过剩，在所有行业之中是最严重的。中国的钢铁生产能力大概占到全球的一半。但是为什么中国钢铁的产能过剩这么严重呢？这是因为中国的钢铁领域存在大量的国有企业，国企经营难以持续，但可以通过合并或者注资继续存活，受到的市场约束相对来讲是比较弱的，它的财务资源不能说是无限的，但也远超过了一般公司的资本所能支持的范围。所以虽然产能过剩，但是它能在这个市场上勉强存活，中国钢铁以低价销售，导致美国钢铁厂商的产品卖不出去，它就只好关门倒闭。美国厂商关门肯定不甘心，因为这不完全是技术优势或者管理优势的碾压，而是中国政府的背后支持导致了美国企业的破产，它会认为遇到了不公平竞争。

综上所述，美国气急败坏地认为，它的市场经济体制无法与中国的社会主义市场经济体制进行竞争，因为中国的政府和国家强力介入市场，是不公平的，也不符合WTO的原则。美国特别对《中国制造2025》表示强烈不满，认为它是由政府主导，而不是由市场主导。美国认为中国的发展方向不符合美国的期望值，还认为中国的政治经济制度在倒

---

① 参见天则经济研究所：《国有企业的性质、表现与改革》（第2版），载doc.mbalib.com/view/159d7791d314ceeqdb8f66ef855b5f7a.html，最后访问日期：2022年2月18日。

退。美国过去40年容忍了贸易不平衡，现在它认为中国和美国渐行渐远，无法再容忍了；他们对中国的这种“非市场经济的竞争”表示了不满，认为中国现在所做的一切会取代美国的位置，甚至认为让中国加入WTO是美国的错误。其实，中美两国经济发展阶段、经济制度不同，存在经贸摩擦是正常的，关键是如何增进互信、促进合作、管控分歧。中美经贸交往规模庞大、内涵丰富、覆盖面广、涉及主体多元，产生一些矛盾分歧在所难免。两国应以全局综合的视角看待，从维护两国战略利益和国际秩序大局出发，以求同存异的态度妥善处理分歧，务实化解矛盾。而不是通过发布《对华301调查报告》等方式，对中国作出“经济侵略”“不公平贸易”“盗窃知识产权”“国家资本主义”等一系列污名化指责，严重歪曲了中美经贸关系的事实。①

第二节　2017年对华301条款调查的程序

一、依据总统指令而自行发起调查

2017年8月14日，美国总统签署一份发给美国贸易代表的行政备忘录，②特别指出，“中国一直以来实施与知识产权、创新及技术相关的立法、政策及做法，并一直采取与上述内容相关的措施，鼓励或要求将美国技术、知识产权转让给中国企业，或者以其他方式对美国经济利益产生负面影响，这些立法、政策、做法及措施妨碍了美国出口，剥夺了美国公民对其创新享有的公平收益，将美国就业转移给了中国工人，增加

① 参见中华人民共和国国务院新闻办公室：《关于中美经贸摩擦的事实与中方立场》白皮书，第2页、第9页，载中华人民共和国国务院新闻办公室网站，http://www.scio.gov.cn/m/zfbps/32832/Document/1638292/1638292.htm。

② See *Addressing China's Laws, Policies, Practices, and Actions Related to Intellectual Property*, Innovation, and Technology, 82 FR 39007 (August 17, 2017).

了与中国的经济逆差,损害了美国制造、服务及创新”。该行政备忘录包括了以下指示:“美国贸易代表应依据《1974年贸易法》第302条(c),决定是否对不合理的或歧视性的,并正在损害美国知识产权创新、技术发展的中国立法、政策及做法发起调查。”

由于美国产业10多年来一直声称,如果投诉中国政府不公平贸易行为,他们害怕将来遭到报复,或损失商机,所以不愿意向USTR提出申请调查中国政府不公平贸易行为。因此,USTR决定自行发起调查。

根据总统行政备忘录,USTR于2017年8月18日依据《1974年贸易法》第302条(b)自行发起调查,以确定中国政府与技术转让,知识产权及创新相关的立法、政策及做法是否是不合理的或歧视性的,并对美国商业造成负担或限制。中国商务部当天发表声明,[①]予以谴责。

2017年8月18日,USTR根据经修订的《1974年贸易法》第301条

① 2017年8月15日,商务部新闻发言人就14日美国总统签署总统备忘录发表谈话。8月14日(美国时间),美国前总统特朗普签署总统备忘录,指令美贸易代表决定是否就中国有关立法、政策、实践或做法可能不合理或歧视性地损害美国知识产权、创新或技术发展展开调查。同日,美贸易代表发表声明,表示将进行全面调查,并根据需要采取措施以保护美国产业的未来。中国政府对此表示严重关切。“301”制度自面世以来,就具有浓厚的单边主义色彩,一直为其他国家所反对。美方已经向国际社会作过承诺,以符合WTO规则的方式执行该制度。我们认为,美方应该严守承诺,不要成为多边规则的破坏者。自习近平主席与特朗普总统在海湖庄园举行历史性会晤以来,双方建立了中美全面经济对话等四个高级别对话机制,实施了中美合作百日计划,明确了未来一年经济合作的方向。美方应珍惜当前中美经贸关系良好的局面和合作态势,美方的任何贸易保护主义做法必将损害双边经贸关系及双方企业利益。中国政府一直高度重视知识产权保护,持续完善立法,不断加强知识产权行政和司法保护力度,积极开展知识产权国际合作和交流,进步和成效有目共睹,也得到了国内外各方的高度认可。我们希望美贸易代表要尊重客观事实,慎重行事。如果美方不顾事实、不尊重多边贸易规则而采取损害双方经贸关系的行为,中国政府绝不会坐视不管,必将采取所有适当措施,坚决捍卫中国政府合法权益。(文章来源:商务部新闻办公室2017年8月15日)

(b)启动调查。[①] 在调查期间,USTR与相关的咨询委员会和跨机构301条款委员会进行了磋商。USTR还根据第303条请求与中国政府进行磋商,中国商务部回信拒绝与美方磋商,坚决反对美方发起301条款调查。

USTR于2017年10月10日举行了公听会,与私人行业咨询委员会进行了磋商,开展了两轮公众书面评论,收到了行业协会、美国公司和雇员、学术界、智囊机构和律师事务所提交的大约70份书面回复。经过对已有证据的分析,USTR在跨机构301条款委员会的协助下作出调查结论。

2018年3月22日USTR发布《根据1974年贸易法第301条对中国技术转让、知识产权和创新的立法、政策或做法进行调查的裁决》(以下简称《301报告》),调查认定[②]:(1)中国政府有关技术转让、知识产权和创新的立法、政策和措施是不合理或歧视性的,并且给美国商业造成负担或限制。(2)中国通过实行对合资企业的要求、对外国投资的限制,以及行政审批和发放许可程序,迫使或强迫美国公司提供技术转让。中国通过歧视性的发放许可程序使技术从美国公司转到中国公司。(3)中国指示和支持投资及收购,形成大规模技术转让。(4)中国从事和支持对美国电脑网络的网际入侵,旨在获取重要商业情报。另外,据由行业专家和经济学家组成的一个跨机构小组估计,中国的政策导致美国经济至少每年损失500亿美元。

美国前总统特朗普于2018年3月22日签署备忘录,[③]指示对中国

---

① See Initiation of Section 301 Investigation; Hearing; and Request for Public Comments: China's Acts, Policies, and Practices Related to Technology Transfer, Intellectual Property, and Innovation, 82 Fed. Reg. 40,213 – 14 (Aug. 24, 2017).

② See https://USTR.gov/sites/default/files/301/FRN China 301.pdf.

③ See https://www.whitehouse.gov/presidential-actions/presidential-memorandum-actions-united-states-related-section-301-investigation/.

为获取美国技术采取的不公平和有害的立法、政策和措施采取以下对应措施:(1)加征25%从价关税:USTR拟对某些中国产品加征额外关税,按每年与美国经济因中国不公平政策造成的损失相当的贸易额计算,拟定加征关税的产品清单,包括航天、信息和通信技术及机械产品;(2)投资限制:总统还指示对中国以获得美国关键技术为目标的投资采取应对措施,有关各部及机构将与财政部协同,针对中国涉及获取敏感技术的投资行为拟定相关措施;(3)WTO争端解决:根据总统指示,USTR将通过WTO争端解决机制投诉中国歧视性的技术许可证制度。

总统备忘录还指示USTR在15天内公布拟加征额外关税的产品清单。具体步骤如下:USTR计划7天内公布拟订的清单;清单在《联邦政府公报》上予以公告,并就拟订的关税措施征求公众意见,有效期为自清单公布之日起30天内;公告还将宣布举行公开听证会的日期;USTR将在跨机构301条款委员会协助下,对公众意见进行审议和分析。一旦完成上述程序,USTR将宣布关税措施的最后决定,同时在《联邦政府公报》上公布产品清单。

二、美国对中国的具体指控

2017年8月18日,USTR根据《1974年贸易法》第302条(b)(1)(A)发起301条款调查,以决定中国政府在技术转让、知识产权和创新方面的立法、政策和做法是否存在不合理或歧视性并对美国商业造成阻碍和限制,即是否属于第301条(b)(1)下可诉的行为(actionable conduct)。

根据USTR发布的启动调查公告,此次301条款调查中美国对中国提出了以下四项指控:

其一,据称中国政府使用了不透明和自由裁量的行政审批程序、合资企业要求、外资参股限制、采购和其他机制,通过管制或干预美国企业在中国的业务,向美国企业施压以要求它们向中国企业转让技术和知识产权。此外,许多美国企业表示面临着模糊、非书面的规则,以及与国家政策不同的地方规则,中国政府官员通过选择性和不透明的方式适用这些规则以对技术转让施加压力。

其二,据称中国政府的立法、政策和做法剥夺了美国企业在与中国企业的许可和其他技术相关的谈判中设定市场条件的能力,并削弱了美国企业在中国对其技术的控制。例如,《技术进出口管理条例》(2011年)第24条、第29条对进口技术改进的赔偿和所有权规定了特定条件,其他措施也在许可和技术合同中强加了非市场条件。

其三,据称中国政府指示和/或不公平地促进中国企业对美国企业与资产的系统性投资和/或收购,以获得先进技术和知识产权,并在中国政府产业计划认为重要的产业领域促成大规模技术转让。

其四,此次将调查中国政府是否正在进行或支持对美国商业计算机网络未经授权的入侵或盗取知识产权、商业机密或机密商业信息,以及这一行为是否对美国企业造成损害或是否为中国企业或商业机构提供竞争优势。

2018年3月22日,USTR公布了对中国技术转让、知识产权及创新政策措施301条款调查的调查报告,随后特朗普发布总统备忘录,确认中国政府在以下四个方面的有关技术转让、知识产权及创新的政策措施对美国商业经营造成了不合理或者歧视性的限制:(1)中国政府通过合资企业要求、外国投资限制和行政审查、许可等方式强制美国企业实施技术转让;(2)中国在美国企业向中国企业转让技术过程中采取歧视性许可程序;(3)中国利用投资兼并方式迫使大规模技术转让;(4)中国政府支持通过网络入侵方式盗取美国商业信息。

三、调查依据的具体法律条文

此次调查属于一般301条款调查，通常依据修正过的《1974年贸易法》第301条(a)或(b)对外国政府立法、政策及做法进行调查。根据2017年8月18日USTR发布的调查公告，拟根据《1974年贸易法》第301条(b)进行调查及作出裁定。该条文用于不涉及贸易协定的程序，与一般用于涉及贸易协议情况(包括多边协定)的第301条(a)不同，除了没有就与中国完成磋商设定具体期限外(除却完成调查的一般期限)，亦无规定美国须循贸易协议的正式纠纷解决程序(如WTO的争端解决机制)处理事件。特朗普政府似乎是故意选择根据第301条(b)作出调查和裁定，从而绕过WTO的争端解决机制。

第301条(b)规定，一旦出现以下情况，USTR可依据条款中所规定的"自由裁量措施"规定作出采取措施的决定。"某一外国政府的立法、政策或做法是不合理的或带有歧视性的，对美国商业造成了负担或限制，并且……美国政府对此采取的措施是适当的。"

《1974年贸易法》对"不合理"做法进一步作出如下阐释："某外国政府的立法、政策和做法，尽管没有侵犯美国的国际权利，也没有与美国的国际权利不一致，但只要它是不公平的和不平等的，就是不合理的立法、政策和做法。"对于"歧视性"的做法，该法规定为"任何否定美国货物、服务和投资国民待遇或最惠国待遇的立法、政策和做法"。"最惠国待遇"是缔约一方现在和将来给予任何第三方的一切特权、优惠和豁免，也同样给予缔约对方。其基本要求是使缔约一方在缔约另一方享有不低于任何第三方享有或可能享有的待遇。"国民待遇"，是指对其他成员方的产品、服务或服务提供者及知识产权所有者和持有者所提供的待遇，不低于本国同类产品、服务或服务提供者及知识产权所有者和持有者所享有的待遇。301条款进一步对“不合理性”作出规定[①]：USTR应在适当情况下考虑到在美的外国公司是否能够与被拒绝的美国公司或居民获得对等机会。考量在美国的对等机会是立法要求。301条款特别要求USTR在确定任何一项立法、政策或做法是否合理时，应当考虑美国市场向外国公司或居民提供的对等机会（“对等机会”条款）。

根据第301条(b)，《1974年贸易法》还列举了一些被调查国的立法、政策和做法存在“不合理”的例子。例如，即使外国政府遵守TRIPs协定的义务，《1974年贸易法》也将任何拒绝给予足够和有效的知识产权保护的立法、政策或做法（或它们的组合）定义为“不合理”。WTO协定只为其成员制定了知识产权保护和执法的最低标准，否认“依赖知识产权保护的美国个人的非歧视性市场准入机会”也属于《1974年贸易法》定义的“不合理”的立法、政策和做法的例子。

四、与中国政府磋商

301条款程序要求USTR就调查中涉及的问题与相关外国政府进行磋商。[②] 除非为核实或完善申请，以确保磋商具有坚实基础而认为推迟不超过90天是正当的，[③]否则USTR必须在发起调查的当日提出磋商要求，[④]或者必须在《联邦政府公报》上发布磋商推迟的决定。当USTR推迟磋商时，那么相应延期发布有关外国政府立法或政策是否可诉的决定，或采取措施的决定的日期。

美国贸易代表在发起301条款调查的当天即2017年8月18日，就

---

① Section 303(d)(3)(D) of the Trade Act of 1974, 19 U.S.C. §2413(d)(3)(D).

② See Section 303(a)(1) of the Trade Act of 1974, 19 U.S.C. §2413(a)(1).

③ See Section 303(b)(A) of the Trade Act of 1974, 19 U.S.C. §2413(b)(A).

④ See Section 303(a)(1) of the Trade Act of 1974, 19 U.S.C. §2413(a)(1).

要求与中国政府进行磋商。中国政府拒绝接受美国的磋商请求，中国商务部对美国的301条款调查表达了强烈不满，认为美国贸易代表依据《1974年贸易法》宣布对华启动301条款调查，美方无视WTO规则，依据国内法对华发起贸易调查，是不负责任的，对中国政府的指责是不客观的。中国政府对美方这种单边主义、保护主义的做法表示强烈不满，美方在此时对华发起301条款调查，对外发出错误信号，必将遭到包括美国产业界在内的国际社会的坚决反对。中国政府认为，美方应与中国政府一起共同努力，扎实推进经济合作一年计划，争取早日取得更大成果，使中美经贸关系在健康稳定的轨道上继续前行。中国政府敦促美方尊重事实，尊重双方业界希望加强合作的强烈愿望，尊重多边贸易规则，审慎行事。中国政府将密切关注调查的进展，并将采取所有适当措施，坚决捍卫中国政府合法权益。①

五、事实调查与证据收集

301条款调查程序不审查复杂的、事实具体的指控，甚至缺乏最基本的可靠事实认定及分析程序，没有透明的搜集事实或核实事实的程序。USTR没有权力将法律文件强制送达调查各方利害关系人，以允许一方对其他方提交的事实进行评议。此外，USTR还没有建立事实听证程序，或提交立法论据的听证程序，没有如何依据事实作出决定的立法标准，例如，依据证据的优势、证据的分量以及支持指控的证据存在。事实上，USTR甚至没有收集证据并据之作出决定的完备程序。USTR在程序上的欠缺不仅与司法部调查反垄断违法行为的完整程序形成巨大反差，而且与其他商务部、国际贸易委员会等指控的复杂程序更低的不公平贸易做法的精致程序及更多的职员投入也形成巨大反差。

① See http://www.mofcom.gov.cn/article/ae/ag/201708/20170802630129.shtml.

从301条款程序本身中可看出,USTR着重谈判,301条款只规定了认定事实的最基本程序,重点不在费时的事实认定而是在快速作出裁决。301条款程序本身几乎不可能进行严格事实认定,只要求USTR在作出发起调查决定的当天,同涉及争议的外国政府进行磋商,USTR决定发起磋商是完全依据申请人的信息。在发起调查的那一刻,USTR甚至还没有展开调查。在调查中,被诉方才获得陈述案情的机会。

2018年3月22日USTR发布了《301报告》,这份《301报告》共183页,包含1139个脚注和5个附件。据USTR调查报告称,由于许多美国公司、协会商会等利害关系人害怕中国政府报复或丧失商机,不愿或不敢向USTR申请301条款调查,于是USTR依职权自行发起调查,主要以以下几种方式进行调查取证。

(一)听证会

1.听证会的主题

USTR邀请公众对以下主题提交书面评议:

(1)中国与技术转让、知识产权及创新相关的立法、政策及做法;

(2)中国政府立法、政策及做法对美国商业造成负担或限制的性质及程度,以及该负担或限制的经济评估;

(3)依据第301条(b)是否存在可诉性行为,并且如果存在,将采取何种措施。

2.听证会日程安排

(1)为确保对上述书面评议予以考虑,USTR必须于2017年9月28日之前收到初始书面评议;

(2)听证会将于2017年10月10日上午9:30开始,打算参加听证会的企业或个人应于2017年9月28日中午12时之前提交其有意愿参加听证会的书面通知，以及口头发言的摘要。听证会上每人发言不超过5分钟，以便给301条款委员会留出提问时间。

(3)提交听证会后反驳性评议的截止日期为2017年10月20日中午12时。

3.听证会情况

301条款委员会于2017年10月10日在美国国际贸易委员会听证会议室召开公开听证会，向公众和有兴趣的人士提供机会，以便就2017年10月10日的联邦公报中突出强调的问题发表看法和观点。① 具有不同兴趣和观点的证人作证并回答了问题，来自301条款委员会的代表包括美国公司和工人，行业和专业协会、智库，以及总部设在中国的行业和专业协会、律师事务所的代表②参加了听证会。感兴趣的人士还在公众调查中提交了大约70份书面材料，用于此次调查。

据USTR调查报告称，正如美国公司10多年来所说的那样③，他们担心如果他们出面抱怨中国的不公平贸易行为，他们将面临被报复或失去商业机会。这项调查也引起了他们对中国报复的担忧。多份提交文件指出，考虑到中国市场对其企业的重要性以及其他因素，美国公司

① The transcript of the hearing is available on the Federal eRulemaking Portal, https://www.regulations.gov and on ustr's website, https://ustr.gov.

② The following individuals participated in the public hearing: Richard Ellings, Commission on the Theft of American Intellectual Property; Stephen Ezell, Information Technology and Innovation Foundation; Erin Ennis, US China Business Council; Owen Herrnstadt, International Association of Machinists and Aerospace Workers; Juergen Stein, SolarWorld; Daniel Patrick McGahn, American Superconductor Corporation; William Mansfield, ABRO Industries; Scott Partridge, American Bar Association Intellectual Property Law Section; Scott Kennedy, Center for Strategic and International Studies; Jin Haijun, China Intellectual Property Law Society; Chen Zhou and Liu Chao, China Chamber of International Commerce; XU Chen, China General Chamber of Commerce; John Tang, DHH Washington Law Office; Wang Guiqing, China Chamber of Commerce for Import and Export of Machinery and Export Products.

③ The submissions can be viewed on the Federal eRulemaking Portal, https://www.regulations.gov.

极不愿意分享有关中国技术转让制度的信息。

(二)公开报告、学术文章和其他信息

在作出《301报告》时,USTR和301条款委员会不仅考虑了调查提交的书面材料和证词,还考虑了世界银行、经济合作与发展组织等国际组织公开报告,学术文章和其他可靠信息。此外,其还收集了商业机密信息,并被视为本次调查记录的一部分,这样企业就可以共享敏感信息而不会遭受商业损失或报复的威胁。

六、可诉性认定

经过对可获得证据的深入分析,USTR认定,中国政府有关技术转让、知识产权和创新的立法、政策和做法是不合理的或者具有歧视性,且给美国商业造成负担或者限制(unreasonable or discriminatory and burden or restrict U. S. commerce)。USTR具体认定如下。[①]

(一)市场准入规定不合理

USTR认为中国通过限制外方所有权(如要求合资、限制外方股权比例)以及各种行政审批和许可程序,要求或迫使外国公司向中国公司进行技术转让是不合理的,并对美国商业造成负担和限制。

1.不合理性的认定

根据301条款,“不合理”的行为只要对美国商业造成负担或限制,就可以采取相关措施的。301条款将“不合理”的立法、实践或政策定义为“不一定违反或不符合美国的国际法权利,及在其他方面是不公正

① See 301 Report. https://ustr.gov/sites/default/files/Section%20301%20FINAL.PDF.

和不公平的"①。该法进一步对"合理性"作出规定,即USTR应在适当情况下考虑到在美的外国公司是否能够与在该国被拒绝的美国公司或居民获得对等机会。②

中国政府的外资所有权比例限制政策要求外国投资者必须与中国公司合资,并且在某些情况下,需由中国政府合资人控股,否则就禁止外国投资者在某些行业经营。上述要求阻止外国公司按自己的方式进入中国市场,同时为中国强制技术转让做了铺垫。中国还利用其行政许可和审批程序强迫外方通过技术转让来获得在中国建立和经营企业所需的大量审批。法律规定的模糊和规则的不确定性,使中国政府拥有极大的自由裁量权,采用行政程序来强迫技术转让,或推动实现产业政策目标。

因此,中国的技术转让制度是不公平和不公正的,因为它极大地限制了美国公司自由部署和充分保护其有价值且来之不易的竞争技术。中国技术转让制度不是为了培育公平的竞争环境,而是为了中国公司的技术收购提供系统和结构性的支持。在中国技术转让制度下,美国公司必须放弃对技术的实质性控制权,否则将面临被关闭的危险,而中国公司在美国并不受限制。

此外,中国的技术转让制度,包括外国所有权限制、行政审批和许可程序,要求或迫使技术从美国公司转移到中国实体,相对于在美经营的中国公司获得的对等机会,是不公平的,也是如301条款定义的"不合理"做法。③

---

① Section 301(d)(3)(A) of the Trade Act of 1974, 19 U.S.C. § 2411(d)(3)(A).

② See Section(d)(3)(D) of the Trade Act of 1974, 19 U.S.C. § 2411(d)(3)(D).

③ See 301 Report. https://ustr.gov/sites/default/files/Section%20301%20FINAL.PDF. 44-45.

2. 对美国商业造成负担和限制的认定

根据301条款相关法律规定,外国不合理的立法、政策或做法必须对美国商业行为造成负担或限制。本案中,中国政府要求或迫使的技术转让大大削弱了美国技术(包括知识产权)的价值,从而扭曲了市场,并削弱了美国公司的全球竞争力。因此,中国实施的技术转移制度,对美国商业造成了负担和限制。

(二)技术转让规定具有歧视性

USTR认为中国政府的技术法规强迫欲通过许可转让技术的美国企业,以非市场条件将技术转让给中国企业并使后者受益是歧视性的,并对美国商业造成负担。

301条款调查报告认为,对于想在中国开展业务的外国企业,中国政府对外国进口的技术转让实施了一系列不同规定。但这些规定不适用于中国企业之间的技术转让。中国政府对进口外国技术的强制性要求具有歧视性,并且明显高于对本国企业的要求。具体而言,中国政府要求所有赔偿风险由外方技术转让人承担。即使中国政府技术受让人愿意承担合同风险,也不允许各方就风险分担进行谈判。中国政府还规定所有技术改进都属于改进方,而外方技术转让人不能阻止中国技术受让人改进技术。根据中国立法,中国政府还进一步要求合资企业可以在技术许可合同执行完毕后继续使用被转让技术,甚至在外国公司想要进入中国市场之前,这些限制措施便已经使技术转让制度偏向于中国企业。

1. 歧视性的认定

第301条(d)规定歧视性的立法、政策和做法“适当时应该包括拒绝对美国货物、服务或投资的国民待遇或最惠国待遇的任何立法、政策和做法"[①]。国民待遇意味着一个国家(如中国)对其外国家(如美国)的国民的待遇不低于其在有关政策方面给予本国国民的待遇。与中国货物、服务或投资的国内许可待遇相比,《技术进出口管理条例》与《中外合资经营企业法实施条例》所界定的转让协议涵盖了与美国的技术许可和进口到中国相关的美国货物、服务或投资。与中国的技术所有者相比,在向中国市场许可技术时,这两个条例均使美国技术所有者处于相对劣势。不同的待遇实际上基于国籍,因此导致了301条款下的歧视。

2. 对美国商业造成负担的认定

中国限制美国公司技术转让方面的立法、政策和做法,包括技术许可以及其他与技术相关的谈判,显然给美国的商业带来了负担,并且没有充分保护美国知识产权。对于美国公司许可的限制显然符合这些标准,因为它们剥夺了美国实体从他们的创新技术中获益的权利,而这些创新技术是在一个歧视性的许可制度下被转移到中国的。

(三)支持对外投资的行为不合理

USTR认为中国政府直接和不公正地为中国公司系统地投资和收购外国公司和资产提供便利,以获取最先进的技术和知识产权,并使后者向中国公司转让技术是不合理的,并对美国商业造成负担。

301条款调查报告认为,中国政府指导和支持这一境外投资策略的情况非常普遍,而且在中央和地方等各级政府均很明显。中国政府提供大量资金鼓励和便利其海外投资投向那些中国政府认为具有战略意义的领域。为落实这些政策,中国政府采用了投资审批机制和"鼓励"行业体系等工具来引导和支持境外投资。这些投资和收购符合国家的

① Section 301(d)(5) of the Trade Act of 1974, 19 U.S.C. § 2411(d)(5).

目标和政策,并通常由国有企业完成,而这些企业由政府所有并控制。即使对外投资的企业中并没有发现由政府控股,但这些交易也经常接受国家的指导和指示。另外,这些交易多由国有企业或银行提供资金,而在可比较的条件下通常是无法获得商业性融资的。

1. 不合理性的认定

外国政府的“不合理”行为被定义为一种“虽然不一定违反或不符合国际法权利,但对美国是不公平和不合理的”[①]立法、政策或实践。301条款进一步对“合理性”作出要求,即USTR应在适当情况下考虑到在美的外国公司是否能够与在该国被拒绝的美国公司获得对等机会。[②]

301条款调查报告认为,中国的立法、政策与实践之所以不合理,是因为它们受到了政府的指导和支持,并且为了获得战略领域的统治地位,极不公平地针对重要的美国公司。

中国的立法、政策和做法的不合理性还体现在美国企业在中国的非对等待遇和投资上。中国的投资行政审批制度比美国施加的限制性要求更为严格。当企业进入中国市场时,美国企业面临着诸多限制,例如,行业限制、合资要求、股权上限和技术转让要求。在美国投资时,中国公司不会面临上述限制。

2. 对美国商业造成负担的认定

为具有可诉性,不合理的立法、政策和实践势必对美国商业造成负担。中国直接和不公平地为中国公司系统地投资和收购外国公司和资产提供便利,以获取最先进的技术和知识产权的立法、政策和实践,从以下三个方面对美国商业造成负担:

第一,中国的相关立法、政策和实践威胁美国工业的竞争力,尤其

① 19 U.S.C. § 2411(d)(3)(A).

② See 19 U.S.C. § 2411(d)(3)(D).

是在一些被中国产业政策认定为重要的行业。

第二，中国的立法、政策和实践削弱了美国公司持续创新能力。

第三，中国的立法、政策和实践扭曲了知识产权密集领域的市场投资定价。

不同于中国，美国不具有广泛的产业政策让政府去指导和支持公司在国外的投资。因此，美国科技企业在竞争中处于明显的竞争劣势，因为他们要被迫与中国政府广泛的支持和干预进行竞争。

（四）支持入侵美国商业网络

USTR认为中国对外国公司的计算机网络进行或支持未经授权的入侵和窃取，以获取敏感的商业信息和商业秘密是不合理的，并对美国商业造成负担。

301条款调查报告认为，10多年来，针对美国公司持有的商业机密信息，中国一直开展并支持网络入侵美国商业网络。通过这些网络入侵，中国已经获得了许多具有商业价值的商业信息，包括商业秘密、技术数据、谈判立场以及敏感和专有的内部信息。中国通过网络窃取和网络入侵来实现其战略经济目标，有关中国对美国商业实体的网络入侵案例记录高度契合中国的产业政策目标。

1.不合理性的认定

301条款明确规定，不合理的立法、政策或做法包括但不限于“拒绝提供公平公正地对知识产权充分有效的保护任何立法、政策或做法，即使该国遵守乌拉圭回合协议法所指的《与贸易有关的知识产权协定》的具体义务”①。

事实上，中国的活动与世界各地采用的国内和国际标准形成反差。

---

①　19 U.S.C. § 2411(d)(3)(B)(i)(Ⅱ).

许多国家在某些情形下甚至将未经授权的侵入计算机网络的行为定为刑事犯罪,包括导致盗用商业秘密的入侵。此外,世界各国一再谴责政府行为者为商业目的盗用商业秘密的活动。包括中国在内的一大批国家谴责外国政府通过信息通信技术使知识产权被盗窃的事实强化了以下的结论,即政府的立法、政策和做法涉及商业目的的商业秘密窃取是不合理的。

2. 对美国商业造成负担的认定

网络入侵和网络窃取行为严重损害了企业的竞争力,导致销售额骤减、营业收入下降、供应链受到破坏、商业机会减少等。而且,受到中国网络入侵或窃取侵害的美国公司往往缺乏有效的追索途径以弥补损失。此外,美国公司在受到网络入侵后必须承担重大的补救成本,即使黑客最终未能将他们所有信息用以商业用途,受害者也必须花费大量资源来处理潜在威胁。在宏观层面,网络入侵行为还对美国的就业带来严重影响。

但是,USTR职能和301条款设计从一开始就存在缺陷和不足,因此会影响USTR对事实调查深度和广度,甚至其调查结论的客观性和公正性。

USTR一开始就被设计成总统的对外贸易政策制定者及谈判者,不是一个事实调查机构。美国国会通过授予USTR进行301条款调查权力,目的是给予USTR更多的谈判能力。一位USTR前官员认为,301条款特意塑造成行政机构的工具,以便使用外交以及经济压力,取得更加“公平”世界贸易体制,造福美国商界业,认定事实只是301条款众多职责的微不足道的一部分。

USTR着重谈判可从301条款程序本身中看出。301条款只规定了认定事实的最基本程序,重点不在费时的事实认定而是在快速结果。301条款程序本身几乎不可能进行严格事实认定:301条款要求USTR

在作出发起调查的当天，同涉及争议的外国政府进行磋商，USTR 决定发起磋商是完全依据申请人的信息。在发起调查的一刻，USTR 甚至还没有开始进行调查。在调查中，被控方才有机会陈述案情。当指控涉及私营公司行为时，在寻求磋商之前还没有进行调查，成为一个特别问题。

七、裁定并实施报复措施

301 条款项下所采取的救济措施的范围相当广泛，并不限于该措施所针对的特定行业，而通常包括其他相关行业，作为向目标行业施压的手段。例如，在美国与欧盟的荷尔蒙肉制品争端中，欧盟限制含有某些荷尔蒙的牛肉进口，美国则针对此举采取救济措施，对原产于欧盟的朱古力、水、番茄、某些芝士和类似产品征收报复性关税。事实上，救济措施的目标往往是与美国制造商所针对行业不直接相关的产品。在 301 条款下可采取的特定报复措施类型包括：(1) 暂停或撤销贸易协定优惠；(2) 征收关税或实施其他进口限制；(3) 对服务征费或实施限制；(4) 与有关国家达成协议，以撤销不可接受的做法或向美国提供补偿性利益。USTR 有权对任何货物或经济领域采取措施，不论该等货物或经济领域是否涉及被针对的立法、政策或做法。USTR 必须优先考虑征收关税而非其他进口限制；若实施进口限制，则须考虑以渐进方式征收相当的关税以代替进口限制。

(一) 提高关税

2018 年 5 月 29 日美国总统发布《关于为保护国内技术和知识产权，防止中国歧视性和严苛的贸易做法采取措施的声明》[①]指出，按照

① https://www.whitehouse.gov/briefings-statements/statement-steps-protect-domestic-technology-intellectual-property-chinas-discriminatory-burdensome-trade-practices.

2018年3月22日的备忘录,总统对已宣布的行动提出如下最新措施:根据《1974年贸易法》第301条(Section 301),美国将对来自中国包含重要工业技术的500亿美元进口产品加征25%的关税,其中包括涉及《中国制造2025》计划的产品。关税涵盖的进口产品最后清单将不迟于2018年6月15日公布。此后,对这些进口产品征收关税的措施将很快实施。

2018年6月15日USTR发布公告,美国在301条款调查中断定,中国有关技术转让、知识产权和创新的行为、政策和做法存在不合理和歧视的情况,决定从7月6日起对从中国进口的数百种货品加征25%的关税。特朗普政府在完成公告及公众意见征集程序后,还可以对未包含在以往建议中的其他近300种货品加征关税。不过,进口商可运用在未来数星期内公布的程序要求豁免特定产品的关税。

据USTR表示,这两份清单针对的产品属于有助实现《中国制造2025》产业政策或因其受惠的工业领域,其中包括航空航天、信息及通信科技、机械人、工业机械、新材料和汽车等行业。清单不包括美国消费者通常购买的货品,如手机和电视机。

第一批清单包括818种产品,进口总值为340亿美元,比当初建议的1300种产品(总值500亿美元)少。这批清单中的货品大部分来自编码协调制度(HS①)第84、85、87、88、90章,例如,引擎和马达;建筑、钻井和农业机械;矿物、玻璃、橡胶或塑料加工机械;铁路机车和铁路车辆;汽车和摩托车;直升机和其他飞机;测试、计量和诊断仪器及设备。美国海关及边境保护局将从2018年7月6日起对这些产品加征25%的关税。

---

① 《商品名称及编码协调制度的国际公约》(International Convention for Harmonized Commodity Description and Coding System)简称协调制度(Harmonized System,HS)。

第二批清单包括279个建议税目,进口总值约160亿美元。其中很多产品归入HS的第84、85、87、90章,但也包含第27、34、38、39、70、73、76、89章的不同产品。受影响的货品包括:塑料和塑料制品;工业机械;石材、陶瓷、混凝土、木材;硬橡胶或塑料和玻璃加工机械;集装箱;拖拉机;光纤。这些税目将在公告和公众意见征集程序中进一步审核,包括公开听证会。在此程序完成后,USTR将对此清单中须加征关税的产品作出最终决定。

中国方面也以同样方式发布分两阶段对美国产品征收报复性关税的清单。首批产品包括545个税目,总值约340亿美元,从2018年7月6日起加征25%的关税,而第二批产品包含114个税目,总值约160亿美元,将在未来某个时候实施反制措施。首批清单包括多种农产品和食品,以及原棉和汽车,第二批清单则包括多种化学和能源产品、塑料及其制品、某些橡胶和某些医疗设备。此外,预料中国政府也会宣布最近与美国达成的经贸协议失效。

(二)投资限制

按照2018年3月22日的备忘录,总统对已宣布的行动提出如下最新措施:为了保护美国的国家安全,美国将对中国涉及重要工业技术收购的个人和实体执行具体的投资限制并加强出口管制。拟议的投资限制和加强出口管制将不迟于2018年6月30日宣布,此后很快付诸实施。

与此同时,特朗普威胁对中国实施严格投资限制和加强出口管制的语气有所放缓,转而倾向支持对来自所有国家的投资适用的《外国投资风险审查现代化法案》(Foreign Investment Risk Review Modernization Act,FIRRMA)。特朗普指出,该法案"将提供额外的工具,对付威胁我们在关键技术上领先、国家安全和未来经济繁荣的掠夺性投资行为"。

特朗普表示，他打算指示其政府"迅速实施并严格执行（该法案），解决301条款调查所确定由国家指示投资于关键技术的问题"。同时，如果该法案没有在国会通过或是被淡化，他表示将设法"调用新工具"，以保护美国的技术和知识产权。众议院于2018年6月26日以400比2的绝大多数通过了其FIRRMA版本。FIRRMA将：(1)扩大外国投资委员会的管辖权；(2)更新外国投资委员会对"关键技术"的定义，以包括美国维持对其他构成威胁的国家的技术优势至关重要的新兴技术；(3)在审查过程中增加新的国家安全因素；(4)加强政府保护关键基础设施免受外国政府破坏的能力。

（三）向WTO提起诉讼

2018年3月23日USTR在WTO提出与中国磋商的请求，旨在解决中国歧视性的技术许可要求。这样的磋商是WTO争端解决程序的第一步，如果美国和中国无法通过磋商达成解决方案，美国可能会要求成立WTO争端解决小组来审理此事。2018年3月26日，WTO发布第WT/DS542/1号通报称，美国于2018年3月23日就中国保护知识产权的某些措施（China-certain measures concerning the protection of intellectual property rights），向DSB申请与中国进行磋商。

2018年5月29日美国总统发布的《关于为保护国内技术和知识产权，防止中国歧视性和严苛的贸易做法采取措施的声明》[①]指出，2018年3月22日，总统签署一项备忘录，宣布美国将采取多方面措施保护国内技术和知识产权，防止中国某些歧视性和严苛的贸易做法。这些行动是在USTR就中国有关技术转让、知识产权和发明等做法提出报告

① https://www.whitehouse.gov/briefings-statements/statement-steps-protect-domestic-technology-intellectual-property-chinas-discriminatory-burdensome-trade-practices.

后宣布的。按照3月22日的备忘录,总统对已宣布的行动提出如下最新措施:鉴于中国颁发知识产权许可的歧视性做法违反了TRIPs协定,美国将继续通过WTO提出申诉。美国已在2018年3月23日就违反协定的有关做法提出申诉案。

2018年4月4日中国就美国301条款及相关措施,向DSB申请与美国进行磋商。中国认为,美国根据301条款加征关税违反WTO以下条款:(1)《1994年关税及贸易总协定》第Ⅰ.1条,原因是美国的301条款措施未能把其他成员获得的"优势、优惠、特权或豁免"即时及无条件授予中国。(2)《1994年关税及贸易总协定》第Ⅱ.1(a)及(b)条,原因是美国有关措施对中国若干类产品所提供的待遇,较《1994年关税及贸易总协定》附件中美国关税减让表及承诺订立的条件逊色。(3)DSU第23条,原因是美国违反这项协议的规则及程序。2018年7月6日,中国在WTO就美国对华301条款调查项下正式实施的征税措施追加起诉。

八、301条款调查的司法审查

301条款没有对司法审查作出明确规定。对于USTR 301条款决定是否受国际贸易法院(CIT)及联邦巡回上诉法院的司法审查问题,学者们至今分为两派。一派认为,从301条款对司法审查没有作出任何规定来看,可以推断出美国国会不愿意让USTR关于301条款调查的决定受到司法审查。相反,法院对美国商务部及国际贸易委员会有关反倾销及反补贴案件决定的审查来源于明确的立法规定。[①] 另一派则认为,尽管301条款对司法审查没有作出规定,但法院一直审查国际贸易委员会及总统作出的保障措施决定。法院一直认为,尽管总统对事实及

---

① See 19 U. S. C. § 1516 a.

动机的裁定不受司法审查，但当出现对使用成文法明显曲解、明显的程序违法，或超出立法授予的权限时，法院会进行干预。[①]

1995年WTO成立以后，美国很少发起301条款调查，301条款更多被用于执行DSB授权的报复措施，相应地，在美国法院起诉USTR有关301条款调查决定的案件也很少，目前能找到的只有两起案件，分别是Gilda Industries，Inc. v. United States案和Almond Bros. Lumber Co. v. United States案。在这两起案件中，原告都是依据第1581条(i)起诉。在前一案件中，原告的请求获得法院支持；在后一案件中，原告的请求被驳回。在美国法院起诉USTR有关301条款调查决定将面临两大法律障碍。

(一)政治问题原则

对USTR的301条款调查决定进行司法审查的最大障碍可能是政治问题原则。美国联邦最高法院在Baker v. Carr案中发展而来的六项标准表明，一个事项具有下列情形之一的，属于政治问题，法院无权对之进行审查：

(1)存在文本上可以解释的、要求将该问题交由同级行政机构解决的宪法意图；(2)欠缺司法上可发现并可操作的解决该问题的标准；(3)在没有先期的、非司法裁量性的、较清晰的政策判断之前，判决不具备可能性；(4)在相应、适当的行政同级机构未明确表示不参与的情况下，联邦最高法院独立解决不具可能性；(5)对已经作出的政治决策存在需要毫不犹疑地予以遵从的特别需要；(6)存在由不同机构对同一问题作出多种宣告而引起尴尬局面的潜在可能性。

---

① See Maple leaf fish Co. v. United States，762 F2d 86，89(Fed，Cir. 1985).

第一个因素似乎不是对 301 条款案件进行司法审查的障碍。毫无疑问，美国《宪法》第 1 条第 8 款授权美国国会（不是同级行政机构）管理国际贸易的权力，但是，国会又将管理国际贸易的权力授予行政机构。该授权可以说是至少存在将国际贸易事务授予行政机构的间接宪法委任。或者说，可以简单推定，美国宪法没有条文以绝对方式将国际贸易管理权委任给国会或行政机构。

因此，301 条款案件是否可以被司法审查，要看其余 5 个因素，可将这 5 个因素分为两组。第 2 个及第 3 个因素与司法相关，即该事项能通过司法解决吗？依 301 条款 a 项规定，法院必须考虑一项外国政府立法、政策或做法是否违反了贸易协定，或是否是不正当并且为美国商业造成负担或限制。法院不难确定一份贸易是否被违反，或行为是否不正当。毕竟法院一直解释条约的义务，甚至分析 GATT 条文。此外，301 条款列举了一些例子，什么会成为不正当行为（例如，拒绝给予最惠国待遇，或国民待遇）。

但是，法院可能会难以审查 301 条款 b 项的案件。依 301 条款 b 项，法院必须考虑一项外国政府立法、政策或行为是否是不合理或歧视性的，并对美国商业造成负担或限制。毫无疑问，法官不得拒绝就整个案件进行判决。法院确实应该关注某个具体问题是否为一个政治问题，而不应当认定整个案件属于政治问题，它可以将“不合理性”裁决与案件中的其他问题分离。

Baker v. Carr 案件标准第 4、5、6 个因素可能关系到因司法审查而使行政机构陷入尴尬。一方面，使行政机构陷入尴尬会妨碍司法审查。为获得被调查外国政府承诺修改有关立法、政策或做法，作为交换条件，USTR 作出否定性决定或终止调查。如果司法审查法院命令 USTR 重新调查，行政机构会为此蒙羞。相反，当 USTR 与外国贸易伙伴大国磋商谈判时，外国政府会对美国政府的信誉产生怀疑。另一方面，假设

USTR认定外国政府的某一行为是公正的，总统将不会对该外国政府采取措施，避免了法院因推翻行政机构的措施而使总统陷入尴尬的风险。

反之，假定USTR作出肯定裁决，采取或威胁采取报复措施。同样，一方面审查法院推翻裁决可能会使行政机构陷入尴尬。在未来谈判中，USTR信誉再次受到怀疑，并且301条款肯定性裁决的威胁会没有那么可怕。但是另一方面，从作出肯定性裁决到采取报复措施，有30天至180天滞后期。如果一直没有采取报复措施，审查法院推翻裁决不会使行政机构陷入尴尬。当然，在司法审查期间，如果USTR没有被剥夺裁量权，该裁量权会受到限制。

在Almond Bros. Lumber Co. v. United States案中，原告所起诉的是美国与加拿大达成的补偿协议，原告认为该协议下的补偿仅授予了部分（而不是全部）国内木材生产商。CIT认为，USTR依据301条款有权与外国政府就补偿进行谈判，同时由于宪法将该事项授予了行政机构，以及对该事项缺乏可操作的司法标准，该事项属于“政治问题”（political question），因此法院无权审理。该案后来上诉至联邦巡回上诉法院。上诉法院虽然没有完全支持CIT的推理，但支持了其驳回原告诉讼请求的结论。

（二）严格的法院审查标准

在Gilda Industries，Inc. v. United States案中，CIT对审查标准做出了如下阐述：法院须“决定所有相关的法律问题”，“解释宪法和成文法”，以及将宣布被认定为“武断、任性、滥用裁量权或在其他方面不符合立法”（arbitrary，capricious，an abuse of discretion，or otherwise not in accordance with law）的行政机构行为、裁定和结论为非法并撤销之。法院指出，鉴于USTR已经作出了决定，法院的审查范围应当是有限的，即法院对涉及国际贸易的事项进行干预的条件是必须存在“明显曲解适用的成文法，明显违反程序，或者超出立法授予的权限”。在该案中，法院认为，USTR对于第304条(c)(1)(B)的理解存在错误，在301条款关税措施4年期限届满而没有国内产业提出延期申请的情况下，措施应当自动终止，据此裁定美国海关应退还其在措施期限届满之后对原告加征的关税。

从以往判例可以看出，要想在美国法院起诉USTR有关301条款调查的决定，原告必须证明存在以下三种情形之一：(1)明显曲解成文法，(2)明显违反程序，(3)超出法律授予的权限。

第三节　报复措施之一：加征关税

一、初始分两批对500亿美元产品加征关税

2018年6月15日，美国宣布将对原产于中国的500亿美元商品加征25%的进口关税，其中对约340亿美元中国输美商品的加征关税措施将于同年7月6日实施，而其余160亿美元产品将在举行听证会和征求意见后最终确定。中国随即宣布采取反制措施。

USTR公布了对华301条款调查项下征税产品清单，征税产品共1102项，由两批组成。第一批的818个税号来源于建议清单的1333项产品，价值约为340亿美元，美国海关及边境保护局将从2018年7月6日起对该部分产品征收25%关税。第二批包括284项产品，该部分是由301条款委员会认定从中国包括《中国制造2025》等产业政策中受益的产品，价值约为160亿美元，该部分将进行公告、意见收集和公众听证，USTR将在程序结束后公布清单。

(一)对第一批340亿美元产品的加征关税

美国于2018年7月6日起对价值340亿美元的中国产品加征25%

的关税,涉及 818 个税号。这些产品大部分归入 HS 第 84、85、87、88、90 章,包括:引擎和马达;建筑、钻井和农业机械;矿物、玻璃、橡胶或塑胶加工机械;铁路机车和铁路车辆;汽车和摩托车;直升机和其他飞机;测试、计量和诊断仪器及设备。

(二)对第二批 160 亿美元的加征关税

美国于 2018 年 8 月 23 日起,对第二批中国产品额外征收 25% 的关税。第二批清单涉及 279 个税号,进口总值约 160 亿美元。其中很多产品归入 HS 的第 84、85、87、90 章,但也包含第 27、34、38、70、73、76、89 章的不同产品。受影响产品包括:塑料和塑料制品;工业机械;石材、陶瓷、混凝土、木材;硬橡胶或塑料和玻璃加工机械;集装箱;拖拉机;光纤。

二、对第三批 2000 亿美元的商品加征关税

(一)第三批加征关税的背景

2018 年 6 月 15 日,美国政府发布了加征关税的商品清单,将对从中国进口的约 500 亿美元商品加征 25% 的关税,其中对约 340 亿美元商品自 2018 年 7 月 6 日起实施加征关税,同时就约 160 亿美元商品加征关税开始征求公众意见。

2018 年 6 月 16 日,中国国务院国家关税税则委员会发布了反制措施(税委会公告〔2018〕5 号),[①]认为美方这一措施违反 WTO 相关规则,有悖于中美双方磋商已达成的共识,严重侵犯我方的合法权益,威胁我国国家和人民的利益。根据《对外贸易法》《进出口关税条例》等法律法规和国际法基本原则,国务院关税税则委员会决定对原产于美国的

① http://gss.mof.gov.cn/gzdt/zhengcefabu/201806/t20180616_2930325.htm.

659项约500亿美元进口商品加征25%的关税,其中545项约340亿美元商品(农产品、汽车、水产品等[①])自2018年7月6日起实施加征关税,对其余商品(化工品、医疗设备、能源产品等114项商品)加征关税的实施时间另行公布。

2018年6月18日美国总统特朗普就对华贸易发表声明[②],称同年6月15日美国宣布了对价值500亿美元的中国进口产品征收关税的计划。这些关税是为了促使中国改变301条款中认定的技术和创新方面的不公平做法。它们也是为平衡美国与中国贸易关系所采取的第一步。然而遗憾的是,中国已决定将对价值500亿美元的美国出口加征关税。中国显然无意改变关于收购美国知识财产和技术的不公平做法。其非但不改变这些做法,现在还威胁无辜的美国公司、工人和农民。中国最近采取的措施清楚地表明,其决心使美国永远处于一个不公平的不利地位,这已经反映在我们在商品贸易方面3752.3亿美元的巨额不平衡中,这是不能接受的,必须采取进一步措施,促使中国改变其不公平的做法,向美国商品开放市场,并接受一个更平衡的与美国的贸易关系。因此特朗普指示美国贸易代表确定价值2000亿美元的中国商品,额外征收10%的关税,在法律程序完成后,如果中国仍拒绝改变其做法,并且如果其坚持实施其最近宣布的新关税,则这些关税将会正式生效。如果中国再一次增加关税,美国将通过再对另外2000亿美元的商品加征关税来予以回应。美国和中国之间的贸易关系必须更加公平。

2018年7月11日美国贸易代表罗伯特·莱特海泽就基于《1974年

---

① 据官方数据,美国62%的大豆、14%的棉花、25%的波音飞机、17%的汽车、15%的集成电路出口目的地都是中国。

② See https://www.whitehouse.gov/briefings-statements/statement-president-regarding-trade-china-2/.

贸易法》第301条采取的措施发表了如下声明："上周五为应对中国的不公平做法，美国开始对从中国进口的价值约340亿美元的商品征收25%的关税。随着法律程序的完成，这些关税最终将涵盖价值最高可达500亿美元的中国进口商品。关税针对的是那些从中国的产业政策和强制技术转移做法中受益的产品。中国随即对美国予以报复，对美国向中国出口的340亿美元商品征收关税，并威胁对另外160亿美元的商品征收关税。其措施并无任何国际法律依据或正当理由。"由于中国采取了报复措施且并未改变其做法，美国总统已下令USTR启动程序，对另外2000亿美元中国进口商品征收10%的关税。特朗普政府称这是在301条款授权下的恰当回应，以便实现消除中国负面的产业政策。

2018年7月6日，中国商务部新闻发言人就美国对340亿美元中国产品加征关税发表谈话，[①]称美国自7月6日开始对340亿美元中国产品加征25%的关税。美国违反WTO规则，发动了迄今为止经济史上规模最大的贸易战。这种征税行为是典型的贸易霸凌主义，正在严重危害全球产业链和价值链安全，阻碍全球经济复苏步伐，引发全球市场动荡，还将波及全球更多无辜的跨国公司、一般企业和普通消费者，不但无助，还将有损于美国企业和人民利益。中方承诺不打第一枪，但为了捍卫国家核心利益和人民群众利益，不得不被迫作出必要反击。

2018年8月3日国务院关税税则委员会发布《关于对原产于美国的部分进口商品（第二批）加征关税的公告》（以下简称税委会公告〔2018〕6号）[②]：2018年7月11日，美国政府发布了对从中国进口的约2000亿美元商品加征关税的措施，并就该措施征求公众意见。8月2

① http://www.mofcom.gov.cn/article/ae/ag/201807/20180702763232.shtml.

② http://gss.mof.gov.cn/gzdt/zhengcefabu/201808/t20180803_2980950.htm.

日,美方宣布拟对上述2000亿美元商品加征的关税税率由10%提高到25%。美方措施背离双方多次磋商共识,导致中美双方贸易摩擦升级,严重违反WTO相关规则,损害我国国家利益和人民利益。根据《对外贸易法》《进出口关税条例》等法律法规和国际法基本原则,国务院关税税则委员会决定对原产于美国的5207个税目进口商品加征关税。该措施涉及自美进口贸易额约600亿美元。有关事项如下:对附件1所列2493个税目商品加征25%的关税,对附件2所列1078个税目商品加征20%的关税,对附件3所列974个税目商品加征10%的关税,对附件4所列662个税目商品加征5%的关税,具体商品范围分别见附件1至附件4。

USTR 2018年7月17日公布公告①称,中国政府反击本次对301条款调查中宣布的500亿美元措施及拒绝改变其立法、政策及做法。同时USTR修改本次301条款调查的措施,即保留原有的340亿美元及160亿美元措施的同时,进一步采取补充措施,建议对6031个关税项目的价值2000亿美元中国产品加征10%的从价税。

该公告认为,根据实现被调查的法律、政策及做法得以消除的法定目标,修改本次调查措施,追加对2000亿美元加征10%的关税措施是适当的(appropriate)。中国一再表明,其不是以改变中国涉及技术转让、知识产权及创新的立法、政策及做法的方式,而是以对美国产品加征500亿美元关税的方式,回应美国301条款调查采取500亿美元的关税措施。

USTR认为,2000亿美元追加措施是按照总统指令进行的。考虑

---

① Request for Comments Concerning Proposed Modification of Action Pursuant to Section 301:China's Acts,Policies,and Practices Related to Technology Transfer,Intellectual Property,and Innovation,83 FR 33608(2018.7.17).

到中国宣布的500亿美元的报复措施及中国出口到美国产品金额(2017年度为5050亿美元),2000亿美元的追加征税措施也是适当的。中国对美国500亿美元产品报复措施占到了美国出口到中国产品价值的相当大比例(a substantial percentage)(2017年度美国出口到中国产品的总金额为1300亿美元)。为了增强有效性,美国追加征税的价值必须占到中国出口到美国产品价值的相当大比例。因此,选取追加征税的商品清单时,美国贸易分析师考虑了属于中国经济部门的产品。在选取过程中,考虑了以下因素,比如对美国消费者的可能影响,删除了可能对美国经济造成破坏(disruption)的关税税目,或受法律或行政制约的关税税目。

(二)第三批加征关税的法律依据

2018年9月21日USTR发布公告,[①]对第三批2000亿美元加征关税的立法依据及理由进行了说明。第301条(b)规定,如果裁定外国法律、政策或做法具有可诉性,那么USTR就应根据总统的具体指示(如有),依据第301条(c)授权采取适当并可行(appropriate and feasible)的措施。如果被诉的做法对美国商业造成的负担或限制正在增加或减少(以下统称B段),或在301条款b项情形下,措施不再适当(以下统称C段),[②]USTR可以修改或终止301条款的措施。[③]

依据B段,在一年调查期内被301条款调查的中国立法、政策及做法对美国商业造成的负担或限制仍在继续增强。此外,美国指控的所谓的中国不公正的立法、政策及做法不仅限于发起调查公告中所列的

① Notice of Modification of Section 301 Action:China's Acts,Policies,and Practices Related to Technology Transfer,Intellectual Property,and Innovation,83 FR 47974.

② See Section 307(a)(1)(C)of the Trade Act of 1974,19 U.S.C. §2417(a)(1)(C).

③ See Section 397(a)(1)(B)of the Trade Act of 1974,19 U.S.C. §2417(a)(1)(B).

具体技术转让及知识产权政策，还包括为了维护上述立法、政策及做法所采取的反制措施。中国政府已决定对美国出口到中国大约500亿美元产品加征关税，其目的是要促使美国放弃要求中国取消不公正立法、政策及做法，因此，不去纠正造成上述不公正立法、政策及做法的基础性问题，中国政府反而一直加征关税，进一步保护301条款中列举的不合理立法、政策及做法，结果是加大了对美国经济的损害。

依据C段，即“依据第301条(b)正在采取措施，但该措施已不再适当”，“适当”一词要参照第301条(b)，该条要求USTR采取所有适当的并且可行的第301条(c)授权的一切措施，以达到消除外国立法、政策及做法。根据总统指示，USTR提前预判可以达到消除立法、政策及做法的具体措施。本次301条款调查过程中，根据当时可获得的信息，当时判断是500亿美元的加税措施足以达到消除中国不合理政策。但是，中国对301条款调查措施的反应已经表明，目前500亿美元的措施不再适当，无论是公开声明①，还是在两国政府面对面的交流中，中国政府已经明确表示，其将不会改变其政策。综上，中国政府否认其知识产

① 2018年9月24日中国国务院新闻办公室发布了《关于中美经贸摩擦的事实与中方立场》白皮书，全面介绍中美经贸关系的基本事实，系统阐释中国关于中美经贸摩擦的政策立场，阐释中美经贸关系互利共赢的本质，阐明美国政府的贸易保护主义和贸易霸凌主义行为对世界经济发展的危害，展示中国坚定维护国家利益、坚定维护多边贸易体制的决心和意志。白皮书全文共约3.6万字，分前言和正文两个部分组成。白皮书指出，中美两国建交以来，双边经贸关系持续发展，形成了紧密合作关系，不仅使两国共同获益，而且惠及全球，良好的中美经贸关系对两国发展都具有重要意义。现任美国政府通过发布《301报告》等方式，对中国作出一系列不实指责，严重歪曲中美经贸关系的事实，同时不断升级关税措施，使两国多年努力培养起来的经贸关系受到极大损害，也使多边贸易体制和自由贸易原则遭遇严重威胁。自2017年以来，美国政府声称中国“经济侵略”“不公平贸易”“盗窃知识产权”“国家资本主义”，歪曲了中美经贸关系的事实。白皮书以大量数据和事实为依据，就如何看待美国对中国的贸易逆差、如何看待公平贸易、如何看待中美企业间的技术转让、如何看待中国的知识产权保护、如何看待中国企业“走出去”、如何看待中国的补贴政策等问题，作了详细的辨析和澄清。同时，白皮书指出，美国自身存在大量扭曲市场竞争、阻碍公平贸易、割裂全球产业链的投资贸易限制政策和做法，包括违反公平竞争原则歧视他国产品、滥用“国家安全审查”阻碍他国企业在美正常投资活动、提供大量补贴扭曲市场竞争、使用大量非关税壁垒、滥用贸易救济措施等。

权及技术转让相关政策存在任何问题。美国一直不断地向中国提出其关切的问题,包括在部长级会议中,但中国一直未对美国所指控的其不公平做法作出任何修改(meaningful modifications)。

美国总统已依第301条指示USTR,通过增加2019年9月21日发布的措施,修改301条调查中的以前措施。2018年9月17日美国总统发表声明,声称:“经过七周的公示、听证和意见征询的充分机会之后,我指示美国贸易代表(USTR)接下来针对大约2000亿美元的中国进口商品征收额外关税。关税于2018年9月24日生效,直到2018年年底设定在10%的水平。2019年1月1日,关税增至25%”①。

USTR于2018年9月21日公布了一份价值约2000亿美元的中国进口产品清单,清单上的产品将被征收额外的关税。根据特朗普的指示,这些额外的关税将从2018年9月24日开始生效,最初的税率将为10%。从2019年1月1日开始,额外关税的水平将提高至25%。这份清单包含了原始6031个关税税目里的5745个全部或部分税目,这些原始税目已列于2018年7月10日公布的拟议中国进口清单中。在USTR和301条款委员会为期6周的意见征询和回收之后,并根据8月为期6天的公开听证会上的证词,拟议清单做出了更改。USTR采用了彻底的程序,严谨地审查意见和证词,作为结果,决定从原拟议清单中全部或部分删除297项关税税目。从拟议清单中删除的产品包括某些消费电子产品,例如,智能手表和蓝牙设备;用于制成品、纺织品和农业的某些化学添加成分;某些健康和安全产品,如自行车头盔;儿童安全用品,如汽车座椅和游戏围栏。

---

① https://www.whitehouse.gov/briefings-statements/statement-from-the-president-4/.

（三）第三批加征关税的生效日期

根据特朗普的指示，USTR 宣布对价值 2000 亿美元的中国商品加征关税，从 2018 年 9 月 24 日起关税税率为 10%，从 2019 年 1 月 1 日起，关税税率将提高到 25%，如果中国对农业或其他任何产业采取报复措施，将迅速开启第四批制裁措施，对价值约 2670 亿美元的中国商品加征关税。此次征税对象将包括 2017 年美国自华进口商品总价的一半，波及范围极广。

美国贸易代表莱特希泽称，美国必须采取强硬的措施来保护美国科技创新领域的领导地位，以应对中国实施的窃取知识产权、强制技术转让以及对美计算机系统实施网络攻击等前所未有的破坏行为。

2018 年 9 月 18 日，中国国务院关税税则委员会公布了反制措施（税委会公告〔2018〕8 号）①，对税委会公告〔2018〕6 号作出调整并实施，自 2018 年 9 月 24 日 12 时 01 分起加征关税，对其附件 1 所列 2493 个税目商品（原 25% 税率清单）、附件 2 所列 1078 个税目商品（原 20% 税率清单）加征 10% 的关税，对其附件 3 所列 974 个税目商品（原 10% 税率清单）、附件 4 所列 662 个税目商品（原 5% 税率清单）加征 5% 的关税。国务院关税税则委员会表示美方一意孤行，导致中美贸易摩擦不断升级。为捍卫自由贸易和多边体制，捍卫自身合法权益，中方不得不对已公布的约 600 亿美元清单商品实施加征关税措施。中方再次重申，实施上述加征关税措施的目的是遏制贸易摩擦升级，是对美方单边主义、贸易保护主义的被迫回应，中方希望美方停止贸易摩擦，中美双方通过平等、诚信、务实的对话，相互尊重，共同维护互利共赢的双边经贸关系大局，共同维护自由贸易原则和多边贸易体制，共同促进世界经

① http://gss.mof.gov.cn/gzdt/zhengcefabu/201809/t20180918_3022592.htm.

济的繁荣与发展。

USTR于2018年12月19日发布公告[①],决定修改"2018年9月措施",美国正与中国一起共同努力达到取消301条款调查中涉及的立法、政策及做法。2018年12月1日双方领导人举行会晤,同意就一系列问题,包括301条款调查中涉及事项,进行谈判。2018年12月2日美国白宫发表声明(以下简称"12·2声明")称,美国总统特朗普与中国国家主席习近平,以及中美两国的高级代表在阿根廷布宜诺斯艾利斯的工作晚宴是一次"非常成功的会面"。双方在以下多个问题上达成了共识:(1)在贸易问题上,2019年1月1日,特朗普将对价值2000亿美元的产品保留10%的关税,而不是将关税提高到25%。中国将同意从美国购买尚未商定但数量非常大的农业、能源、工业和其他产品,以减少两国之间的贸易不平衡,中国已经同意立即开始向美国的农民购买农产品。(2)特朗普总统和习近平主席同意立即就强制技术转让、知识产权保护、非关税壁垒、网络入侵和网络盗窃、服务和农业等领域的结构性改革展开谈判。双方同意努力在未来90天内达成一致,如果在此期间结束后,双方无法达成协议,10%的关税将提高到25%。"12·2声明"表明,美国总统同意在2019年1月1日仍然对价值2000亿美元产品征收10%关税,暂不提升到25%。双方同意努力在90天内完成谈判。如果在90天届满时,双方不能达成协议,那么就将关税由10%提高到25%。"12·2声明"中提到的90天期限届满的日期就是2019年3月1日。

根据2018年12月1日中美两国领导人会谈结果及美国总统指令,USTR已决定,依据"2018年9月措施"于2019年11月1日将关税提高

---

① See Notice of Modification of Section 301 Action: China's Acts, Policies, and Practices Related to Technology Transfer, Intellectual Property, and Innovation, 83 FR 65199.

到25%已不再适当，而应当于2019年3月2日（日期为90天期限届满后的次日）起将关税提高到25%。

美国2018年12月18日宣布，根据301条款把总值2000亿美元中国产品的进口关税由10%提高到25%。美方已正式把实施日期从2019年1月1日押后到同年3月2日。与此同时，中国宣布暂停先前对美国汽车和汽车零部件实施的加税措施，并增加采购美国大豆和玉米。

美国总统特朗普于2019年2月24日发表推文，指出正与中国进行的双边贸易谈判在“多个重要结构性问题上……取得重大进展”，因此他将延迟对中国进口产品（总值约2000亿美元）调高301条款关税（美国原定于同年3月2日将关税由10%上调至25%）。2019年3月5日USTR按总统特朗普指示发布公告，涉及第三批301条款加征关税产品，相关税率原定于同年3月2日由10%上调至25%，现在予以延期。此外，美国海关及边境保护局于同年2月28日向商界发出电子讯息，确定这项延迟上调关税的举措。

2019年3月5日USTR发布公告①称，根据双方于2018年12月之后几轮谈判的进展及总统2019年2月24日指示，USTR已决定，2019年3月2日将价值2000亿美元产品关税提高到25%已不再适当，关税仍然保持在10%，直至另行通知。

2019年5月9日USTR发布公告②称，自2018年12月1日开始，中美一直进行多轮谈判，包括3月、4月、5月谈判，以解决301条款调查中涉及的问题，在最近的多次谈判中，中国一直选择放弃前几轮作出的具体承诺。鉴于与中国谈判没有取得进展，美国总统已指示USTR将加

---

① See Notice of Modification of Section 301 Action: China's Acts, Policies, and Practices Related to Technology Transfer, Intellectual Property, and Innovation, 84 FR 7967.

② See Notice of Modification of Section 301 Action: China's Acts, Policies, and Practices Related to Technology Transfer, Intellectual Property, and Innovation, 84 FR 20459.

征关税税率提高到25%。

2019年5月13日国务院关税税则委员会发布《关于对原产于美国的部分进口商品提高加征关税税率的公告》(税委会公告〔2019〕3号)称,根据《中华人民共和国对外贸易法》《中华人民共和国进出口关税条例》等法律法规和国际法基本原则,国务院关税税则委员会决定,自2019年6月1日0时起,对原产于美国的部分进口商品提高加征关税税率。有关事项如下:(1)对国务院关税税则委员会《关于对原产于美国约600亿美元进口商品实施加征关税的公告》(税委会公告〔2018〕8号)中部分商品,提高加征关税税率,按照税委会公告〔2018〕6号的税率实施。也就是说,对附件1所列2493个税目商品,实施加征25%的关税;对附件2所列1078个税目商品,实施加征20%的关税;对附件3所列974个税目商品,实施加征10%的关税;对附件4所列595个税目商品,仍实施加征5%的关税。(2)其他事项按照税委会公告〔2018〕6号执行。

三、对第四批3000亿美元的商品加征关税

(一)第四批加征关税的背景

2019年5月10日美国贸易代表罗伯特·莱特希泽发布了以下关于《1974年贸易法》第301条额外措施的声明[①]:"今天早些时候,在总统的指示下,美国针对约价值2000亿美元的中国进口产品将关税自10%提高至25%。总统也指示我们开始对其他原产于中国的进口产品提高关税的程序,其价值约3000亿美元。公告和评论的程序将在不久之后公布于《联邦政府公报》。细节将于下周一在USTR网站上发布,

① See http://www.ustr.gov/.

届时我们将开始就这些关税做出最后决定前的程序。”

继 2000 亿美元关税上调之后，美方将再新增一批价值约 3250 亿美元的产品清单。2019 年 5 月 13 日 USTR 发布公告，将就约 3250 亿美元中国商品加征 25% 关税征求意见并举行公开听证会。USTR 还在附件中公布了包括手机、笔记本电脑在内的一份涵盖 3805 种产品的征税清单，但药剂产品、稀土材料等不包括在内。USTR 于 2019 年 6 月 17 日就这份清单举行公开听证会，并提交书面意见。USTR 要求 6 月 10 日之前提交公开听证会证据与材料，6 月 24 日截止收集意见。值得注意的是，此次征求意见的期限明显短于以往对中国商品加征关税的征求意见期限，预计听证会结束后将正式开始加征关税！

2019 年 8 月 13 日 USTR 宣布对原产于中国的约 3000 亿美元进口产品加征 10% 关税的下一步措施。2019 年 5 月 17 日，美国贸易代表公布了对原产于中国的进口产品可能加征 10% 关税的税目清单。特朗普于同年 8 月 1 日宣布，新加征的关税将于 9 月 1 日生效。考虑到健康、安全、国家安全等方面的因素，关税清单删除了某些类别的产品，不对这些产品加征 10% 的关税。此外，在 USTR 举行征求公众意见和听证程序之后，其决定对某些产品加征的关税推迟至 2019 年 12 月 15 日。例如，此类别的产品主要包括手机、手提电脑、视频游戏机、某些种类的玩具、电脑屏幕及某些鞋类制品和服装。

2019 年 8 月 20 日 USTR 发布公告①称，截至 2019 年 5 月，中国政府的声明及行为表明，对价值 2500 亿美元产品加征关税措施不足以达到让中国取消不公平及有害政策。根据总统指示，2019 年 5 月 17 日

① See Notice of Modification of Section 301 Action: China's Acts, Policies, and Practices Related to Technology Transfer, Intellectual Property, and Innovation, 84 FR 43304.

USTR 发布公告,[①]决定对价值约 3000 亿美元涉及 3805 个税号的中国进口产品加征 25% 的关税,并邀请公众对之进行评议。随后,利害关系人提交 3000 份书面评议。此外,USTR 及 301 条款委员会举行了 9 天(6 月 17 日至 25 日)公开听证会,300 多人提交评议。

2019 年 8 月 24 日,USTR 发布《关于与中国相关的 301 条款关税措施之声明》:“今天,中国宣布将针对美国产品施加无正当理由的关税。为回应中国的决定,且为达到中国 301 条款调查的目的,特朗普总统已指示 USTR 对价值约 5500 亿美元的中国进口产品增加 5% 的关税。对价值约 2500 亿美元的中国进口产品征收 25% 的关税,USTR 将启动将关税税率上调至 30% 的程序,公告和评论期届满后,于 2019 年 10 月 1 日生效。总统早些时候宣布对价值约 3000 亿美元的中国进口产品施加 10% 的关税,现在关税将变为 15% ,于对该进口产品增加关税原定生效日期生效。”

(二)第四批加征关税的法律依据

2019 年 8 月 30 日 USTR 发布公告称,[②]对第四批 3000 多亿美元加征关税的立法依据及理由进行了说明。第 301 条(b)规定,如果被诉的外国政府做法对美国商业造成的负担或限制正在增加或减少,或在 301 条款 b 项情形下,措施已不再适当,[③]USTR 可以修改或终止 301 条款的措施。[④]

---

① See Request for Comments Concerning Proposed Modification of Action Pursuant to Section 301:China's Acts, Policies, and Practices Related to Technology Transfer, Intellectual Property, and Innovation, 84 FR 22564.

② See Notice of Modification of Section 301 Action: China's Acts, Policies, and Practices Related to Technology Transfer, Intellectual Property, and Innovation, 84 FR 45822.

③ See Section307(a)(1)(C) of the Trade Act of 1974, 19 U.S.C. § 2417(a)(1)(C).

④ See Section397(a)(1)(B) of the Trade Act of 1974, 19 U.S.C. § 2417(a)(1)(B).

该公告指控被301条款调查的中国法律、政策及做法对美国商业施加的负担和限制仍然在增大。所谓的中国的不公平法律、政策及做法不仅包括初始调查公告中所指的涉及技术转让及知识产权的做法，还包括为维持301条款调查确认的中国不公平立法、政策及做法而随后采取的一系列反制措施。中国已经对价值约1000亿美元的进口产品加征了关税，其目的是让美国停止要求取消中国不公平政策的努力。中国还进一步采取包括非关税措施在内的针对美国商业的反制措施。中国政府的反制表明，目前关税措施已不再适当。2019年7月29日至31日，中美又进行了新一轮谈判，谈判结束时，中国仍不愿回到其在前几轮谈判中作出的具体承诺。另外，美国财政部还发现，中国政府一直采取让其货币贬值的政策。据以上原因，根据美国总统指示，USTR决定修改目前采取的关税措施，对中国年贸易额3000亿美元的中国产品加征10%的从价关税，分两份清单加税。清单一4A：包含了原产于中国的进口产品占美国从全世界进口的份额低于75%的关税税目，从2019年9月1日起加征10%关税；清单二4B：包含了原产于中国的进口产品占美国从全世界进口的份额达到或超过了75%的关税税目。为了给利害关系人提供更长时间调整，对清单二上产品推迟到2019年12月15日加征10%的关税。

2019年8月30日USTR发布公告①称，对3000亿美元加征关税税率由10%提高到15%。两份清单4A、4B的各自生效日期不变。

（三）第四批加征关税的生效日期

2019年8月23日，中国对美实施第三轮关税反制，国务院关税税则委员会发布了《关于对原产于美国的部分进口商品（第三批）加征关税的

① See 84 FR 45822.

公告》(税委会公告〔2019〕4 号)[①]和《关于对原产于美国的汽车及零部件恢复加征关税的公告》(税委会公告〔2019〕5 号)[②],对美国约 750 亿美元商品分两批加征 10%、5% 关税,对此前暂停加征关税的美汽车及零

---

① 2019 年 8 月 23 日国务院关税税则委员会《关于对原产于美国的部分进口商品(第三批)加征关税的公告》(税委会公告〔2019〕4 号)规定:

2019 年 8 月 15 日,美国政府宣布,对从中国进口的约 3000 亿美元商品加征 10% 关税,分两批自 2019 年 9 月 1 日、12 月 15 日起实施。美方措施导致中美经贸摩擦持续升级,极大损害中国、美国以及其他各国利益,也严重威胁多边贸易体制和自由贸易原则。

根据《海关法》《对外贸易法》《进出口关税条例》等法律法规和国际法基本原则,国务院关税税则委员会决定,对原产于美国的 5078 个税目、约 750 亿美元进口商品加征关税。有关事项如下:

1. 自 2019 年 9 月 1 日 12 时 01 分起,对附件 1 第一部分所列 270 个税目商品加征 10% 的关税,对附件 1 第二部分所列 646 个税目商品加征 10% 的关税,对附件 1 第三部分所列 64 个税目商品加征 5% 的关税,对附件 1 第四部分所列 737 个税目商品加征 5% 的关税,具体商品范围见附件 1。

2. 自 2019 年 12 月 15 日 12 时 01 分起,对附件 2 第一部分所列 749 个税目商品加征 10% 的关税,对附件 2 第二部分所列 163 个税目商品加征 10% 的关税,对附件 2 第三部分所列 634 个税目商品加征 5% 的关税,对附件 2 第四部分所列 1815 个税目商品加征 5% 的关税,具体商品范围见附件 2。

② 2019 年 8 月 23 日国务院关税税则委员会《关于对原产于美国的汽车及零部件恢复加征关税的公告》(税委会公告〔2019〕5 号)规定:

为落实中美两国元首阿根廷会晤共识,2018 年 12 月 14 日,国务院关税税则委员会发布公告,从 2019 年 1 月 1 日起,对原产于美国的汽车及零部件暂停加征关税 3 个月。2019 年 3 月 31 日,国务院关税税则委员会发布公告,从 2019 年 4 月 1 日起,继续对原产于美国的汽车及零部件暂停加征关税,暂停加征关税措施截止时间另行通知。

2019 年 5 月 9 日,美国政府宣布,自 2019 年 5 月 10 日起,对从中国进口的 2000 亿美元清单商品加征的关税税率由 10% 提高到 25%。2019 年 8 月 15 日,美国政府宣布,对从中国进口的约 3000 亿美元商品加征 10% 关税,分两批自 2019 年 9 月 1 日、12 月 15 日起实施。美方上述措施导致中美经贸摩擦持续升级,严重违背两国元首阿根廷会晤共识和大阪会晤共识。

根据《海关法》《对外贸易法》《进出口关税条例》等法律法规和国际法基本原则,国务院关税税则委员会决定,自 2019 年 12 月 15 日 12 时 01 分起,对原产于美国的汽车及零部件恢复加征关税。现将有关事项公告如下:

对国务院关税税则委员会《关于对原产于美国的汽车及零部件暂停加征关税的公告》(税委会公告〔2018〕10 号)附件 1 所列 28 个税目商品,恢复征收国务院关税税则委员会《关于对原产于美国 500 亿美元进口商品加征关税的公告》(税委会公告〔2018〕5 号)所加征 25% 的关税;对税委会公告〔2018〕10 号附件 2 所列 116 个税目商品,恢复征收国务院关税税则委员会《关于对原产于美国约 160 亿美元进口商品加征关税的公告》(税委会公告〔2018〕7 号)所加征 25% 的关税;对税委会公告〔2018〕10 号附件 3 所列 67 个税目商品恢复征收国务院关税税则委员会《关于对原产于美国约 600 亿美元进口商品实施加征关税的公告》(税委会公告〔2018〕8 号)所加征 5% 的关税。

部件恢复加征 25%、5% 关税。其中，对 750 亿美元清单一商品的加征关税措施，于 2019 年 9 月 1 日起实施；对 750 亿美元清单二商品的加征关税措施，以及对美汽车及零部件恢复加征关税的措施，原定于 2019 年 12 月 15 日起实施。

2019 年 9 月 3 日 USTR 发布公告①称，于同年 8 月 3 日美国宣布对价值 3000 亿美元加征关税之后，中国宣布自 2019 年 9 月 1 日开始对美国产品进一步加征关税。同时，对前三批总额为 2500 亿美元的产品加征 25% 关税已经不再适当。USTR 决定自 2019 年 10 月 1 日开始对价值 2500 亿美元产品加征关税的税率由 25% 提升至 30%。

2019 年 10 月 11 日，特朗普中止建议的同年 10 月 1 日开始对 2500 亿美元加征 30% 税率，宣布即将与中国达成“第一阶段”协议。2019 年 12 月 15 日，中国国务院关税税则委员会已公告，对原定于当日加征关税的 750 亿美元清单二商品，暂不征收 10%、5% 关税，对美汽车及零部件继续暂停加征关税。自 2020 年 2 月 14 日 13 时 01 分起，对 750 亿美元清单一已实施加征 10% 关税的商品，加征税率由 10% 下调至 5%；已实施加征 5% 关税的商品，加征税率由 5% 下调至 2.5%。

2019 年 12 月 18 日 USTR 发布公告②称，经过几个月谈判，2019 年 12 月 13 日中美双方达成了历史性的和可执行的协议——《美中第一阶段经贸协议》(U. S. -China Phase One Economic and Trade Agreement，以下简称《第一阶段协议》)。该协议要求中国进行结构改革以及中国经济与贸易管理法制的其他变革，包括 301 条款调查中涉及的某些问题。

---

① See Request for Comments Concerning Proposed Modification of Action Pursuant to Section 301：China's Acts，Policies，and Practices Related to Technology Transfer，Intellectual Property，and Innovation，84 FR 46212.

② See Notice of Modification of Section 301 Action：China's Acts，Policies，and Practices Related to Technology Transfer，Intellectual Property，and Innovation，84 FR 69447.

基于中国在谈判中取得的进展，并受总统指示，USTR决定对价值3000亿美元产品加征10%的税率的措施已不再适当。USTR决定无限期中止对第二份清单（4B）（价值大约1560亿美元，542个关税税目）加征的15%关税。

2020年1月22日USTR发布公告①称，中美已于2020年1月15日签订了《第一阶段协议》，该协议规定于签订之日起30天内生效，即2020年2月14日生效。基于中美《第一阶段协议》于2020年2月14日生效，以及美国总统的指示，USTR决定2019年8月20日公告宣布并经8月30日修改的加征关税措施已不再适当。USTR决定从2020年2月14日起，2019年8月20日公告宣布的第一份清单（4A）（价值大约1260亿美元，3229个关税税目）的加征税率由15%降为7.5%。

自此中美之间长达18个月的贸易战终告一段落，美国先后对原产于中国的进口产品加征关税的措施，影响中国对美国出口产品金额高达3750亿美元，约占2017年中国对美国出口的73.1%。

四、加征关税措施下的产品关税豁免程序

产品关税豁免程序（Exclusion of Particular Products）是指USTR允许任何利害关系人，包括代表其成员的贸易协会，就301条款关税提出适用于特定产品而非特定申请人的豁免申请。基本上，若产品获得豁免，所有在相同关税分项下进口到美国的产品，只要符合特定豁免的书面说明，就无须加征25%的301条款关税。

（一）填写产品豁免申请书

填写产品豁免申请书有以下注意事项：

---

① See Notice of Modification of Section 301 Action: China's Acts, Policies, and Practices Related to Technology Transfer, Intellectual Property, and Innovation, 85 FR 3741.

1. 严格遵循美国贸易代表处的指引，在提供产品的详细物理说明时，避免使用海关及边境保护局无法合理地核实的含糊术语、字句或叙述语。

2. 就产品分类准确引用《美国协调关税表》（HTSUS）10 位数分项。

3. 明确说明在过去 3 年申请人每年进口中国产品的数量和价值；若申请人为行业协会，应根据其成员的数据提供资料。如果没有准确的年度数量和价值资料，则应作出估算，并解释估算的依据。同时，出口商可以引用这方面的出口数据。

4. 注明所有发票和相关装运文件将包含获豁免项目的完整说明，以便美国海关及边境保护局执行条款；有关产品可单次发货，或以同一货柜装载，以便核实，或按照美国海关及边境保护局的要求提供额外资料。

（二）申请产品豁免的理由

产品豁免申请还应列明申请豁免的理由，包括：

1. 该特定产品是否只能从中国进口（在说明此项时，申请人应具体说明该特定产品及/或类似产品是否可在美国境内采购及/或从第三国进口）；

2. 对该特定产品征收额外关税是否对申请人或其他美国相关利益者造成严重的经济损害；

3. 该特定产品是否具有策略重要性，或是与《中国制造 2025》或中国其他的产业计划有关。

申请人还可提供他们认为与评估有关的其他资料或数据，任何包含机密商业资料的申请都应附有可公开发表的版本。

USTR 为利益攸关者建立了产品排除程序，可以要求将某项产品从加税清单中排除。USTR 收到与第一批清单与第二批清单相关的申请分别为 11，000 份及 2900 份；获得批准的申请分别为 3700 份及 1100 份。截至 2020 年 2 月 14 日，USTR 收到有关第三批加税清单的排除申请为30,000份,已经同意申请排除的为730份,后续还会陆续有同意的申请。关于第四批加税的排除申请的截止日期为2020年1月31日,已收到申请为8800份。

第四节　报复措施之二:限制收购美国企业并加强技术管制

特朗普于2018年3月22日签署备忘录,指示本届政府对中国为获取美国技术采取的不公平和有害的立法、政策和做法采取一系列应对措施,包括要求美国财政部长对中国以获得美国关键技术为目标的投资采取应对措施,有关各部及机构将与财政部协同,针对中国涉及获取敏感技术的投资行为拟定相关措施。

2018年5月29日,美国总统发布了《关于为保护国内技术和知识产权,防止中国歧视性和严苛的贸易做法采取措施的声明》[①]指出,2018年3月22日美国总统签署一项备忘录,宣布美国将采取多方面措施保护国内技术和知识产权,防止中国某些歧视性和严苛的贸易做法。这些行动是在USTR就中国有关技术转让、知识产权和发明等做法提交报告后宣布的。按照3月22日的备忘录,美国总统对已宣布的行动提出如下最新措施:为了保护美国的国家安全,美国将对中国涉及重要工业技术收购的个人和实体执行具体的投资限制并加强出口管制。拟议的投资限制和加强出口管制将不迟于2018年6月30日宣布,此后很快付诸实施。

人们原以为美国财政部会以《国际紧急经济权利法》行政措施的形

---

① https://www.whitehouse.gov/briefings-statements/statement-steps-protect-domestic-technology-intellectual-property-chinas-discriminatory-burdensome-trade-practices.

式,宣布限制中国在美国投资以及向中国转移美国技术。特朗普于 2018 年 6 月 27 日宣布美国将放弃原定专门针对中国的额外投资限制和强化的出口管制。特朗普在审查 FIRRMA 后称,FIRRMA 将为"打击威胁我们在关键技术方面的领导地位、国家安全和未来的经济繁荣的掠夺性投资行为"提供充分依据。他进一步表示,该法案一经颁布,他将指示行政部门"立即落实并严格执行,以期解决 301 条款调查中确定的国家主导的对关键技术的投资引起的担忧"。

在美国国会两党的强力支持下,美国国会参、众两院通过了对美国外国投资委员会(Committee on Foreign Investment in the United States, CFIUS)进行改革的 FIRRMA。参议院于 2018 年 6 月 18 日以 85 票赞成 10 票反对通过了参议院版本的 FIRRMA。6 月 26 日众议院以 400 票赞成 2 票反对通过了众议院版本的 FIRRMA。2018 年 8 月 13 日,美国总统特朗普签署 FIRRMA,该法案正式成为法律。这是 10 多年来首次对 CFIUS 的机制作出改变。该法案扩大了委员会审查程序的适用范围,除了那些会导致外商得以控制美国企业的交易外,其他交易也可能要接受审查。

2018 年 8 月 23 日,特朗普在圆桌会议上发表关于 FIRRMA 的讲话。特朗普宣称"新的法律将增强对尖端美国技术和知识产权保护的能力,这对美国国家安全至关重要。美国正在采取许多保障措施,反对外国收购财产,特别是当目标位于敏感的军事设施附近的收购。过去美国缺少保障措施,其他国家窃取知识产权,破坏美国就业,威胁国家安全,削弱美国的经济。新的立法为美国外国投资委员会在审查具有关键技术和知识产权的美国公司的外国所有权方面提供了更大的权力,着重保护美国的皇冠明珠——知识产权和先进技术免受外国投资的不利影响"。

FIRRMA 的部分条款在签署后于 2018 年 8 月 13 日立即生效。扩大“受辖交易”范围的条款，包括涉及“房地产投资”和涉及“关键设施”、“关键技术”或“敏感信息”的“其他投资”的相关规定，以及新增的“简要申报书”程序(包括政府投资的强制性“简要申报书”)等则会在FIRRMA签署后的18个月(2020年2月)或CFIUS主席依据FIRRMA发布具体条例之后的30天后生效(以较早为准)。在FIRRMA生效后的约一年半内，CFIUS有权在相应的最终条例出台前暂行一个或多个试点计划(pilot programs)，以执行一些FIRRMA签署后未立即生效的条款。该些试点计划经《联邦政府公报》公布30日后即可开始实施。2018年10月10日美国财政部发布了《针对审查涉及外籍人士和关键技术的若干交易的试点计划》，将一些与关键技术相关的非控制性投资纳入CFIUS监管，并且对这些投资要求强制申报，该试点计划已于2018年11月10日生效。2020年1月13日美国财政部代表CFIUS发布了两个FIRRMA实施条例，一个是针对受管辖的房地产交易即《有关外国人涉及在美某些房地产交易的条例》(31 CFR Part 802)，另一个是针对房地产之外的受管辖交易即《有关外国人在美进行某些投资的条例》(31 CFR Part 800)。这两个实施条例已于2020年2月13日生效，之前发布的试点计划于2020年2月12日失效。

一、CFIUS简介

(一)职能及组成

CFIUS是一个跨部门委员会，协助美国总统审查美国经济中外国投资对美国国家安全的影响。CFIUS主席由美国财政部长担任，秘书处设在财政部国际投资局，该局牵头负责委员会的日常事务工作。该委员会审查外国投资交易以确定是否存在以下情形：①外国投资交易存在损害美国国家安全的危险；②外国投资人被外国政府控制；③该交易可能影响美国国土安全,或会导致对关键基础设施的控制,该控制可能损害国家安全。

美国总统有权否决存在损害美国国家安全危险的拟议或正在进行中的投资交易。

CFIUS 是一个跨部门机构,由 9 名内阁成员、2 名当然委员和其他受任命成员组成,负责协助总统监督外国直接投资给美国经济带来的国家安全风险。CFIUS 的 9 个成员为国务卿、国防部长、商务部长、财政部长、国土安全部长、能源部长、司法部长、美国贸易代表和总统科技政策办公室主任。劳工部长和情报局局长(DNI)为 CFIUS 的当然成员。劳工部长为 CFIUS 提供关于美国劳动法的专业知识,而国家情报局局长则为 CFIUS 提供独立的情报分析。由于他们没有投票权,劳工部长和情报局局长都不能直接参与 CFIUS 的政策决定。2008 年 1 月 23 日,布什总统发布了《美国第 13456 号行政命令》,增加了 5 名白宫代表:管理和预算办公室主任、国家经济顾问委员会主席、总统国家安全事务助理、总统经济政策助理和总统国土安全和反恐事务助理。美国总统可以根据个案情况任命白宫办公机构负责人担任 CFIUS 成员。由于 CFIUS 的成员代表的利益是不一样的,所以他们往往会在同一个问题上采取不同的立场。

(二)审查外国投资的程序及事项

除一定情形外,CFIUS 的审查程序是一个外国投资者自愿申报制度。由于美国总统可以不受时间限制地要求未向 CFIUS 申报的外国收购公司剥离资产或采取其他措施,因此大多数外国公司能够遵守相关规定。

FIRRMA 保留了原来 CFIUS“三阶段”评估拟议的或正在进行的对美国公司的投资,但是延长了审查及调查的时间。

1.30天提交申报

在正式审查程序的第一个阶段向CFIUS进行审报采用双轨制，要么采取快速简式申报（15天内审查），要么对交易涉及特定产业的美国企业的投资采取书面完整申报（30天内审查，针对涉及外国政府拥有重大权益的外国人）。

快速简式申报与完整书面申报按照下列三个标准进行处理：申报材料内容的长度；CFIUS考虑申报材料所需的时间；CFIUS对申报材料的处理方式。

2.45天国家安全审查期

在第二个阶段，如果存在以下情形，CFIUS必须进行一个为期45天的国家安全审查：

（1）投资存在损害美国国家安全（包括国土安全、关键基础设施及关键技术）的危险；

（2）交易会导致外国对美国实体的控制。

如果财政部长确定某一笔交易没有损害美国国家安全，那么他就可以豁免对该笔交易的审查。在45天审查期内，美国情报局局长必须调查拟议的外国投资交易对美国国家安全的影响。

在国家安全审查中，CFIUS必须考虑包括以下情形在内的12项因素：

（1）为目前及预计国防要求所需的美国国内生产；

（2）外国公民对美国国内产业及商业活动施加的控制；

（3）军用物资、设备或技术可能出售给支持恐怖主义的国家，或扩散导弹技术或生化武器的国家；

（4）影响到国家安全领域，美国技术的领先地位；

（5）关键基础设施，重大能源资产及关键技术；

（6）美国总统或CFIUS认为适当的其他因素。

3.45天的国家安全调查期

在第三个阶段,如果CFIUS的成员认为一笔外国投资存在损害美国国家安全的危险,那么该笔交易还会经历一个更加全面的45天国家安全调查期。在调查期内,CFIUS及交易各方可以协商并达成旨在消除国家安全担忧的缓解协议。

4.总统决定

如果CFIUS最终作出拟议的外国投资存在损害美国国家安全的危险,并且无法达成充分的缓解协议的结论,那么它可以向美国总统建议终止或禁止该项拟议交易。如果美国总统认为终止或禁止一项存在损害美国国家安全危险的交易是适当的,那么他可以在15天内采取上述措施。如果要对受CFIUS管辖的外国投资行使终止或禁止权力,那么总统必须:(1)确定其他美国法律不足以或不适合保护美国国家安全(依据威胁的性质、脆弱性或后果);(2)有"可信证据"表明行使控制权的外国利益集团可能采取损害美国国家安全的行动。此外,总统的最终决定不受司法审查限制。

二、CFIUS权限扩大的背景

美国关于CFIUS改革的讨论一直聚焦在中国和《中国制造2025》产业政策上,该政策的重点是扩大高科技产业和发展先进制造业基地。美国政府的各利益相关者,包括美国国会在内,一直关注中国投资的趋势以及中国如何利用被动或少数股权投资、合资安排及其他机制成功在美国进行投资,并取得关键技术,或者接触关键基础设施或其他敏感资产、资料。他们担心,中国在国家补贴计划下发展高科技领域并取得主导地位,可能影响美国在国家安全相关领域的领导地位。FIRRMA希望通过堵塞中国获取技术的漏洞来应对他们所认为的国家安全威胁。

值得注意的是,从 CFIUS 向美国国会提交的年度报告可见,近几年 CFIUS 的审查大多数涉及中国公司。根据 CFIUS 向国会提交的 2015 年度报告(可获得此类数据的最近一年),2013 年至 2015 年这 3 年间,中国投资者的收购活动占申报的比率高于其他单一国家。其中 74 份申报涉及中国投资者,占总数的 19%,超过总共提交 49 份申报的加拿大投资者,也比英国(47 份)和日本(40 份)投资者多。在这段时期,中国投资者在各年度提交的申报也是最多的,2013 年有 21 份,2014 年有 24 份,2015 年有 29 份。

荣鼎咨询发布的一项报告显示,2016 年中美双边直接投资额逾 600 亿美元,创历史新高,其中 2016 年中国在美直接投资较 2015 年增长 3 倍,达 460 亿美元;而 2016 年美国对华直接投资仅为该水平的 1/4。不仅是中资并购交易金额激增引起美国政客的注意和警惕,而且美国政策制定者担心中国政府正在指示投资者对美国处于早期阶段新兴技术的投资。这些技术可能会用于军事,提高中国军事现代化,削弱美国技术领先优势。其中有些对美投资名义上是民营企业,实际上与中国政府关系密切。2015 年中国国务院发布了《中国制造 2025》,从资金上支持中国国内企业从海外获取技术。

2016 年,不断有国会议员对个别交易案例提出质疑,如大连万达集团收购好莱坞制作公司传奇影业和大型连锁影院 AMC 的并购交易。2016 年年底,美国国会的“美中经济和安全审查委员会”甚至建议国会“封杀”中国国企收购。中国企业在美国的并购引发改革 CFIUS 讨论。自 2016 年下半年起,美国国内改革 CFIUS 的呼声越来越强烈。

对于 CFIUS 的改革,美国国内大约有两种呼声:一种呼声是将 CFIUS 的审查范围扩展至国家安全以外,将其“是否危害美国相关产业”等经济因素,甚至政治因素(如中国对朝鲜核问题的处理等)也纳入考量范围;另一种呼声则是基于中资大量收购美国技术企业的考量,主张在聚焦国家安全审查同时，扩展CFIUS现有的审查范围至合资企业、新设企业(greenfield investments)。

第一种声音主要来自参议院少数党领袖、纽约州民主党议员舒默(Chuck Schumer)，舒默建议将CFIUS的权限扩展至国家安全之外，将是否危害美国相关产业的经济因素纳入其中，甚至是政治因素。2017年8月1日，舒默致信特朗普，敦促其停止批准所有中国实体在美国的收购项目，通过CFIUS对中国施加经济压力，以迫使北京“帮助停止朝鲜具有威胁性和不稳定的行为”。同时，舒默还建议CFIUS应将国有企业是否在国内获得低成本资金或其他特殊待遇，以及是否推动美国企业在海外获得对等条件等因素考虑在内。

第二种声音来自参议院共和党党鞭康宁(John Cornyn)。此种声音认为，以《中国制造2025》为代表的中国产业政策对高科技的支持，鼓励中国企业大量收购敏感技术或有军事用途的技术，对美国的国家安全产生极大威胁。康宁也不认同将CFIUS权限扩展到经济因素，他主张更加聚焦国家安全因素，特别是先进技术领域。他认为，应该聚焦于对美国国家安全产生最大威胁的国家，对这些国家的投资制定更清晰的评估标准，这将有利于保护美国的技术优势。同时，康宁主张扩大CFIUS的审查范围，将在海外的合资企业和少数股权投资也纳入审查，更利于防止外国投资者获得技术和数据信息等。康宁毫不避讳地指出，他推动改革CFIUS正是因为中资企业在技术领域的并购增多。

三、FIRRMA扩大“受管辖的交易”范围

(一)房地产投资

原来法律规定只有当外商在敏感的美国政府和军事设施附近的房地产投资导致其对美国企业的控制，那么该交易才受CFIUS监管。

FIRRMA扩大了“受管辖的交易”(covered transactions)范围,将CFIUS监管范围扩大到外国人购买、租赁或特许经营下列房地产:(1)极为临近美国军事或其他敏感政府所在地,如果该物业可以搜集情报或以其他方式观察美国政府场所内的国家安全活动;(2)位于受管辖港口(covered port)范围之内,或该物业将成为受管辖港口的一部分。“邻近”界定为从相关地点的界线向外延伸一英里的区域。最终规则修订一份列出符合FIRRMA第802.227条“军事设施”定义的基地、试验场和其他设施的附录。

(二)非控制性投资

原来法律规定在FIRRMA生效前,虽然CFIUS会以国家安全考量为由审查那些可能导致美国公司被外国人掌控的交易,但少数股权投资不在其列,即便有些少数股权转让能使外国人具有接触公司敏感科技的权限。FIRRMA实施后,只要涉及关键设施、关键科技和敏感数据,无论任何级别或百分比股权的投资,都将属于CFIUS审核范围。

FIRRMA的最后版本兼顾参议院草案和众议院草案赋予CUIFS对非控制性投资监管权力采取的不同方法。参议院草案着眼于目标公司的性质,即该目标公司是否是一家从事关键技术的公司或者是一家从事关键基础设施的公司。而众议院草案则更关注某些国家的投资是否导致外国人接触到关键技术、关键基础设施或个人敏感资料的信息。

FIRRMA授权CFIUS可审查外国人士在与其无关联的美国公司进行的其他投资,CFIUS的管辖权已扩大到非控制性投资,这些投资让外国人得以接触从事下列业务的美国企业,或是获得这类企业的某些权利,又或是得以参与这类企业的业务,包括:(1)生产、设计、测试、制造、加工或开发一种或多种关键技术,例如某些受出口管制的物品,以及根据美国《2018年出口管制改革法》(ECRA)受到管制的新兴和基础技术;(2)拥有、营运、制造、供应,或是提供服务的关键基础设施,例如电信、能源、公用事业和运输;(3)维护或收集性质敏感的美国公民个人数据,而该等数据有机会被人以威胁国家安全的方式利用。

FIRRMA规定"其他投资"不包括外籍人士通过投资基金进行的间接投资——无论外籍人士在基金会中担任咨询委员会成员还是基金委员会成员,只要:(1)该基金是完全由美国普通合伙人、管理成员或同级别成员管理的;(2)无论董事会或者咨询委员会或该外国人都无权批准、否决或以其他方式控制投资决定或与接受基金投资实体相关的决定;(3)外国投资人没有能力通过其他途径控制基金,包括单方面拒绝、保留、选择或决定对普通合伙人补偿的权利;(4)外籍人士不能取得重要的未公开技术信息。

(三)投资者权利变动

只要外国投资者在美国公司享有的权利发生变更,从而导致其取得对美国公司的控制权,或者该变更是涉及关键基础设施、关键技术或者敏感信息的"其他投资",CFIUS即可对此事项行使管辖权。比如,一个外国人目前在一家美国公司X拥有10%的权益,然后通过一个新的协议安排,该外国人为公司X提供咨询及其他顾问服务,以换取任命公司X的CEO及CFO的权利。尽管其没有获得额外的权益,但获得了任命该美国公司X的CEO及CFO权利,那么他正在达成受管辖交易。

(四)规避CFIUS监管的交易或行为

任何其他旨在规避CFIUS程序的交易或潜在的交易事项,均属于CFIUS审查的监管范围,例如公司A依外国法成立,并为外国公民完全所有及控制,为规避CFIUS监管,公司A给美国一位公民转一笔钱,该公民依据其与公司A非正式安排,并以自己的名义收购了一家美国公司X的全部股份,那么该交易就是受管辖交易。FIRRMA在现行法律框架的基础上为CFIUS行使审查权提供了更明确的法律依据。此种规定出于回应经常引用的一个担忧,即外国投资者故意设计投资架构,以脱离CFIUS的监管,比如设立合资企业,以接触不受控制的新兴和基础技术,包括商业秘密,而不受美国政府审查或监督。除了回应以上政策担忧之外,很少人探讨CFIUS将会如何解释该项权利,以及在什么情况下,仅出于规避CFIUS监管设计交易的行为构成违法。

另外一项可能扩大CFIUS管辖权的与“美国企业”的定义相关。FIRRMA扩大了“美国企业”的定义,仅要求“美国企业”是在美国“从事跨州商业活动”的主体。“美国企业”是CFIUS拥有管辖权的关键因素。CFIUS法规之前在“美国企业”定义中包含有限制词,即“限于其在州际贸易中的活动范围”,因此CFIUS的管辖权仅限于审查跨州商业活动。而在FIRRMA删除了上述限制的词语后,从字面上看,CFIUS理论上可审查一项交易的基本构成部分,只要它影响了在美国提供产品和服务的公司,而不限于审查该公司基于美国本土的经营活动。因此,与之前的定义相比,新的“美国企业”定义可能会把与美国具有更少联结点的交易纳入审查。

四、允许CFIUS区别对待外国投资者

FIRRMA颁布前,依据CFIUS条例,对美国企业进行投资的外国人国籍不会影响某个交易是否是监管交易(是否导致美国企业被控制),《国防生产法》(Defense Production Act,DPA)授予CFIUS对所有监管交易的管辖权,而不考虑潜在投资者的国籍。FIRRMA保留了CFIUS对控制权投资的监管权。

参议院FIRRMA采取“白名单”方法,包含了可能的给予来自同盟国的外国投资者“监管交易”界定范围和强制申报的豁免。具体而言,

参议院FIRRMA(第1703条和第1706条)指示CFIUS识别针对豁免国家的以下豁免考量因素,包括来自以下国家的外国投资者:拥有平行外国投资审查流程的国家(由委员会全权作出判断);北约成员国或非北约主要盟国;某些坚持不扩散制度的国家;即使阻止其投资也不会促进美国国家安全目标的国家。而众议院的FIRRMA则采取了"黑名单"方法,即只有当某些交易直接或间接涉及特别关注国家(主要指中国和俄罗斯)时,CFIUS才对这些交易有监管权。

经过大量辩论之后,国会删除了参议院的豁免条款,FIRRMA既没有白名单,也没有黑名单,而是授权美国财政部起草条例,将受管辖交易限定在房地产和其他投资的"特定类别"的外国人。在实施条例时,FIRRMA要求CFIUS考虑某个外国人是如何同外国政府相关联,以及该关联是否影响到美国国家安全。①

虽然没有单独列出具体国家,但FIRRMA允许CFIUS在审查某些投资交易时区别对待不同国家的外国投资者。根据FIRRMA,在审查房地产和少数股权投资交易时,并非对所有外国投资者都一视同仁。FIRRMA规定CFIUS"应制定规则"以定义"外国人士",以便将审查范围扩展至该等交易,并"明确标准,以将适用管辖权的情况限定于"外国人士"特定类别的投资"。在FIRRMA中的具体规定出台后,可能针对与某些国家相关的交易加大审查力度。

FIRRMA实施条例对CFIUS界定来自某些"例外国家"的"例外投资者"的某些外国人所进行的非控制性"受管辖投资"所行使的管辖权作出限制。美国财政部最初选出澳大利亚、加拿大和英国为"例外国家",原因是该等国家在某些方面积极共享情报并与美国设有国防工业基础整合机制。最终规则通过以下各项修订来更改"例外投资者"的定

① See Section 1703(a)(4)(E).

义:(1)董事会成员的国籍准则,允许不属于“例外国家”的外国国民有高达25%的代表权;(2)个人投资者在“例外投资者”的所有权限制占比为10%;(3)FIRRMA第800.233条中“最低例外所有权”的占比达80%。

五、新增对特定交易的强制申报要求

在FIRRMA实施条例之前,向CFIUS进行拟定交易的申报仍是自愿行为。交易各方可以决定不将交易提交审查,并承担CFIUS可能在未来干预交易并禁止、要求剥离投资或对投资进行其他限制的商业风险。大多数交易仍属于此类别。不过,对于下面两类交易,将需要强制申报,以供CFIUS审查。

(一)必须强制申报的交易

1.涉及外国政府在从事技术、基础设施或数据的美国企业(TID美国企业)取得重大权益(substantial interest)的特定受管辖交易。

FIRRMA第800.222条规定“外国政府”是指全国政府和次国家级政府,以及其相关部门及机构。FIRRMA实施条例将“重大权益”界定为:外国人直接或间接持有一家美国企业25%及以上投票权,而外国政府直接或间接持有该外国人49%及以上投票权;如果是有限合伙投资基金,外国政府必须拥有49%及以上的普通合伙人投票权。为方便确定“外国实体”,作为临时规则,FIRRMA实施条例加入“主要营业地点”一词的新定义,即“一家实体的管理层指导、控制或协调该实体活动的主要地点,若属投资基金,则是普通合伙人、管理成员或同等人士主要进行或代表其主要进行指导、控制或协调该基金活动和投资的地点”。

2.凡涉及某些生产、设计、测试、制造、加工或开发一种或多种关键技术的美国企业的受管辖交易。

FIRRMA颁布之前，“关键技术”被定义为：(1)《国际军火运输条例》(International Traffic in Arms Regulations)中规定的国防用品和服务；(2)因与国家安全、化学和生物武器扩散、防止核扩散、导弹技术、区域稳定或窃听有关的原因受到《美国商务部管制清单》(Commerce Control List)管制的物品；(3)经专门设计和准备的核设备；(4)核设施、核设备及核材料；(5)特定制剂与毒素。

FIRRMA在此基础上增加了一项，即“根据《2018年出口管制改革法》第1758条管制的新兴和基础技术”。美国商务部工业及安全局(Department of Commerce, Bureau of Industry and Security, BIS)于2018年11月启动程序，拟对新兴技术实施出口管制。已完成征求公众评议的14门新兴技术主要包括生物技术、人工智能(AI)、位置导航和定时(PNT)技术、微处理器技术、先进的计算技术、数据分析、量子信息和传感技术、物流技术、增材制造(如3D打印)、机器人、脑机接口、高超音速空气动力学、先进材料、先进的监控技术等前沿技术。截至2022年1月，美国商务部还没有颁布有关新兴技术及基础技术的最终条例。

(二)豁免强制申报的交易

FIRRMA实施条例将某些交易从关键技术强制申报要求中排除。这些豁免涉及：(1)例外投资者；(2)已订立协议以降低外国所有权、控制权或影响力的实体；(3)某些加密技术；(4)完全由美国国民管理并最终由其控制的投资基金。

(三)申报内容要求

FIRRMA实施条例对申报内容作出某些修改，要求提供额外信息，以便CFIUS更有效地评估有关交易是否属于受管辖交易。例如，对涉及收购一家生产、设计、测试、制造、加工或开发一项或多项关键技术的美国企业的申报,当事者必须对该物品以及适用的出口管制分类/类别作出说明。

FIRRMA规定,如果外国投资者认为其开展的交易敏感度较低,可以提交简式(最长不超过5页)的“简要申报”,以便有可能更快获得CFIUS回复。简要申报提交后,CFIUS有30天的时间做出以下三种处理:一是回复批准交易;二是通过向交易各方提出要求或建议,寻求交易各方提交完整的交易申报;三是交易各方不合作的情况下单方面对交易启动审查。

FIRRMA制定的强制性简要申报,颠覆了此前CFIUS核查在名义上属于自愿行为的情况(极少数情况除外),由此体现了美国国会对某些交易未向CFIUS报备的不满。

六、赋予CFIUS更大的执法权

除了扩大CFIUS审查范围,FIRRMA还授权CFIUS采取一系列新的制裁举措。依据《2007年外国投资与国家安全法》(Foreign Investment and National Security Act of 2007, FINSA)的规定,如果CFIUS在审查结束后认为被审查交易可能对美国国家安全产生威胁,则CFIUS有权与交易方协商,或者施加缓解协议或措施(Mitigation Agreements/Conditions)。除此之外,只有总统才有权在听取CFIUS报告后,直接下令中止或否决交易。与此相对,FIRRMA将赋予CFIUS更大的执行权力。具体而言,包括以下新的制裁举措:

(1)尽管拟定或正在进行中的受管辖交易仍然处于CFIUS审查之中,但CFIUS有权中止该项可能危及美国国家安全的交易。

(2)在审查或调查过程中的任何时候,有权将受管辖交易提交给总统采取行动。

(3)当出现交易各方在CFIUS完成审查之前自愿放弃受管辖交易

时,那么为实施该交易的放弃并降低因该受管辖交易产生的美国国家安全风险,CFIUS有权根据情况与该交易任何方进行协商并签订缓解协议或达成缓解条件,或施加并强制执行缓解协议或缓解条件。

(4)有权采取临时缓解协议。

(5)有权要求提交监督遵守缓解协议的方案。

(6)有权审查以前协议及条件,确定协议的条件是否仍然合理。

(7)如果交易各方有意或无意严重违反了CFIUS批准的条件,那么CFIUS有权单方对以前已审查的交易进行审查。

(8)允许使用独立第三方监督协议。

此外,FIRRMA还要求CFIUS建立主动识别未向其申报的交易行为是否为“受管辖交易”的程序。总而言之,FIRRMA通过之后,CFIUS的地位将由一个总统下属的审查委员会向一个具有独立行动能力的政府审批机构靠拢,其职权将得到大幅提升,独立展开调查与采取干预性行动的能力也将大大加强。

七、新增6项国家安全因素

FINSA除确立CFIUS的审查范围外,还规定了一系列其审查过程中需要考量的因素,其中包括:受管辖交易对美国国防需求的影响;交易与恐怖组织之间的可能联系;交易对美国的关键基础设施、技术或原材料的影响等。在此基础之上,FIRRMA新增了一系列CFIUS可考虑的额外因素[①],包括:

(1)受管辖交易是否涉及特别关注国家,该等国家制定了明确的或已宣布的收购某类关键技术或关键基础设施的战略目标,该目标可能影响美国在国家安全相关领域的领导地位。尽管FIRRMA没有明确将

① See Section 1702(c).

中国确定为“特别关注国家”，但该规定明确指向中国及《中国制造2025》规划中的技术收购计划。

(2)外国政府或外国人对某类关键基础设施、能源资产、关键材料或关键技术的累积控制或近期交易模式对国家安全的潜在影响。FIRRMA实际上授权CFIUS审查目标交易之外的交易，以确立几笔危害到国家安全的外国交易的“累积”危害。FIRRMA可能导致CFIUS阻止一笔本身对国家安全不存在危害，但它是相同产业(外国对该产业所有可能导致国家安全担忧)中一系列外国投资中的最后一笔，或对该笔交易施加缓解措施。

(3)与美国企业进行受管辖交易的外国人是否一直遵守美国法律法规。

(4)外国人对美国产业和商业活动的控制，该控制影响到美国满足国家安全要求的技能和产能，包括人力资源、产品、技术、材料以及其他产品供应及服务业的可获得能力。在考量“人力资源可获得能力”时，应当将该词语解释为：包括因具有国家安全的关键知识或技能的人员就业减少可能导致此类人员可获得能力降低，该可获得能力包含为提高美国国家安全，在美国持续生产美国国防部或其他联邦政府部门或者机构可能需要的物项。尽管FIRRMA不是一部与就业相关的法律，但国会明确将因外国并购而使关键人员或技能流失或丧失界定为一个国家安全问题。

(5)受管辖交易在某种程度上可能使外国政府或外国人获取美国公民的个人身份信息、遗传信息或其他敏感数据，该外国政府或外国人以危害美国安全方式利用上述信息。

(6)受管辖交易是否可能在美国加剧或制造新的网络安全漏洞，或可能导致外国政府获得新的重要能力，从事针对美国的恶意网络活动，包括该等活动旨在影响联邦政府的选举结果。

八、增加CFIUS编制和预算

据美国政府问责局(Government Accountability Office)统计,从2011年至2016年,CFIUS审核案件数量增加了55%,而CFIUS工作人员仅增加了11%。CFIUS案件数量在2017年的增长幅度更多,2018年数量依然庞大。

FIRRMA将通过多种方式解决上述问题。国会授权在未来5个财政年度中每年拨款2000万美元设立CFIUS基金,为加强CFIUS人员配备提供额外的资源。该基金的资金来源还包括CFIUS申请费。FIRRMA还新设立了两个财政部助理部长的职务,由总统任命,协助加强财政部长以CFIUS主席的身份开展高级别的工作。

美国情报机构负责为CFIUS审查的各项案件提供外国威胁评估。为解决美国情报机构内部的资源限制问题,FIRRMA授权美国国家情报局局长为下述交易提供威胁分析摘要:(1)属于涉及房地产的交易;(2)交易涉及的外国投资者在过去12个月内向CFIUS提交过申报;(3)交易符合CFIUS和情报局局长批准的其他条件。这项规定可能特别有助于向CFIUS多次提交简要申报的申请者。

九、定期报告中国投资情况

FIRRMA① 额外要求美国商务部长在其生效后两年之内,以后每两年直至2026年向国会和CFIUS提交中国实体在美直接投资(Foreign Direct Investment)的报告。该报告需要对中国直接投资就以下层面做分类整理:

(1)总直接投资金额,包括细分到每个最终受益人的投资总额;

---

① See Section 1719(b)(2)(A).

（2）依据下列交易的金额之大小进行分类：①低于5000万美元的；②5000万美元至1亿美元的；③1亿美元至2亿美元的；④2亿美元至5亿美元的；⑤5亿美元以上的；

（3）依据两位数的北美行业分类系统（NAICS）进行分类；

（4）就投资为设立企业还是收购企业进行分类；

（5）就投资是中国政府还是非政府行为进行分类，并对上述两种投资的金额、行业、类型分类；

（6）罗列出中国政府通过政府投资收购的美国公司名单；

（7）中国公司的美国关联公司的数量、其雇工数量，以及在美国上市的美国关联公司的市值；

（8）对上述1～5项列出的投资模式进行分析，包括金额、类型、行业以及上述投资模式与《中国制造2025》规定目标的吻合程度，并对中国在美投资与所有外国在美投资进行对比分析。

国家安全因素中首要关注下列因素：某些国家已经发布或宣布的关键技术战略；受管辖交易是否涉及特别关注国家；该等国家制定了明确的或已宣布的收购某类关键技术或关键基础设施的战略目标；该目标可能影响美国在国家安全相关领域的领导地位。

FIRRMA的最初草案将“特别关注国家”定义为中国和俄罗斯，但颁布的版本并未对这些国家规定更严格的要求。根据FIRRMA，国会将通过“国会意见”表示对这些国家的关注，并且CFIUS必须在年报中专项说明来自中国的投资。上述意图已经在实践中得到佐证，涉及中国和俄罗斯的交易已经受到CFIUS的仔细审查和限制。

十、定期提交年度报告的义务

FIRRMA要求CFIUS定期向美国国会提交一份年度报告，报告内容包括：

(1)列出受管辖交易的所有申报、审查或调查。

(2)详细提供每一笔交易的审查或调查结果,交易各方、目标企业经营活动及产品的性质、审查过程中的交易撤回等信息。

(3)统计实施的合规计划及 CFIUS 采取的措施,评估交易各方遵守的缓解协议及条件,以及 CFIUS 处理违反缓解协议及条件所进行的罚款或发起的单方审查以及改进缓解协议和条件的建议。

(4)提交简要申报的数量趋势,CFIUS 回应简要申报所采取的措施,企业所属产业以及简要申报涉及的国家。

(5)说明 CFIUS 用以识别未申报交易的方法,改进识别程序所需要的资源,以及经识别需要作进一步审查的未申报交易的数量。

列出给予豁免的交易清单,说明采用经授权的新做法及新政策。

CFIUS 主席(财政部长)建议增加到“关键技术”出口清单中的技术说明。

详细统计 CFIUS 申报的处理情况,并说明未及时处理的原因。

十一、加强信息共享和协作

FIRRMA 要求总统“更加积极地开展国际合作”,帮助盟国和其他合作伙伴建立与 CFIUS 类似的审核机制。为此,FIRRMA 指示 CFIUS 主席制定正式的与盟国和其他合作伙伴的信息共享流程。这项规定的实施将解决 CFIUS 现行保密机制造成的各种限制,促进 CFIUS 利用合作的外国政府机构提供的信息更好地制定决策。随着他国审查程序和信息共享机制的日益完善,CFIUS 将能对涉及多国的跨境投资参与开展协调、多边的国家安全审查。这一规定体现并很可能继续促进,过去几年各国加强国家安全审查沟通和合作的趋势,特别是在美国、英国、加拿大、澳大利亚、法国和德国等国之间。英国、欧盟、日本、澳大利亚及其他国家最近已经发布或已在积极考虑修改现行的外商投资审查法律。当今世界对投资安全问题意识及兴趣日渐增强,美国、日本、欧盟已经正式同意处置投资安全,着眼于合作、信息交换及可能的协调。对于可具体交易而言,各国之间对投资安全问题日益重视监管协调意味着,某些交易可能面临多个管辖国家政府之间的联合审查,可能会带来投资安全审查程序的统一。

2019 年上半年,中资在美国、欧洲并购“双降”。据路孚特提供的数据,2019 年上半年中资在美国的并购投资规模为 14.1 亿美元,较 2018 年同期下降了超 20%,交易数量由 49 起下跌至 23 起。欧洲跌幅更为明显,2019 年上半年中资在欧洲的并购投资规模为 23.7 亿美元,而 2018 年同期的水平为 462.1 亿美元,交易数量由 112 起下跌至 81 起。彭博公布的数据也揭示了类似的情形,2019 年前两季度,中国买家赴欧洲并购共发生 77 起,交易金额仅为 51 亿美元,较 2018 年同期下降约 32%。中国企业赴美并购投资活动持续减弱,2019 年上半年交易金额较 2018 年同期下降 17.1%。

十二、新兴技术和基础技术的出口管制

美国国会通过了 FIRRMA 以修改美国投资政策。作为这次对中国 301 条款调查措施之一而大幅修改美国外国投资政策的一部分,美国国会通过的《2018 年出口管制改革法》限制其他国家合法地或非法地通过投资收购美国企业获取美国关键技术。《2018 年出口管制改革法》将现有的美国出口管制实践纳入了立法,为现行两用物项出口管制规则提供永久的立法基础,同时该法还将扩大美国出口管制法的适用范围,特别是增加了对美国的“新兴和基础技术”(emerging and foundational technologies)的出口控制。相关规定被认为是最新的对中国的出口管制措施,尤其是对中国的技术出口的最新限制。

FIRRMA 颁布之前,“关键技术”被定义为:(1)《国际军火运输条例》

(International Traffic in Arms Regulations)中规定的国防用品和服务;(2)因与国家安全、化学和生物武器扩散、防止核扩散、导弹技术、区域稳定或窃听有关的原因受到《美国商务部管制清单》(Commerce Control List)管制的物品;(3)经专门设计和准备的核设备;(4)核设施、核设备及核材料;(5)特定制剂与毒素。FIRRMA在此基础上增加了一项,即"根据《2018年出口管制改革法》第1758条管制的新兴和基础技术"。

《2018年出口管制改革法》对"新兴和基础技术"给出了宽泛及开放的定义:(1)该项技术对美国的国家安全至关重要;且(2)其不属于《国防产品法》及其修正案中特别列举的任何其他类别的"关键技术"。相关规定同时要求美国总统协同商务部长、国防部长、能源部长、国务卿和其他相关联邦机构领导和组建并负责识别此类技术的组织,突出强调了各个联邦机构合作和共享出口管制信息。

《2018年出口管制改革法》要求跨部门审核程序在评估一项技术是否属于"新兴和基础技术"时,要考虑以下三种因素:(1)新兴和基础技术在美国以外国家的发展情况;(2)出口管制对美国开发此类技术的影响;(3)出口管制对限制新兴和基础技术向美国以外国家扩散的效果。

2018年11月商务部拟定并公布了"新兴技术"清单的草稿,一共14大类。草稿公布后,美国科技界反应强烈,很多美国企业认为其中一些类别过于宽泛,也不够"新"。时至今日,商务部仍未公布清单的最终版本。2019年秋天,有报道说BIS已经考虑了美国工业界的担心,通过管制不相关联的物项而不是产品大类解决"新兴技术"。2020年1月5日,BIS更新《出口管制条例》(Export Administration Regulations,EAR),将"用于自动分析地理空间图像的软件"(automate the analysis of geospatial imagery)列入出口管制分类号0Y521项下,并于同年1月6

日生效。[①] 2020年11月6日公告[②]指出,最新的商业出口管制是依照2019年12月全体大会上达成的《常规军备和两用物品及技术出口管制瓦森纳安排》实施的。制定和实施对新兴技术的多边控制符合《2018年出口管制改革法》的要求后,最终确定管控下列6项新兴技术的出口将对美国国家安全起到至关重要的作用。本次被增列商业管制清单的6项新兴技术为:混合增材制造/计算机数控工具;特定的计算光刻软件;用于为5nm生产精加工晶圆的某些技术;有限的数字取证分析工具;用于监测电信服务通信的某些软件;亚轨道航天器。

此外,BIS 2020年8月27日在一项"拟议立法预先公告"[③]中宣布,由于其正在考虑是否为保护美国的国家安全利益而对"基础技术"项目采取更为严格的出口管制措施,BIS将就应该如何定义和认定"基础技术"征求公众意见。美国商务部还在草拟"基础技术"清单,但至今尚未公布。

值得注意的是,列为"新兴和基础技术"的技术也被认定为"关键技术",触发了CFIUS对该技术的非控制性外商投资、非被动性外商投资进行审查。《2018年出口管制改革法》要求美国商务部每隔180天就跨部门审查流程的结果向美国国会及CFIUS提供报告。

---

① See BIS, *Addition of Software Specially Designed To Automate the Analysis of Geospatial Imagery to the Export Control Classification Number* 0Y521 *Series*, 85 Federal Register 459(January 6, 2020).

② See BIS, *Implementation of Certain New Controls on Emerging Technologies Agreed to Wassenaar Arrangement* 2019 *Plenary*, 85 Federal Register 62584(October 5, 2020).

③ *Identification and Review of Controls for Certain Foundational Technologies*, 85 Federal Register 52934(August 27, 2020).

第五节 报复措施三:向 WTO 投诉

2018年3月26日,WTO发布第WT/DS542/1号通报称,美国于2018年3月23日就中国保护知识产权的某些措施(China-certain measures oncerning the protection of intellectual property rights),向DSB申请与中国进行磋商。

一、美国主要诉求

美国援引DSU第1条和第4条以及TRIPs协定第64条提出磋商请求,并指出中国否认在技术转让合同期满后外国专利权人可对中国合资方行使的专利权。美国认为中国还规定了强制性的合同不利条款,这些条款歧视并且不利于进口的国外技术。因此,美国指控中国剥夺了外国知识产权权利人在中国就其知识产权获得保护,以及其在市场条件下自由谈判专利许可和技术相关合同的权利。

(一)相关的法律文件

1.《对外贸易法》

本法由1994年5月12日第八届全国人民代表大会常务委员会第七次会议通过,1994年7月1日施行;2004年4月6日第十届全国人民代表大会常务委员会修订,于2004年7月1日生效;2016年11月7日根据第57号主席令进一步修订。

2.《技术进出口管理条例》

本法由国务院第331号令公布,2001年12月10日发布,自2002年

1月1日起施行,2011年1月8日修订①。

3.《中外合资经营企业法》

本法由1979年7月1日第五届全国人民代表大会第二次会议通过,1979年7月8日生效,1990年4月4日修正,2001年3月15日依据第48号主席令、2016年9月3日依据第51号主席令进一步修订。②

4.《中外合资经营企业法实施条例》

本法由1983年9月20日国务院发布,历经五次修订:1986年1月15日国务院第一次修订;1987年12月21日国务院第二次修订;2001年7月22日依据国务院第311号令第三次修订;2011年1月8日依据国务院第588号令第四次修订;2014年2月19日依据国务院第648号令第五次修订。③

5.《合同法》

本法由1999年3月15日第九届全国人民代表大会第二次会议通过,1999年10月1日第15号令生效。④

(二)美方的主要主张

《技术进出口管理条例》(2011年)单独或与其他法律文件共同作用,单独或同时违反了TRIPs协定第3条(国民待遇),及TRIPs协定第28.2条⑤第2款,理由如下:(1)与中国知识产权持有者相比,该条例第

① 2019年、2020年又经两次修订。

② 已失效。

③ 2019年3月2日第6次修订,现已失效。

④ 已并入《民法典》合同编,自《民法典》2021年1月1日生效后,该法已失效。

⑤ TRIPs协定第28条(授予的权利)规定:

1.一专利授予其所有权人下列专有权利:(a)如一专利的客体是产品,则防止第三方未经所有权人同意而进行制造、使用、标价出售、销售或为这些目的而进口该产品的行为;(b)如一专利的客体是方法,则防止第三方未经所有权人同意而使用该方法的行为,并防止使用、标价出售、销售或为这些目的而进口至少是以该方法直接获得产品的行为。

2.专利所有权人还有权转让或以继承方式转移其专利并订立许可合同。

24条给外国知识产权持有人更为不利的待遇。例如,第24条规定,技术进口合同许可人就被转让技术使用所引起的所有侵权责任向被许可人赔偿。[①] (2)与中国知识产权持有者相比,该条例第27条给外国知识产权权利人更为不利的待遇。例如,第27条规定,在技术进口合同有效期内,改进技术的成果属于改进方。(3)与中国知识产权持有者相比,该条例第29条[②]给外国知识产权权利人更为不利的待遇。例如,第29条第3项规定,不得限制受让人改进让与人提供的技术或者限制受让人使用所改进的技术。

《中外合资经营企业法实施条例》(2014年)单独或与其他法律文件一起,单独或同时违反了TRIPs协定第3条(国民待遇),及TRIPs协定第28条第1款或第28条第2款的规定,因为与中国知识产权持有者相比,该条例第43条给外国知识产权权利人更不利的待遇。例如,第43条第2款第4项规定,中国合资方有权在合同到期后继续使用技术转让合同转让的技术。

---

① 《技术进出口管理条例》(2011年)第24条规定:技术进口合同的让与人应当保证自己是所提供技术的合法拥有者或者有权转让、许可者。技术进口合同的受让人按照合同约定使用让与人提供的技术,被第三方指控侵权的,受让人应当立即通知让与人;让与人接到通知后,应当协助受让人排除妨碍。技术进口合同的受让人按照合同约定使用让与人提供的技术,侵害他人合法权益的,由让与人承担责任。

② 《技术进出口管理条例》(2011年)第29条规定:技术进口合同中,不得含有下列限制性条款:

(1)要求受让人接受并非技术进口必不可少的附带条件,包括购买非必需的技术、原材料、产品、设备或者服务;

(2)要求受让人为专利权有效期限届满或者专利权被宣布无效的技术支付使用费或者承担相关义务;

(3)限制受让人改进让与人提供的技术或者限制受让人使用所改进的技术;

(4)限制受让人从其他来源获得与让与人提供的技术类似的技术或者与其竞争的技术;

(5)不合理地限制受让人购买原材料、零部件、产品或者设备的渠道或者来源;

(6)不合理地限制受让人产品的生产数量、品种或者销售价格;

(7)不合理地限制受让人利用进口的技术生产产品的出口渠道。

二、中国修改相关法律法规

全国人大于2019年3月15日通过《外商投资法》(2020年1月1日起施行),作为统一的外商投资基础性法律,其中也对外商投资过程中涉及技术和知识产权的交易设置了专门的条款。该法第22条规定,国家保护外国投资者和外商投资企业的知识产权,保护知识产权权利人和相关权利人的合法权益,鼓励基于自愿原则和商业规则开展技术合作。外商投资过程中技术合作的条件由投资各方遵循公平原则平等协商确定,行政机关及其工作人员不得利用行政手段强制转让技术。此外,《外商投资法》还规定保护行政审批和执法过程中外资企业所披露的商业秘密,要求对于知识产权许可使用费等依法自由结汇,均体现了对中外资企业"一视同仁、平等对待"原则。

国务院颁布了《关于修改部分行政法规的决定》,其中特别关注技术进口问题,于2019年3月18日删除了《技术进出口管理条例》(2011年)第24条第3款、第27条、第29条,于2019年3月2日删除了《中外合资经营企业法实施条例》第43条第2款第3项、第4项等针对技术进口的特别限制规定,扩大了当事人就技术进口合同进行自由约定的空间。

以上3条被删除的《技术进出口管理条例》(2011年)条文均为从境外到境内转移技术的技术进口合同的强制性规定,既包括境外向境内的专利和技术转让的情形,也涵盖境外主体向中国公司提供专利实施许可或技术服务等情形。《技术进出口管理条例》(2011年)所涉及的关于不侵权的担保义务(第24条第1款)、前景知识产权归属(第27条)以及转让和许可条件限制(第29条)的相关规定,均系在跨境技术交易的合同谈判中中外双方之间经常出现分歧和争议的条款。

2019年12月12日通过《外商投资法实施条例》,自2020年1月1日起与《外商投资法》同步实施。《外商投资法实施条例》第23条强调平等保护外国投资者和外商投资企业的知识产权,加大对知识产权侵权行为的惩处力度,强化知识产权执法,但删除了征求意见稿中提及的建立知识产权侵权惩罚性赔偿制度。事实上,2019年年初修订的《商标法》已经明确规定了恶意侵犯商标权的惩罚性赔偿规则,《民法典》侵权责任编和《专利法》修正案也引入了惩罚性赔偿的概念。中国知识产权立法的趋势是建立知识产权侵权的惩罚性赔偿制度,通过显著提高侵权成本,实现对知识产权的更有效保护。

针对外国投资者广为关注的强制技术转让问题,《外商投资法实施条例》第24条明确规定,行政机关及其工作人员不得利用实施行政许可、行政检查、行政处罚或行政强制等手段,强制或者变相强制外国投资者、外商投资企业转让技术。《外商投资法实施条例》第43条还进一步规定了行政机关工作人员强制进行技术转让的法律责任,如有行政机关或相关人员强制技术转让,则对直接责任人员予以处分。上述规定旨在排除行政机关对中外合作方之间商业安排的不正当影响。

三、案件审理经过及美国向WTO申请终止审理案件①

美国于2018年3月23日就中国保护知识产权的某些措施向DSB申请与中国进行磋商。2018年4月3日,日本要求加入磋商,2018年4月4日,欧盟及乌克兰要求加入磋商,同年4月5日沙特与中国台北要求加入磋商,最后,中国通知WTO只接受日本与欧盟的磋商要求。

2018年10月18日,美国要求成立争端解决专家组。在2018年10月29日会议上,DSB推迟专家组成立。在2018年11月21日会议上,

① See https://www.wto.org/english/tratop_e/dispu_e/cases_e/ds542_e.htm.

DSB组成专家组,澳大利亚、巴西、加拿大、欧盟、日本、印度、哈萨克斯坦、韩国、新西兰、挪威、俄罗斯、新加坡、瑞士、中国台北、土耳其、乌克兰等17个国家和地区保留第三方权利。

2018年12月12日,美国要求WTO总干事组成专家组。2019年1月16日总干事组成专家组。2019年6月3日,中国同意美国请求。在回应专家组询问时,中美双方声明,专家组应将中止审理程序的要求视为依DSU第12条第12项提出的请求。2019年6月12日,专家组通知DSB其决定批准美国请求并中止审理工作。在其告知函中,专家组提醒中美双方,根据DSU第12条第12项规定,专家组的职权将在中止审理工作之日起12个月后失效。2019年12月23日,美国申请专家组将中止审理期限再延长到2020年2月29日。2020年1月8日,专家组通知DSB其决定接受美国请求,将其中止审理工作期限延长到2020年2月29日。

第六节　中美进行双边贸易谈判

301条款程序要求USTR就调查中涉及的问题与相关外国政府进行磋商。[①] 除非为核实或完善申请,以确保磋商具有坚实基础而认为最多推迟90天是正当的,[②]否则USTR必须在发起调查的当日提出磋商要求。同时第301条(c)(1)(D)规定,美国贸易代表有权与有关国家达成具有约束力的协定,让他国政府承诺取消有关的立法、政策和做法,取消这类立法、政策或做法对美国商业造成的负担与限制,或对美国的贸易利益提供满意的补偿。[③]

① See Section 303(a)(1) of the Trade Act of 1974, 19 U.S.C. §2413(a)(1).
② See Section 303(b)(A) of the Trade Act of 1974, 19 U.S.C. §2413(b)(A).
③ See Section 301(c)(1) of the Trade Act of 1974, 19 U.S.C. §2411(c)(1).

一、第一阶段：贸易战不断升级

（一）第一轮中美经贸高级别磋商

2018年2月27日至3月3日，中共中央政治局委员、中央财经领导小组办公室主任、中美全面经济对话中方牵头人刘鹤访问美国。[①] 访问期间，刘鹤同美国财政部长姆努钦（Mnuchin）、白宫国家经济委员会主任科恩、贸易代表莱特希泽就中美经贸合作及其他共同关心的重要问题举行了磋商。刘鹤在磋商中阐述了中方在贸易平衡、市场准入等问题上的原则立场。双方进行了坦诚、建设性的讨论。双方认为应采取合作的思路而不是对抗的方式来处理两国经贸摩擦，维护两国经贸关系健康发展。双方同意近期继续在北京就有关问题进行沟通，为两国下一步深入合作创造条件。此次磋商有助于双方加深了解、促进合作。访美期间，刘鹤还同美国工商界重要人士和知名专家学者分别进行座谈交流，并会见了有关国际机构负责人。

2018年4月4日USTR发布涉及500亿美元，1300个单独关税项目的进口产品惩罚关税（25%）清单，针对中国的《中国制造2025》产业政策。同日中国宣布对美500亿美元进口产品反制清单，将对原产于美国的大豆等农产品、汽车、化工品、飞机等进口商品对等采取加征关税措施，税率为25%，同时中国就美国对华301条款调查项下征税建议在WTO争端解决机制下提起磋商请求，正式启动WTO争端解决程序。

针对中国的关税反制措施，2018年4月5日特朗普发表声明称，他已指示美国贸易代表考虑在301条款下对1000亿美元的中国商品加征关税是否合适。

---

① 参见http://www.xinhuanet.com/politics/leaders/2018-03/03/c_1122483139.htm。

（二）第二轮中美经贸高级别磋商①

2018年5月3日至4日，中共中央政治局委员、国务院副总理刘鹤与美国总统特使、财政部长姆努钦率领的美方代表团就共同关心的中美经贸问题进行了坦诚、高效、富有建设性的讨论。

双方均认为发展健康稳定的中美经贸关系对两国十分重要，致力于通过对话磋商解决有关经贸问题；双方就扩大美对华出口、双边服务贸易、双向投资、保护知识产权、解决关税和非关税措施等问题充分交换了意见，在有些领域达成了一些共识；双方认识到，在一些问题上还存在较大分歧，需要继续加紧工作，取得更多进展；双方同意继续就有关问题保持密切沟通，并建立相应工作机制。

（三）第三轮中美经贸高级别磋商

2018年5月17日至18日，中国国务院副总理刘鹤应邀赴美，同美国财政部长姆努钦率领的美方经济团队继续就两国经贸问题进行磋商。2018年5月20日，中美就经贸磋商发表联合声明。②

双方同意，将采取有效措施实质性减少美对华货物贸易逆差。为满足中国人民不断增长的消费需求和促进高质量经济发展，中方将大量增加自美购买商品和服务。这也有助于美国经济增长和就业；双方同意有意义地增加美国农产品和能源出口，美方将派团赴华讨论具体事项；双方就扩大制造业产品和服务贸易进行了讨论，就创造有利条件增加上述领域的贸易达成共识；双方高度重视知识产权保护，同意加强合作。中方将推进包括《专利法》在内的相关法律法规修订工作；双方

① 参见 http://www.gov.cn/guowuyuan/2018-05/04/content_5288040.htm。

② 参见 http://www.xinhuanet.com/world/2018-05/20/c_1122857981.htm。

同意鼓励双向投资,将努力创造公平竞争营商环境;双方同意继续就此保持高层沟通,积极寻求解决各自关注的经贸问题。

美财政部长姆努钦在接受采访①时表示,双方作出了巨大的进步,达成框架协议。他强调关税将被中止,如果中国不遵守框架协议,则可以随时恢复征收。此外商务部长罗斯(Wilbur Ross)随后将与中方进行谈判,他预计中方农产品将降低 35% ~40% 的关税,进口的能源产品也将增加。关于中兴问题,姆努钦强调这是一个执法问题,而不是一个贸易问题。(This is an enforcement issue. It's not a trade issue.)

然而美国政府出尔反尔,2018 年 5 月 29 日美国总统发布《关于为保护国内技术和知识产权,防止中国歧视性和严苛的贸易做法采取措施的声明》②指出,按照 3 月 22 日的备忘录,总统对已宣布的行动提出如下最新措施:根据《1974 年贸易法》第 301 条,美国将对来自中国包含重要工业技术的 500 亿美元进口产品征收 25% 的关税,其中包括涉及《中国制造 2025》计划的产品。关税涵盖的进口产品最后清单将不迟于 2018 年 6 月 15 日公布。此后,对这些进口产品征收关税的措施将很快实施。

美国对中国采取强硬立场,以白宫贸易及制造政策办公室主任纳瓦罗(Peter Navarro)为首的派系取得另一次胜利。该派系的对立、孤立主义和贸易保护主义倾向较为明显。事实上,纳瓦罗于 2018 年 5 月 30 日提及财政部长姆努钦宣布搁置 301 条款关税时将之形容为“令人遗憾的发言”。与此同时,商务部长罗斯于 2018 年 6 月初访华,争取中方作出更具体的承诺,增购美国农产品和能源产品。值得注意的是,从第

---

① See http://www.foxnews.com/politics/2018/05/20/mnuchin-says-us-has-deal-with-china-to-cut-trade-deficit-will-hold-off-on-tariffs.html.

② https://www.whitehouse.gov/briefings-statements/statement-steps-protect-domestic-technology-intellectual-property-chinas-discriminatory-burdensome-trade-practices.

五轮中美经贸磋商开始,美方的首席牵头人不再是相对温和的财政部长姆努钦,而换成鹰派代表的美国贸易代表莱特希泽。

(四)第四轮中美经贸高级别磋商①

2018年6月2日至3日,中共中央政治局委员、国务院副总理、中美全面经济对话中方牵头人刘鹤带领中方团队与美国商务部长罗斯带领的美方团队在北京钓鱼台国宾馆就两国经贸问题进行了磋商。双方就落实两国在华盛顿的共识,在农业、能源等多个领域进行了良好沟通,取得了积极的、具体的进展。

为了满足人民群众日益增长的美好生活需要,满足经济高质量发展的要求,中国愿意从包括美国在内的世界各国增加进口,这对两国人民和全世界都有益处。改革开放和扩大内需是中国的国家战略,我们的既定节奏不会变;中美之间达成的成果,都应基于双方相向而行、不打贸易战这一前提。如果美方出台包括加征关税在内的贸易制裁措施,双方谈判达成的所有经贸成果将不会生效。

2018年6月16日美国对500亿美元商品加征25%的进口关税,其中第一部分约340亿美元中国商品主要集中在航空航天、信息技术、汽车零件等高科技领域,将于7月6日起实施;同日中国宣布对500亿美元商品加征25%的进口关税,其中对美农产品、汽车、水产品等545项商品约340亿美元商品加征关税措施,将于7月6日起实施。

2018年6月18日特朗普宣称将对2000亿美元中国商品加征10%关税,并威胁如果中国反击,美国将对另外2000亿美元的中国商品追加额外关税。

2018年7月6日美国对中国340亿美元商品开始加征25%关税;

---

① 参见 http://www.xinhuanet.com/fortune/2018-06/03/c_1122929979.htm。

同日中国对美国340亿美元商品开始加征25%关税;7月10日美国宣布拟将对2000亿美元中国产品加征约10%关税。2018年8月1日美国宣布拟将对2000亿美元中国产品的征税税率由10%提高至25%;8月3日中国国务院关税税则委员会宣布拟将对原产于美国的约600亿美元商品,按照四档不同税率加征25%～45%不等的关税;8月8日美国宣布对第一轮500亿美元中国商品剩余部分(160亿美元)加征25%关税,8月23日生效;同日中国宣布对160亿美元美国商品加征25%关税,8月23日生效。

2018年9月12日美国财政部长姆努钦向中方团队发出邀请,希望中方派出部级代表团在特朗普对华加征新一轮关税前与美方进行贸易谈判,地点将在北京或者华盛顿。中国拒绝了美方邀请。

2018年9月18日美国政府宣布将于9月24日起,对原产于中国的2000亿美元商品加征10%的进口关税,并将于2019年1月1日将加征关税税率上调至25%;18日中国国务院关税税则委员会宣布对8月3日发布的清单中涉及600亿美元进口商品自2018年9月24日加征10%和5%的关税。

2018年11月20日USTR更新了301条款调查报告,指责中国政府支持的知识产权和技术偷窃活动还在继续。11月22日中国商务部发言人高峰在例行新闻发布会上指出:"此次美方在报告中进行了所谓的'更新',对中方进行新的无端指责,捕风捉影,罔顾事实,中方完全不能接受。"①

二、第二阶段:休战三个月

2018年12月1日在阿根廷布宜诺斯艾利斯G20峰会期间,美国总

① 参见中华人民共和国商务部网站,http://www.mofcom.gov.cn/xwfbh/20181122.shtml。

统特朗普与中国国家主席习近平以及中美两国的高级代表举行了工作晚宴,特朗普总统和习近平主席同意立即就强制技术转让、知识产权保护、非关税壁垒、网络入侵和网络盗窃、服务和农业等领域的结构性改革展开谈判。双方同意努力在未来90天内达成一致。如果在此期间结束时,双方无法达成协议,10%的关税将提高到25%。

在贸易问题上,2019年1月1日,特朗普将对价值2000亿美元的产品保留10%的关税暂时提高到25%。中国将同意从美国购买尚未商定但数量非常大的农业、能源、工业和其他产品,以减少两国之间的贸易不平衡。中国已经同意立即开始向美国的农民购买农产品。

2018年12月14日USTR宣布,正式将针对中国2000亿美元产品加征关税从10%提高至25%的时间由2019年1月1日推迟到2019年3月2日。2018年12月14日中国国务院关税税则委员会发布公告,决定从2019年1月1日起,对原产于美国的汽车及零部件暂停加征关税3个月,涉及211个税目。

(一)第五轮中美经贸高级别磋商

2019年1月30日至31日,刘鹤带领中方团队与美国贸易代表莱特希泽带领的美方团队在华盛顿举行经贸磋商。① 双方在两国元首阿根廷会晤达成的重要共识指引下,讨论了贸易平衡、技术转让、知识产权保护、非关税壁垒、服务业、农业、实施机制以及中方关切问题。双方牵头人重点就其中的贸易平衡、技术转让、知识产权保护、实施机制等共同关心的议题以及中方关切问题进行了坦诚、具体、建设性的讨论,取得重要阶段性进展。双方还明确了下一步磋商的时间表和路线图。

双方高度重视知识产权保护和技术转让问题,同意进一步加强合作。

---

① 参见http://www.xinhuanet.com/world/2019-02/01/c_1124073974.htm。

创造公平竞争的市场环境符合中国改革开放大方向，中方将积极回应美方关切；双方同意，将采取有效措施推动中美贸易平衡化发展。中方将有力度地扩大自美农产品、能源产品、工业制成品、服务产品进口，满足中国经济高质量发展和人民美好生活需要；双方就中方具体关切进行了交流，美方将认真回应中方关切；双方一致认为，建立有效的双向实施机制十分重要，有助于确保协商一致的各项举措落地见效。双方已就实施机制的框架和基本要点达成了原则共识，将对其继续细化。

（二）第六轮中美经贸高级别磋商①

2019年2月14日至15日，中共中央政治局委员、国务院副总理、中美全面经济对话中方牵头人刘鹤与美国贸易代表莱特希泽、财政部长姆努钦在北京举行第六轮中美经贸高级别磋商。

双方认真落实两国元首阿根廷会晤共识，对技术转让、知识产权保护、非关税壁垒、服务业、农业、贸易平衡、实施机制等共同关注的议题以及中方关切问题进行了深入交流。双方就主要问题达成原则共识，并就双边经贸问题谅解备忘录进行了具体磋商。双方表示，将根据两国元首确定的磋商期限抓紧工作，努力达成一致。

（三）第七轮中美经贸高级别磋商②

2019年2月21日至24日，习近平主席特使、中共中央政治局委员、国务院副总理、中美全面经济对话中方牵头人刘鹤与美国贸易代表莱特希泽、财政部长姆努钦在华盛顿举行第七轮中美经贸高级别磋商。双方进一步落实两国元首阿根廷会晤达成的重要共识，围绕协议文本

① 参见 http://www.mofcom.gov.cn/article/ae/ldhd/201902/20190202834753.shtml。

② 参见 http://www.xinhuanet.com/world/2019-02/25/c_1124156865.htm。

开展谈判,在技术转让、知识产权保护、非关税壁垒、服务业、农业以及汇率等方面的具体问题上取得实质性进展。在此基础上,双方将按照两国元首指示做好下一步工作。

(四)第八轮中美经贸高级别磋商[①]

2019年3月28日至29日,中共中央政治局委员、国务院副总理、中美全面经济对话中方牵头人刘鹤与美国贸易代表莱特希泽、财政部长姆努钦在北京共同主持第八轮中美经贸高级别磋商,双方讨论了协议有关文本,并取得新的进展。刘鹤副总理将于下周应邀访美,在华盛顿举行第九轮中美经贸高级别磋商。

2019年3月31日中国国务院关税税则委员会宣布延长对原产于美国的汽车及零部件暂停加征关税措施,截止日期另行通知。

(五)第九轮中美经贸高级别磋商[②]

2019年4月3日至5日,中共中央政治局委员、国务院副总理、中美全面经济对话中方牵头人刘鹤与美国贸易代表莱特希泽、财政部长姆努钦在华盛顿共同主持第九轮中美经贸高级别磋商。双方讨论了技术转让、知识产权保护、非关税措施、服务业、农业、贸易平衡、实施机制等协议文本,取得新的进展。双方决定就遗留的问题通过各种有效方式进一步磋商。

随后4月4日,美国总统特朗普在白宫椭圆形办公室会见正在华盛顿进行第九轮中美经贸高级别磋商的中共中央政治局委员、国务院副

---

① 参见 http://www.xinhuanet.com/world/2019-03/29/c_1124303305.htm。

② 参见 http://www.xinhuanet.com/world/2019-04/06/c_1124334051.htm。

总理、中美全面经济对话中方牵头人刘鹤。①

特朗普感谢习近平主席捎来的口信,并请刘鹤转达他对习主席的亲切问候。特朗普表示:“目前美中关系发展良好、强劲有力,处于历史高水平。我很高兴看到,双方经贸磋商已经取得巨大进展,希望双方经贸团队再接再厉,抓紧解决剩余问题,争取早日达成一个全面、历史性的协议,这不仅有利于美中两国,也有利于全世界。我期待在双方达成协议之后,同习主席举行会晤,共同见证这一伟大时刻。”

(六)第十轮中美经贸高级别磋商②

2019年4月30日至5月1日,中共中央政治局委员、国务院副总理、中美全面经济对话中方牵头人刘鹤与美国贸易代表莱特希泽、财政部长姆努钦在北京举行第十轮中美经贸高级别磋商。双方按照既定安排,将于下周在华盛顿举行第十一轮中美经贸高级别磋商。

三、第三阶段:贸易战再度升级

(一)第十一轮中美经贸高级别磋商③

第十一轮中美经贸高级别磋商于2019年5月9日至10日在华盛顿举行。中共中央政治局委员、国务院副总理、中美全面经济对话中方牵头人刘鹤在磋商结束后对媒体表示,中美关系十分重要,经贸关系是中美关系的“压舱石”和“推进器”,不仅涉及两国关系,更涉及世界和平与繁荣。合作是双方唯一正确的选择,但合作是有原则的,在重大原

① 参见http://www.xinhuanet.com/world/2019－04/05/c_1124330376.htm。
② 参见http://www.gov.cn/guowuyuan/2019－05/01/content_5388207.htm。
③ 参见http://www.xinhuanet.com/politics/leaders/2019－05/11/c_1124481543.htm。

则问题上中方决不让步。

刘鹤表示，中方此次带着诚意来华盛顿磋商，与美方进行了坦诚、建设性的交流，双方同意继续推进磋商。中方强烈反对美方加征关税的做法，这不利于中国，不利于美国，也不利于整个世界，中方将不得不采取必要反制措施。

刘鹤强调，双方的协议必须是平等、互利的，在重大原则问题上中方决不让步。目前双方在很多方面达成了重要共识，但中方三个核心关切问题必须得到解决。一是取消全部加征关税。关税是双方贸易争端的起点，如果要达成协议，加征的关税必须全部取消。二是贸易采购数字要符合实际，双方在阿根廷已对贸易采购数字达成共识，不应随意改变。三是改善文本平衡性，任何国家都有自己的尊严，协议文本必须平衡，目前仍有一些关键问题需要讨论。2018年以来，双方谈判出现几次反复，发生了一些曲折，这都是正常的。在双方谈判仍在进行的过程中，随意指责“倒退”是不负责任的。

刘鹤表示，对中国来说，最重要的就是做好自己的事情。中国国内市场需求巨大，供给侧结构性改革的推进将带来产品和企业竞争力的全面提升，财政和货币政策仍有充分的空间，中国经济前景非常乐观。在大国发展的过程中，出现一些曲折是好事，可以检验我们的能力。在以习近平同志为核心的党中央坚强领导下，只要我们坚定信心，共同努力，任何困难都不怕，一定能保持经济持续健康发展的良好态势。

美方未发通稿，指责中国撤回承诺。2019年5月9日，美国政府宣布，自2019年5月10日起，对从中国进口的2000亿美元清单商品加征的关税税率由10%提高到25%。

2019年5月10日美国贸易代表莱特希泽宣布，特朗普指示拟将对从中国进口的剩下3000亿美元商品加征关税。

2019年5月13日中国国务院关税税则委员会宣布自2019年6月

1日起,对已实施加征关税的600亿美元清单美国商品中的部分,提高加征关税税率,分别实施25%、20%或10%加征关税。对之前加征5%关税的税目商品,仍继续加征5%关税。

(二)日本大阪G20"习特会"①

国家主席习近平同美国总统特朗普在大阪举行会晤。两国元首就事关中美关系发展的根本性问题、当前中美经贸摩擦以及共同关心的国际和地区问题深入交换意见,为下阶段两国关系发展定向把舵,同意推进以协调、合作、稳定为基调的中美关系。

习近平指出,中方有诚意同美方继续谈判,管控分歧,但谈判应该是平等的,体现相互尊重,解决各自合理关切。在涉及中国主权和尊严的问题上,中国必须维护自己的核心利益。作为世界前两大经济体,中美之间的分歧终归是要通过对话磋商,寻找彼此都能接受的办法解决。

特朗普表示,美方希望通过协商妥善解决两国贸易平衡,为两国企业提供公正待遇。美方将不再对中国出口产品加征新关税,希望中方能从美国增加进口。美方愿同中方达成彼此都可接受的贸易协议,这将具有历史意义。两国元首同意,在平等和相互尊重基础上重启经贸磋商,美方不再对中国产品加征新的关税。两国经贸团队将就具体问题进行讨论。

(三)第十二轮中美经贸高级别磋商②

2019年7月30日至31日,中共中央政治局委员、国务院副总理、中美全面经济对话中方牵头人刘鹤与美国贸易代表莱特希泽、财政部

① 参见 http://www.xinhuanet.com/world/2019-06/29/c_1124688101.htm。
② 参见 http://www.xinhuanet.com/world/2019-07/31/c_1124822008.htm。

长姆努钦在上海举行第十二轮中美经贸高级别磋商。双方按照两国元首大阪会晤重要共识要求,就经贸领域共同关心的重大问题进行了坦诚、高效、建设性的深入交流。双方还讨论了中方根据国内需要增加自美农产品采购以及美方将为采购创造良好条件。双方将于2019年9月在美举行下一轮经贸高级别磋商。

2019年8月1日美国总统特朗普发表推特称拟将于9月1日起对3000亿美元中国输美商品加征10%关税,此前对2500亿美元中国输美商品加征25%的关税已经生效,此次加征的关税将涵盖剩下的所有中国输美商品。

2019年8月13日USTR宣布将取消部分原定于9月1日生效的对中国输美商品加征的关税,并延迟部分电子产品等的加征关税至12月15日生效,其中包括手机、笔记本电脑、视频游戏控制台、某些玩具、电脑监视器以及某些鞋和衣服。根据USTR公布的清单估算,2018年美国对这些产品的中国进口额约为1500亿美元。但对工具、设备、部分鞋等产品的加征关税仍将在9月1日生效。根据清单估算,2018年,对于这一清单内产品美国从中国进口额约为1070亿美元。

2019年8月23日中国国务院关税税则委员会发布公告决定自2019年12月15日12时01分起,对原产于美国的汽车及零部件恢复加征25%、5%的关税。

2019年8月23日中国国务院关税税则委员会发布公告决定对原产于美国的5078个税目、约750亿美元进口商品加征10%、5%不等的关税,分两批自2019年9月1日12时01分、12月15日12时01分起实施。

2019年8月24日美国总统特朗普发推文宣布从10月1日起,目前按25%税率加征关税的2500亿美元中国输美商品的加征税率上调至30%。之前从9月1日起按10%税率加征关税的3000亿美元中国输美商品的加征税率上调至15%。同时,特朗普还向美国企业施压要求撤出中国。

2019年8月30日USTR正式在《联邦政府公报》上发布通知:自美国东部时间9月1日凌晨12时01分开始,对清单中的1250亿美元中国输美商品加征关税,在原有10%的基础上提高至15%,第一批商品包括智能手表、蓝牙耳机、平板电视和多种鞋类。

2019年9月2日USTR正式在《联邦政府公报》上发布通知:对于2019年10月1日将要生效的对约2500亿美元中国输美商品加征关税税率由25%上调至30%的行动向公众开始征集意见,直至9月20日。

2019年9月12日美国总统特朗普发推特称,将原定于2019年10月1日对约2500亿美元中国输美商品加征关税税率由25%上调至30%的措施推迟至2019年10月15日起生效。同日,中国商务部发言人高峰在例行新闻发布会上做出以下回应,"我们对美方释放的善意行动表示欢迎。据我了解,中方企业已经开始就采购美国农产品进行询价。希望双方继续相向而行,采取实际行动,为磋商创造良好条件。这有利于中美双方,也有利于整个世界"。①

四、第四阶段:谈判取得实质进展

2019年9月19日及20日,来自美国和中国的副部级谈判代表于华盛顿特区会面,双方开展第十三轮中美经贸高级别磋商,继续目标在于改善两国之间贸易关系的讨论。这些讨论是有成效的,美国期待着与来自中国的代表团于10月进行牵头人级别会议。

美国贸易代表莱特希泽和财政部长姆努钦与刘鹤副总理率领的中

① 参见中华人民共和国商务部网站,http://www.mofcom.gov.cn/xwfbh/20190912.shtml。

方代表团于2019年10月10日继续两国间第十三轮贸易谈判。双方在9月19日至20日的副部级会谈的基础上继续。谈论话题包括强制技术转让、知识产权、非关税壁垒、服务业、农业,以及强力执行。

2019年10月11日,美国总统特朗普在白宫椭圆形办公室会见正在华盛顿进行新一轮中美经贸高级别磋商的中共中央政治局委员、国务院副总理、中美全面经济对话中方牵头人刘鹤。①

刘鹤首先转达习近平主席致特朗普总统的口信。刘鹤表示,双方在此轮磋商中就共同关心的经贸问题进行了坦诚、高效、建设性的讨论,在农业、知识产权保护、汇率、金融服务、扩大贸易合作、技术转让、争端解决等领域取得实质性进展,讨论了后续磋商安排。处理好中美经贸关系有利于中国,有利于美国,也有利于世界的和平与繁荣。希望双方相向而行,按照两国元首确定的原则和方向,在平等和相互尊重基础上妥善解决彼此的关切,推动两国经贸关系健康稳定向前发展。特朗普感谢习近平主席的口信,很高兴看到中美经贸磋商取得了实质性的第一阶段成果,这对中美两国和世界都是重大利好,希望双方团队抓紧工作,及早确定第一阶段协议文本,并继续推进后续磋商。

美方主要强调阶段一的协议注重于农业结构性问题和政府采购、金融服务、知识产权盗窃和技术转移。

2019年10月13日,美国总统特朗普发推特称:"我与中国的协议是:他们马上开始大量购买我们的农产品,而不是等3周至4周协议签署之后。他们已经开始买了! 同样地,关于金融服务业的开放和其他协议内容,他们也已经开始准备了。我同意在10月15日暂时不把关税从25%提高到30%。加征税率将维持25%的水平。"

---

① 参见 http://www.xinhuanet.com//asia/2019-10/12/c_1125093839.htm。

2019年12月13日中美第一阶段经贸协议达成，文本包括序言、知识产权、技术转让、食品和农产品、金融服务、汇率和透明度、扩大贸易、双边评估和争端解决、最终条款9个部分。同时，双方达成一致，美方将履行分阶段取消对华产品加征关税的相关承诺，实现加征关税由升到降的转变。USTR宣布拟将对约1200亿美元中国商品加征的关税下调至7.5%，保持对约2500亿美元中国商品加征的25%关税。

中方认为，中美两国作为全球最大经济体，处理两国经贸关系必须从大局出发，达成经贸协议有利于中美两国人民和世界人民的根本利益，将在经贸、投资、金融市场等方面产生积极效应。本协议总体上符合中国深化改革开放的大方向，以及自身推动经济高质量发展的内在需要。协议相关内容的落实，将有助于强化知识产权保护，改善营商环境，扩大市场准入，更好维护包括外国企业在内的各类企业在华合法权益，也有利于保护中方企业在对美经贸活动中的合法权益。随着中国国内市场的扩大，中方企业按照WTO规则和市场化、商业化原则，增加从包括美国在内的各国进口的优质、有竞争力的产品和服务，有助于顺应国内消费升级的趋势，满足人民日益增长的美好生活需要。本协议有利于中美两国加强经贸领域的合作，有效管控和解决经贸领域的分歧，促进中美经贸关系稳定发展。在当前全球经济面临下行压力的背景下，本协议有利于增强全球市场信心，稳定市场预期，为正常的经贸和投资活动创造良好环境。

双方约定，下一步双方将各自尽快完成法律审核、翻译校对等必要的程序，并就正式签署协议的具体安排进行协商。

协议签署后，希望双方能够遵守协议约定，努力落实好《第一阶段协议》相关内容，多做有利于双边经贸关系发展和全球经济金融稳定的事情，维护世界和平与繁荣。

2019年12月15日中国国务院关税税则委员会发布公告对原计划

于12月15日12时01分起加征关税的原产于美国的部分进口商品，暂不征收10%、5%关税，对原产于美国的汽车及零部件继续暂停加征关税。

2020年1月15日，中共中央政治局委员、国务院副总理、中美全面经济对话中方牵头人刘鹤同美国总统特朗普代表中美双方在美国华盛顿白宫东厅签署《第一阶段协议》。

2020年1月15日随着《第一阶段协议》的签署，USTR发布公告，决定自2020年2月14日美国东部时间12时01分起，美国对中国3000亿美元商品清单中的第一部分约1200亿美元商品加征关税从15%降至7.5%正式生效。

2020年2月6日中国国务院关税税则委员会发布公告，调整对原产于美国的约750亿美元进口商品加征关税措施：自2020年2月14日13时01分起，调整国务院关税税则委员会《关于对原产于美国的部分进口商品（第三批）加征关税的公告》（税委会公告〔2019〕4号）规定的加征税率。该公告附件1第一部分、第二部分所列270个、646个税目商品的加征税率，由10%调整为5%；第三部分、第四部分所列64个、737个税目商品的加征税率，由5%调整为2.5%。

第七节　USTR发布301条款调查的更新版报告

一、更新版报告发布的背景

继2017年8月发起针对中国的301条款调查和2018年3月发布首份报告之后，时隔7个月，美国时间2018年11月20日，USTR又发布了301条款调查报告的更新版本。

报告认为："尽管美国一再努力与中国接触，国际社会也对中国的技术转让政策发出警告，但中国没有做出建设性的回应，也没有采取任何实质性行动解决美国的关切。”而且,“中国还在公开简要申报和政府间沟通中都明确表示,她不会对第301条的最初行动做出改变”。报告认为,中国于2018年9月发布的《关于中美经贸摩擦的事实与中方立场》白皮书,否认了其在涉及技术转让和知识产权的政策方面存在问题。

在过去的7个月中,美国仍在持续关注中国对《301报告》指出的“不合理行为”做出的反应,进一步对这类行为进行调查和取证。在这份新的报告中,美国认为,“中国根本没有改变与技术转让、知识产权和创新相关的行为、政策和做法,这类不合理行为仍在继续”。

二、更新版报告的主要内容

报告包括六个部分,第一部分主要是背景和现状的总结。回顾了原《301报告》的内容,与欧盟、日本发表的联合声明,以及双方的关税战情况。此外,USTR认为中国的科技政策没有改变,援引了一些新闻报道称中国虽然要求不再口头宣传《中国制造2025》,但事实上仍然支持这些高技术领域,并且使用其他政策作为替代,如《重点领域技术创新绿皮书:技术路线图(2017年)》、十三五计划以及《〈战略性新兴产业重点产品和服务指导目录〉征求意见通知》等。

第二部分主要是指控中国如何通过更隐蔽复杂的手段持续实施和支持网络窃取知识产权、入侵美国公司及其他国家商业网络的政策和做法,以及其他非法获取信息的手段,为中国政府提供了未经授权的知识产权信息,包括商业秘密、机密商业信息、技术数据、谈判立场以及敏感保密的内部商业通信。

第三部分描述了尽管2018年放宽了一些外国所有权限制,采取了一些改革措施,但仍有外国投资限制,以迫使美国公司向中国企业转让技术,如新能源汽车领域。许多外国公司及贸易伙伴都表达了对中国技术转让制度的担忧。

第四部分简要概述了对于中国的歧视性许可限制,美国正在根据WTO在中国寻求争端解决(DS542)。DSB在11月21日举行会议,DS542案件已经成立专家组,但尚未选任。

第五部分指控尽管中国在2018年对外投资总体明显减少,中国政府继续指示且不公平促成中国企业对美国公司和资产的系统投资和收购,以获取尖端技术和知识产权,并在国家产业政策中的重要行业进行大规模技术转让。中国对外投资越来越集中在对硅谷等技术中心的风投(VC),中国风投在2018年创纪录。

第六部分是结论,中国尚未改变其做法。

莱特希泽发表声明称“这一更新表明,中国并没有从根本上改变其不公平、不合理和扭曲市场的做法,这些做法早已见诸2018年3月301条款调查报告”。

三、更新版报告的法律意义

更新版301条款调查报告发布的时间非常特别,在G20“习特会”即将于2018年12月1日举行之际,这无疑又再度加剧了双方之间紧张的贸易关系。美国贸易代表莱特希泽在一份简要申报中说,这一更新显示,中国没有从根本上改变其不公平、不合理、扭曲市场的贸易行为,而这些正是3月《301报告》的主要内容。更新的报告称,中国不仅没有以“建设性”的方式回应最初的301条款调查报告,没有对美国的担忧做出实质性的行动,反而表示不会改变其政策。

更新版美国对华301条款调查报告其实是为美国进一步对中国3000多亿美元商品加征25%的关税做铺垫,成为对中国政府进行极限施压的借口。

四、中国政府的回应

商务部新闻发言人回应称：我们注意到美方发布的相关报告，中方对此表示严重关切。中方多次强调，美方开展的所谓“301条款调查”，以及相关的贸易措施，是依据其国内法采取的单边主义、贸易保护主义，是把美国的国内法凌驾于国际法之上，违背美方自己对WTO所有成员作出的承诺，是对WTO多边规则的无视和破坏。此次美方在报告中进行了所谓的“更新”，对中方进行新的无端指责，捕风捉影，罔顾事实，中方完全不能接受。希望美方停止破坏双边经贸关系的言行，采取建设性态度，为中美经贸关系重回正轨、为全球经济的稳定增长创造有利条件。

第八节　中美达成第一阶段经贸协议

2019年12月13日中美达成第一阶段经贸协议，协议文本包括序言、知识产权、技术转让、食品和农产品、金融服务、汇率和透明度、扩大贸易、双边评估和争端解决、最终条款9个部分。同时，美方将履行分阶段取消对华部分产品加征关税的相关承诺，实现加征关税由升到降的转变。USTR宣布拟将对约1200亿美元中国商品加征的关税下调至7.5%，仍然对约2500亿美元中国商品加征25%关税。

一、美国政府签订协议的法律授权

USTR认为，此次中美谈判将达成有拘束力的国家间协议（binding agreement between nations），不需要将该协议提交国会批准，总统根据宪法有权就贸易问题与中方订立行政协定（executive agreement）。

(一)301 条款的授权

第 301 条(c)(1)(D)规定,美国贸易代表有权与有关国家达成具有约束力的协定,促使他国政府承诺取消有关的立法、政策和做法,消除此类立法、政策或做法对美国商业造成的负担与限制,或对美国的贸易利益提供满意的补偿。[①]

美国行政机构一直在使用 301 条款授权(Section 301 Authority)签订国际协议,解决以往的贸易争端。比如,2019 年美国与欧盟签订协议,处理为时已久的有关荷尔蒙肉的 WTO 争端。该协议是处理美国出口到欧盟的肉制品,以 2009 年(2014 年修订)双方谅解备忘录为基础,提出了三个阶段解决方案,欧盟同意对美国高质量牛肉使用关税配额,在随后的第二阶段和第三阶段不断提高美国牛肉的进口数量。作为交换,美国承诺分阶段降低对欧盟产品加征的关税。2019 年协议更新了分配给美国产品的关税配额,使 USTR 终止了针对欧盟的 301 条款措施。

(二)宪法的授权

美国《宪法》第 2 条允许美国总统在以下情形下不经国会批准可与其他国家签订国际协议[有时称为"独立行政协议"(sole executive agreement)],此之谓宪法的授权(constitutional authority):第一,当总统对某个问题(如承认外国政府)享有完全权力时,他可以签订独立行政协议;第二,当总统与美国国会共享宪法上权力时,他可以签订行政协议,但是该权力的准确外延仍然不明确。

后一种情况可能对中美《第一阶段协议》产生不利影响,因为具有

① See Section 301(c)(1) of the Trade Act of 1974, 19 U.S.C. §2411(c)(1).

争议性的是该协议涉及美国国会“管理与外国贸易”的权力。比如,该协议包含了一章“食品与农产品”,该章要求中国承诺从美国进口一定数量的农产品。贸易协议通常是采用“国会—行政协议”(总统谈判达成协议,然后由国会投票批准),比如《美墨加协定》。但是,上述做法并不意味着总统没有宪法上的签订有关贸易的独立行政协议的权力,尤其是联邦法律来禁止总统签订此类协议。近来依赖“国会—行政协议”方式签订贸易协议的做法仅仅表明,总统选择以独立行政协议方式签订中美《第一阶段协议》,这是不寻常之举。

因此,中美《第一阶段协议》签订是依据上述两个授权签订的,任何一种授权均不需要该协议经国会批准,该协议可以依据其条文规定生效。该协议第8.3.1条规定,“本协议应自双方签字后30日内或双方相互书面通知已完成各自国内适用程序之日起生效,二者以孰早为准”。

二、协议的主要内容

(一)知识产权

知识产权(IP)章节涉及商业秘密、与制药相关的知识产权、商标、地理标志、打击盗版和假冒商品的执法等众多美国长期关注领域。

1. 商业秘密(trade secrets)

美方一直担心盗窃商业秘密会削弱美国在全球的竞争力,置美国就业于风险中。“知识产权”一章加强了对商业秘密的保护,以及对中国盗用商业秘密的执法,这是美国头等优先事项。中美双方在商业秘密保护方面作出以下承诺:

(1)将承担盗用商业秘密民事责任的范围扩大到直接从事生产或产品和服务销售的实体之外,商业秘密所有者可以对任何法人或自然人(包括之前的雇主或网络黑客)提起民事诉讼。

(2)将下列行为列为侵犯商业秘密行为:电子入侵;违反或者诱导违反不披露秘密信息或者意图保密的信息的义务;对于在有义务保护商业秘密不被披露或者有义务限制使用商业秘密的情形下获得的商业秘密未经授权予以披露或者使用。

(3)如果商业秘密权利人认为有间接证据证明被告侵犯商业秘密,那么被告应当承担举证责任或者提供证据的责任。

(4)应将使用或试图使用所主张的商业秘密信息认定为“紧急情况”,使得司法机关有权基于案件的特定事实和情形采取行为保全措施。

(5)刑事程序和处罚应至少将出于非法目的,通过盗窃、欺诈、实体或电子入侵(physical or electronic intrusion)的形式侵犯商业秘密的行为,以及未经授权或不当使用计算机系统的行为列为禁止行为。

(6)应禁止政府工作人员或第三方专家或顾问,未经授权披露在中央或地方政府层面的刑事、民事、行政或监管程序中提交的未披露信息、商业秘密或保密商务信息。中美两国应要求各级行政机构和其他机构:①将提交信息的要求控制在合法实施调查或监管所需范围内;②将有权接触所提交信息的人员仅限于实施合法调查或监管的政府工作人员;③确保已提交信息的安全和保护;④确保与信息提交方有竞争关系,或与调查或监管结果有实际或可能经济利益关系的第三方专家或顾问,不得接触到此类信息;⑤建立申请豁免信息披露的程序,以及对向第三方披露信息提出异议的机制;⑥对未经授权披露商业秘密或保密商务信息的行为实施应阻遏此类未经授权披露的刑事、民事和行政处罚,包括罚金和停止或终止聘用,以及作为修订相关法律的最终措施一部分的监禁。

2. 专利及与药品有关的知识产权(patent and pharmaceutical intellectual property)

为更好满足广大患者需要,中美双方应为药品相关知识产权,包括专利以及为满足上市审批条件而提交的未经披露的试验数据或其他数据,提供有效保护和执法,双方在"知识产权"一章作出如下承诺:

(1)应在全国范围内建立及早解决专利纠纷的有效机制,包括规定专利权人、被许可人或上市许可持有人有权在被指控侵权的产品获得上市许可前提起诉讼,就可适用专利的有效性或侵权的纠纷解决寻求民事司法程序和快速救济。还可提供行政程序解决此类纠纷。

(2)在专利权人的请求下,应延长专利的有效期,以补偿在专利授权过程中并非由申请人引起的不合理延迟。

(3)应允许药品专利申请人在专利审查程序、专利复审程序和司法程序中,依靠补充数据来满足可专利性的相关要求,包括对公开充分和创造性的要求。

3. 商标与地理标志(trademarks and geographical indications)

"知识产权"一章将加强对两国品牌的保护,并帮助解决不适当地过度保护地理标志而拒农产品和食品于市场之外。中美两国承诺如下:

(1)应确保商标权充分和有效的保护和执法,特别是打击恶意商标注册行为。

(2)应确保针对其他贸易伙伴依据一项国际协定已提出或将要提出的关于承认或保护地理标志的请求所采取的任何措施,不会减损使用商标和通用名称出口至中国的美国货物和服务的市场准入。

(3)中国应确保其主管部门在确定某一名称在中国是否为通用名称时,考虑中国消费者如何理解这一名称,包括以下因素:字典、报纸和相关网站等可信来源;该名称所指的货物在中国营销和在贸易中如何使用;该名称是否在合适的情况下,在相关标准中被使用以对应中国的一种类型或类别的货物,例如根据国际食品法典委员会颁布的标准;有关货物是否从申请书或请求书中所表明地域之外的地方大量进口至中国,且不会以在货物原产地方面误导公众的方式进行,以及这些进口货物是否以该名称命名。

(4)如果受到一方地理标志保护的复合名称中的单独组成部分是通用名称,该部分应不受该方地理标志保护。

(5)当中国向复合名称提供地理标志保护时,如该复合名称中有不予保护的单独组成部分,应公开列明。

4.针对盗版及假冒产品的执法(enforcement against pirated and counterfeit goods)

盗版和假冒产品严重危害公众的利益,并且伤害中美两国权利人。双方应采取持续、有效的行动,阻止假冒和盗版产品的生产和分销,包括对公共卫生或个人安全产生重大影响的产品。中美两国作出如下承诺:

(1)应提供执法程序,使得权利人能够针对网络环境下的侵权行为采取有效、迅速的行动,包括有效的通知及下架制度,以应对侵权。

(2)对未能采取必要措施整治知识产权侵权的主要电子商务平台,应采取有效行动,打击平台上泛滥的假冒或盗版商品。

(3)采取有效和迅速的执法行动,打击假冒药品和生物药的相关产品,包括活性药物成分、散装化学品和生物制品。

(4)应确保持续和有效的行动,阻止对公共卫生或个人安全产生重大影响的假冒产品的生产和分销。

(5)司法部门应责令没收和销毁所有假冒或盗版商品,以及包含可用于附着在商品上的假冒标识的物品;应责令没收和销毁主要用于制造假冒或盗版商品的材料和工具。

(6)应持续、有效地打击实体市场的著作权和商标侵权行为,在《第一阶段协议》生效后4个月内,显著增加执法行动数量。

(7)应确保所有政府机构以及所有政府拥有或控制的实体,均安装和只能使用经许可的软件。

5. 司法中的威慑级别的救济和处罚(deterrent-level remedies and penalties and issues in the judicial system)

(1)应规定足以阻遏未来知识产权窃取或侵权的民事救济和刑事处罚,包括应提高法定赔偿金、监禁刑和罚金的最低和最高限度,以阻遏未来窃取或侵犯知识产权的行为。

(2)如依据客观标准,存在基于清晰事实的对于知识产权刑事违法行为的"合理嫌疑",应要求行政部门将案件移交刑事执法。

(3)应确保其法院最终判决的任何罚款、处罚、经济赔偿支付、禁令或其他侵犯知识产权的救济措施得到迅速执行。

(4)应规定如下的法律推定:如果没有相反的证据,以通常方式署名显示作品的作者、出版者、表演的表演者或录音制品的表演者、制作人,就是该作品、表演或录音制品的著作权人或相关权利人,而且著作权或相关权利存在于上述作品、表演、录音制品中。

(5)在民事司法程序中,对于可通过当事人之间认可或以接受伪证处罚为前提的证人证言来引入或确认真实性的证据,双方不得提出证据认证的形式要求,包括要求领事官员盖章或盖印等。

(6)在民事司法程序中,应给予当事方在案件中邀请证人或专家,并在庭审中对证人证言进行质询的合理机会。

(二)技术转让

技术转让(technology transfer)尤其是禁止强制技术转让也是美方的重要关切点。本章共5条,主要是从市场准入、行政许可、正当程序和透明度等方面强调技术转让应基于自愿基础上的市场条件,而不是外来压力。“技术转让”一章规定了具有约束力和可执行的义务,以解决 USTR 301 条款调查中查明的中国若干不公平技术转让做法。通俗地说,就是不得使用“市场换技术”,不得使用“行政许可换取技术”,不得使用“继续获得有利条件换取技术”。具体如下:

1. 任何一方都不得正式或非正式地要求或施压对方自然人或法人,使用或偏向由己方个人所有或许可给己方个人的相关技术,并以此作为以下事项的条件,其中包括:(1)批准一项行政管理或行政许可要求;(2)在己方管辖区经营,或进入己方市场;(3)获得或继续获得己方给予的有利条件。

2. 自然人或法人之间的技术转让或许可应基于自愿且反映其同意的市场条件。

3. 不得支持或指导其自然人或法人针对其产业规划所指向的领域和行业,开展以获取外国技术为目的、导致扭曲的境外直接投资活动。

4. 应确保所有法律法规的执行是公正、公平、透明和非歧视性的。

(三)农产品和海鲜产品

农业章节针对农产品和海鲜产品(agriculture and seafood)讨论结构性贸易壁垒,并将支持中美两国食品、农业和海产品出口的大幅扩大,增加农业和渔业收入,创造更多的农村经济活动,以及促进就业增长。解决农业和海产品的众多非关税壁垒包括肉类、家禽、海鲜、大米、乳制品、婴儿配方奶粉、园艺产品、动物饲料和饲料添加剂、宠物食品以及农业生物技术产品。

1. 购买(purchases)

未来两年内,中国承诺购买并进口美国食品、农产品、海鲜至少 800 亿美元,每年至少 400 亿美元。产品涵盖了美国所有的食品、农产品和海鲜产品。此外，在未来两年，中国将努力每年再多进口 50 亿美元的美国食品、农产品和海鲜产品。

2. 农业生物技术（agricultural biotechnology）

中美两国承诺为农业生物技术产品的安全性评价和审批采用透明、可预测、高效及以科学和风险为基础的监管流程；对于用作饲料或加工的农业生物技术产品，承诺大幅缩短从申请的审查至批准的平均时间至 24 个月内；承诺在本协议生效之日起 12 个月内，就源于转基因微生物的食品成分审批，建立并公布一套简化、可预测、以科学和风险为基础、高效的安全评价流程。

3. 国内支持（domestic support）

中美两国应尊重其 WTO 义务，在官方公报栏公布关于其国内支持计划和政策的法律、法规和其他措施；关于中国国内支持措施，DSU 下美国享有的针对中国的权利，不受本协议限制。

4. 关税配额管理（tariff rate quota administration）

中美两国对小麦、大米和玉米关税配额资格、分配、返还、再分配和处罚的要求，不得区别对待国营贸易企业和非国营贸易企业，并应同等适用于小麦、大米和玉米关税配额中的国营贸易配额和非国营贸易配额；中国应确保自 2019 年 12 月 31 日起，小麦、大米和玉米的关税配额措施应符合中国特定农产品关税配额案专家组报告及 WTO 协定，包括中国在《中华人民共和国加入世界贸易组织议定书》和中国第 152 号减让表第一部分第 1（B）节中的承诺。

5. 卫生及植物检疫措施（sanitary and phytosanitary measures）

考虑到以科学和风险为基础的卫生与植物卫生措施在保护人类、动物及植物生命与健康中发挥着关键作用，而出于保护主义目的使用卫生与植物卫生措施对消费者和生产者福利均有负面影响；认识到确保卫生与植物卫生措施以科学为基础、非歧视及考虑区域间卫生与植物卫生特性差异的重要性,同意各方都不得使用构成对国际贸易的变相限制的卫生或植物卫生措施。

6. 食品安全(food safety)

双方不得实施未基于科学和风险的食品安全法规或要求另一方监管部门未基于科学和风险的行动,且应使用该法规和要求该行动只以保护人类生命或健康所需程度为限。

此外,中国愿意进口美国的乳制品和婴幼儿配方奶粉。中国在进行检查和核查时,应当提前20个工作日通知美国食品药品监督管理局、美国农业部以及美国的生产企业。为了简化程序、提高效率、促进贸易便利化,中国不会将现场核查或者检查作为注册乳制品工厂或者婴幼儿配方奶粉工厂的前提条件。中国愿意进口美国的牛肉、禽肉和猪肉、水产品、大米、饲料添加剂、配合饲料、宠物食品,并且按照双方商定的检验程序实施检验。中国同意购买美国的小麦、大米、玉米等农作物,尊重WTO的有关规则。

(四)金融服务

金融服务(financial services)一章共7条,包括第4.1条目标、第4.2条银行服务、第4.3条信用评级服务、第4.4条电子支付服务、第4.5条金融资产管理(不良债务)服务、第4.6条保险服务、第4.7条证券、基金管理和期货服务。

1. 银行服务(banking services)

中国承诺,在美国金融机构的合格子公司提供或寻求提供证券投资基金托管服务时,其母公司的海外资产情况应被纳入考量以满足相关资产要求。中国确认,美国金融机构申请成为各类非金融债务融资工具A类主承销商时,应根据修改后的发放非金融企业债务融资工具主承销商牌照的评估规则接受评估,并相应获得牌照。该规则将美国金融机构的国际资质纳入评估考量，使该实体能够以此来满足在华申请牌照的相关要求。

2. 信用评级服务（credit rating services）

中国承诺继续允许美国服务提供者（包括美国独资信用评级服务提供者）对向国内外投资者出售的所有种类的国内债券进行评级，允许信用评级服务提供者在该提供者现有合资企业中获得多数股权。

3. 电子支付服务（electronic payment services）

中国在美国电子支付服务提供者，包括寻求以外商独资实体身份开展经营的提供者，提交筹建银行卡清算机构的任何相关申请后5个工作日内应予以受理，并可在这5个工作日内，一次性提出修改或补充信息的要求。在此情况下，中国在申请人对此要求作出回应后5个工作日内应受理申请。中国在受理后90个工作日内应就该申请作出决定，包括对不利决定给予解释。

4. 不良债务服务（distressed debt services）

中国应允许美国金融服务提供者从省辖范围牌照开始申请资产管理公司牌照，使其可直接从中资银行收购不良贷款。中国在授予新增的全国范围牌照时，对中美金融服务提供者一视同仁，包括对上述牌照的授予。

5. 保险服务（insurance services）

中国不迟于2020年4月1日，应取消寿险、养老保险和健康保险领域的外资股比限制，并且允许美国独资保险公司进入上述领域。此外，应取消对所有保险领域（包括保险中介）的经营范围限制、歧视性监管流程和要求，以及过于繁重的许可和经营要求，并应及时审核和批准美国金融服务提供者提交的任何保险服务牌照申请。

6. 证券服务（securities services）

中国不迟于2020年4月1日，应取消外资股比限制并允许美国独资的服务提供者进入证券服务领域,并应基于非歧视原则审核和批准对方金融机构的证券牌照的合格申请。

7. 基金管理服务(fund management services)

中国不迟于 2020 年 4 月 1 日,应取消外资股比限制并允许美国独资的服务提供者进入基金管理服务领域,并应基于非歧视原则审核和批准对方金融机构的基金管理牌照的合格申请。

8. 期货服务(future services)

中国不迟于 2020 年 4 月 1 日,应取消外资股比限制并允许美国独资的服务提供者进入期货服务领域,并应基于非歧视原则审核和批准对方金融机构的期货牌照的合格申请。

(五)货币

关于宏观经济政策和汇率事项的一章,包括关于货币问题的政策和透明度承诺。本章针对不公平的汇率操作,要求作出高标准承诺,避免竞争性贬值和设置汇率目标,同时大大提高透明度,并规定问责和执行机制。这种做法将有助于加强宏观经济和汇率稳定,并确保中国不会利用汇率手段不公平地与美国出口商竞争。

(六)扩大贸易

对于扩大贸易(expanding trade)方面,双方承认,本协议以及中国正在采取的开放经济和改善贸易体系的举措所带来的贸易和经济结构变化,将有助于扩大贸易流,包括显著增加美国和其他国家对中国的商品和服务出口;双方认识到,美国生产并能够供应品质高、价格竞争力强的商品和服务,而中国需要增加质优价廉的商品和服务的进口,以满足中国消费者日益增长的需要。因此,从 2020 年 1 月 1 日至 2021 年 12 月 31 日两年内,中国应确保在 2017 年基数之上,扩大自美采购和进口制成品、农产品、能源产品和服务不少于2000亿美元。具体而言，中国应确保：

1. 在制成品方面，主要是工业机械、电气设备和机械、医药产品、飞机、汽车、光学和医疗仪器、铁和钢、太阳能级多晶硅、硬木木材及化学产品，在2017年基数之上，中国2020日历年自美采购和进口规模不少于329亿美元，2021日历年自美采购和进口规模不少于448亿美元。

2. 在农产品方面，主要产品包括油籽、肉、大豆、棉花、谷物、海鲜以及其他农产品，在2017年基数之上，中国2020日历年自美采购和进口规模不少于125亿美元，2021日历年自美采购和进口规模不少于195亿美元。应美国请求，中国除此处列出的最低额外，在本章节覆盖范围内，将每年尽量增加50亿美元的农产品进口。

3. 在能源产品方面，主要产品包括液化天然气、原油、石化产品、煤炭等，在2017年基数之上，中国2020日历年自美采购和进口规模不少于185亿美元，2021日历年自美采购和进口规模不少于339亿美元。

4. 在服务方面，主要包括金融服务、保险服务、云和相关服务、旅游服务等，在2017年基数之上，中国2020日历年自美采购和进口规模不少于128亿美元，2021日历年自美采购和进口规模不少于251亿美元。

双方预测，从2022日历年至2025日历年，中国自美采购和进口制成品、农产品、能源产品和服务将继续保持增长方向。

（七）争端解决

争端解决一章规定了确保有效执行协议并允许各方以公平和迅速的方式解决争端的安排。这种安排在领导层级别和执行层面都建立了定期的双边磋商机制。它还为处理与协议有关的争端建立了强有力的程序，并允许每一当事方采取其认为适当的相应行动。

三、协议的监督和执行机制

双方认为"应当以公平、快速和秉持尊重方式,解决双边经贸关系中的问题,避免经贸纠纷及其影响升级扩散至双边关系的其他领域"。

双方为此建立了一个特殊的"贸易框架小组",由中国国务院分管副总理和美国贸易代表牵头。除此之外,双方恢复宏观经济会议,以讨论综合性经济问题。双方商定由中国国务院分管副总理和美国财政部长牵头。双方应当尽一切努力确保"贸易框架小组"会议和宏观经济会议"都高效,以解决问题为导向"。中美各自设立"双边评估和争端解决办公室",中国应当在国务院分管副总理领导下设办公室,并且指定一名副部长作为牵头人。美国设立"双边评估和争端解决办公室",应当指定一名副贸易代表作为牵头人。

双方商定如果申诉方认为被申诉方行为不符合《第一阶段协议》,申诉方可以向被申诉方的"双边评估和争端解决办公室"提出申诉,申诉应当以书面形式提出,并且包含足够信息,以使被申诉方能够对事项进行评估。申诉方提交的有关信息可以但是不必要包含能够识别的公司信息或者商业保密信息。

被申诉方应当考虑申诉方所提交的有关问题,评估完成之后,应当指定官员正式启动磋商机制。如果指定官员未能解决申诉,可将该项问题提交中国副部长和美国副贸易代表处理。如果在副部长级别没有得到解决,可以提交国务院副总理和美国贸易代表处理。如果国务院副总理和美国贸易代表举行的会议未能解决申诉方提出的问题,双方应当就申诉方所说的损害或者损失快速进行磋商,并且达成共识。如果没有达成共识,那么,申诉方可以请求采取行动,包括停止本协议中应当履行的义务,以适当方式采取补救措施。

本协议对双边评估和争端解决流程作出了具体的规定。其中"贸易框架小组”会议应当每 6 个月举行一次。宏观经济会议应当定期举行。“双边评估和争端解决办公室”负责人应当每季度举行一次会议。双方指定的官员应当至少每月举行一次会议。按照这样的节奏，中美两国经贸官员将会经常会面，中美两国在贸易问题上将会建立由低到高的磋商机制，美国单方面对中国发动贸易战争将会被禁止，中美两国贸易关系将会重新回到正轨。

值得特别注意的是，中美《第一阶段协议》核心价值就在于，确立了“对等”的原则，凡是中国作出的承诺，美国都采取相应的措施。换句话说，这是一份权利义务对等的协议。美国对中国提出的要求，美国必须做到。

2020 年 2 月 14 日美国 USTR 宣布根据《第一阶段协议》成立“双边评估和争端解决办公室”，由美国副贸易代表杰弗里 · 格里什（Jeffery Gerrish）负责。

2020 年 2 月 25 日美国农业部长桑尼 · 珀杜（Sonny Perdue）和美国贸易代表莱特希泽宣布，[①]中国已经采取多项行动，开始落实基于具有里程碑意义的《第一阶段协议》时间表作出的与农业相关的承诺。这项协议于 2020 年 2 月 14 日生效。这些行动包括：签署议定书，允许进口美国新鲜切片马铃薯（“美国切片马铃薯议定书公告”，U. S. Chipping Potatoes Protocol Announcement）；解除对美国禽类和禽类产品的进口禁令，包括含禽类产品的宠物食品（“关于禽类和禽类产品的公告”，Poultry and Poultry Products Announcement）；解除对含反刍动物成分的美国宠物食品的进口限制（“关于含反刍动物成分的宠物食品的公告”，Pet Food with Ruminant Ingredients Announcement）；更新被准许向中国出

① See https://ustr. gov/about-us/policy-offices/press-office/press-releases/2020/february/usda-and-ustr-announce-progress-implementation-us-china-phase-one-agreement.

口动物蛋白、宠物食品、乳品、婴儿配方乳品和非食用动物产品的设施名单;更新可以作为饲料添加剂向中国出口的产品名单,以及更新被批准向中国出口的美国水产类名单。此外,中国开始宣布,对受制于报复性关税的进口美国农产品给予关税排除("排除关税程序公告",Tariff Exclusion Process Announcement),并宣布对某些美国农产品降低报复性关税税率("关税税率调整公告",Tariff Rate Adjustment Announcement)。这些行动将有助于中国向兑现其《第一阶段协议》采购承诺推进。

四、中美第二阶段谈判议题

由于《第一阶段协议》未能涵盖所有美国关注的问题,美国继续与中国进行第二阶段的谈判,包括在《第一阶段协议》中没有解决的知识产权、技术转让和服务市场准入问题,以及过剩产能、补贴、国有企业、网络安全、数据本地化和跨境数据传输、药品和医疗器械、竞争执法、监管透明度和标准等领域的关键问题。双方同意在第二阶段谈判中解决以下知识产权问题:医药数据的保护、未经许可录制电影画面、体育比赛转播的版权保护等。

特朗普在2020年美国总统大选中落败,刚上台的拜登政府无意继续与中国进行第二阶段谈判,同时也不会急于取消特朗普政府依据301条款调查对原产于中国产品加征的关税。2021年4月28日,美国贸易代表戴琪(Katherine Tai)在参加美国联邦参议院商务、司法、科学及相关机构小组委员会的听证会时表示,美国有失去关键产业的风险,特别是鉴于中国政府的不公平贸易做法。因此,美国政府正在密切审视特朗普政府与中国签订的贸易协议,以确保中国政府正在履行条约。戴琪表示:"关于中国在中美第一阶段贸易协议中作出的采购承诺,我们正在检视他们的表现,也在全面审视他们已经完成的部分。"戴琪表示拜登政府的优先任务是检视中国在兑现承诺方面的表现。但彼得森国际经济研究所经济学家鲍恩(Chad Bown)指出,截至 2021 年第一季度,中国距离其承诺仍有近 40% 的差距。①

① See https://www. appropriations. senate. gov/hearings/review-of-the-activities-and-fiscal-year-2022-funding-priorities-of-the-office-of-the-us-trade-representative-.

第四章　美国301条款调查与WTO的关系

第一节　GATT争端解决机制

一、GATT争端解决机制存在的缺陷

WTO成立之前，美国经常依赖301条款调查，单方面迫使贸易伙伴开放其国内市场，解决其贸易逆差，美国对其单方面使用301条款调查的主要辩解是1947年GATT缺乏有效的争端解决机制。美国认为，GATT争端解决机制存在以下四大缺陷。

1. 无限期拖延案件审理

GATT的争端解决机制对于各种程序均未设定期限（time periods），似乎任何程序均可无限期进行，结果很多案子可能并确实拖延长达数年。例如，声名狼藉的油菜籽案（美国申诉欧共体对其油菜籽加工厂商，后来是对油菜籽种植者提供补贴）就花费了4年半时间才得以解决。美国最初于1988年4月要求成立专家组，在可能造成整个乌拉圭回合谈判失败的对抗性谈判之后，该案才于1992年11月最终得以解决。

2. 败诉方权利过大

根据GATT争端解决机制，败诉方可以阻挠争端解决机构的设立、裁决报告的通过以及报复的授权。案件的任何一方，通常是被诉的缔

约方,可以阻挠GATT专家组成立,导致可能永远无法成立专家组。此外,假定被诉的缔约方同意成立专家组并作出了裁决报告,但其还可以阻挠缔约方大会通过该裁定报告。通常情况下,被诉方将阻挠专家组成立,或阻挠裁决报告的通过,或者既阻挠专家组成立,也阻止裁决报告的通过。即使败诉方既没有阻挠专家组成立,也没有阻挠裁决报告的通过,但在出现不遵守裁决报告情形时,败诉方可以阻挠授权报复。

由于按照乌拉圭回合之前争端解决规则,缔约方必须就成立专家组或通过裁决报告达成"共识",因此阻挠是可能的。但在GATT有悖于常理的术语中,"共识"几乎等于一致同意。如果存在一个缔约方反对,该行动就将会被阻挠。对于寻求推动国际法律规则的人们来说,此种情形是可笑的:它似乎是审判中的被告,可以否决进行审判,并且即使进行了审判,被告仍然可以推翻判决。因此,在油菜籽案件中,欧共体(具体来说是法国)阻挠了1993年3月作出的第二份裁决报告的通过,该裁决报告裁定欧共体给予其油菜籽种植者的补贴构成了不违反地丧失或减损对油菜籽的零关税约束。在GATT于1989年11月发布的专家组第一份裁决报告中,专家组裁定欧共体对其油菜籽加工企业的补贴违反了GATT第3条第4款的国民待遇,并且也构成不违反地丧失并抵消了对油菜籽的零关税约束。作为对该裁决报告的回应,欧共体改变了其补贴计划,将补贴对象由油菜籽加工企业变成了油菜籽种植者,美国又向GATT进行了申诉,才产生了第二份裁决报告。

3. 败诉方没有履行裁决的义务

败诉方既没有义务向胜诉方,也没有义务向"缔约方大会"说明其打算如何执行专家组报告中的建议。假定败诉方没有自愿承诺履行裁决报告中的建议,各缔约方对于败诉方是否有履行裁决报告中建议的国际法义务是存在争议的。当然,依国内法,缔约方是没有此等义务的。因此,败诉方可以并且有时的确拖延数月或数年,拒绝实施纠正专家组已裁定违反 GATT 的贸易措施的行动方案。

即便败诉方最终的确采取了一些行动,但该行动可能导致未能达到专家报告的建议要求。事实上,这可能是一种搪塞,是否履行了专家组报告的建议完全是一件自我判断的事情:败诉方可以对其具有争议的贸易措施进行一定方式改变,并宣布它已经履行了该建议。欧共体对油菜籽案件的第一份报告的回应就是一个很好例子。尽管于 1989 年 11 月发布裁决报告,并于 1990 年 1 月通过了该报告,但欧共体直到 1991 年年底才修改了其补贴项目。在美国看来,该修改没有纠正欧共体初始补贴项目中的瑕疵。但是,没有"法庭"判定欧共体是否已履行,美国不得不将欧共体修改后的补贴项目再一次告到 GATT。

4. 缺乏强制履行的救济措施

胜诉方只有取得缔约方全体的批准,才能进行报复。但是,缔约方全体批准的方式是达成共识,因此,只需一个缔约方(往往是败诉方)就可以阻挠批准胜诉方进行报复。因此,不出所料,在 WTO 成立之前,缔约方全体批准报复的只有一起案件(在 1952 年的一起案件中,缔约方全体同意荷兰对美国进行报复)。因此,美国特别强调单方面采取措施的 301 条款调查。美国老布什政府对于欧共体阻挠缔约大会通过油菜籽案专家组报告十分不满,宣布如果 1992 年 12 月之前不能达成协议,美国将对欧共体价值 10 亿美元的红酒、奶及其他产品,单方面加征 200% 关税。

二、WTO《关于争端解决规则与程序的谅解》产生的背景

GATT 于 1947 年成立时即规定了磋商及争端解决程序,在 GATT 缔约方认为另一缔约方措施违反 GATT 规定或对其贸易造成损害时,允许该缔约方援用解决程序。由于最初 GATT 没有制定详细的争端解决程序,GATT 缔约方创立了一套更加详细的程序,包括临时专家组和

其他做法。然而该争端解决程序被认为具有一定缺陷，包括缺乏截止期限，协商一致作出裁决的程序，不严格的专家组报告监督与履行。由于协商一致作出裁决的程序允许被诉的缔约方阻止成立争端解决专家组，以及阻止GATT缔约方通过专家组报告，因此该程序不能保证裁决可被强制执行。

改革GATT争端解决程序，是美国国会为美国在GATT乌拉圭回合多边贸易谈判中设定的主要谈判目标，该回合谈判于1986年启动，1994年结束，签署了马拉喀什协定，并于1995年成立WTO。在《1998年综合贸易与竞争法》中，美国国会列出的有关GATT乌拉圭回合多边贸易谈判的首要的"贸易谈判目标"是，确保GATT及GATT"一揽子"协定的(争端解决)机制提供更有效的快捷争端解决，并能够更好执行美国权利。特别是美国官员寻求建立有效争端解决机制，以执行依将来的WTO作出的多边承诺。

在乌拉圭回合谈判期间，美国的贸易伙伴们寻求将美国使用301条款限制在WTO纪律范围内。乌拉圭回合谈判各方通过了有关争端解决的新协定，即DSU。DSU第23条要求WTO成员在涉及WTO协定争端时应援用DSU程序。在确定另一成员方是否违反WTO，确定另一成员方必须遵守WTO裁决的日期，对不遵守WTO裁决的成员方采取任何报复措施时，依DSU程序进行(不得单边采取措施)。

作为WTO"一揽子"协定执行法的附件，被美国国会于1994年一并批准的《行政措施声明》特别指出，美国将承诺，如果某些做法或政策涉及了WTO"一揽子"协定，那么将援用WTO正式争端解决程序。人们预计WTO强有力的争端解决机制的建立会减少美国依301条款采取单边报复措施。

DSU旨在加强多边贸易体系的争端解决机制，特别是DSU第23条，该条名称为"加强多边体制"，要求WTO成员方援用DSU规定的程序及规则。乌拉圭回合谈判结束后，特别是达成了 DSU 之后，美国的主要贸易伙伴均认为依 WTO 协定 301 条款不再可行（no longer viable）。人们普遍认为，美国贸易伙伴同意改进 WTO 争端解决程序，并使其更具有司法性的一个重要原因是，想对美国使用 301 条款加以限制。然而，在多个场合美国政府官员宣称，依 DSU，301 条款将更加有效，而绝非被削弱。

WTO"一揽子"协定包括许多强化争端解决程序的条文，这些条文规定了更加严格的专家组贸易争端时间表，建立了防止败诉成员方阻止通过专家组裁决的机制，扩大了胜诉方对遵守 WTO 争端解决裁决成员方的报复能力。通过多边规则及纪律涵盖新的市场准入承诺、货物贸易、服务贸易和农产品贸易水平及类别扩大，WTO 协定还进一步降低并消除了成员方之间的贸易壁垒。WTO"一揽子"协定还包括了与贸易有关的投资及 TRIPs 协定的新规则。

第二节 301 条款调查与 WTO 争端解决机制之间的法律关系

一、301 条款是否符合 WTO 规则

关于 301 条款是否符合 WTO 规则的结论不是非常清晰，并且 WTO 在欧盟诉美国 301 条款案件（详见本章第三节）中对上述问题的裁决似乎只回答了一部分，尽管该裁决最终确定其没有违反 WTO，但该裁决强烈暗示，301 条款各方面均游走在符合 WTO 与不符合 WTO 之间。该裁决表明，即使美国贸易政策或适用 301 条款最细微的改变都会产生明显不同，并导致违反 WTO。该裁决可能不是该议题的最终结论，因为对于 301 条款是否符合 WTO 规则，从正反两个方面都能提出有力的观点。

一方面,301 条款的主要目的是反击不公平的外国贸易做法,这一事实本身并未表明 301 条款与 WTO 规则不一致。的确,一部法律如用于:(1)调查可疑的做法;(2)启动 WTO 及其他争端解决程序;(3)如果某个外国未能执行某一争端解决机构的裁决,则对其采取报复措施。这样的法律似乎完全可以接受。上述做法同样适用于一项措施,当缺乏相关 WTO 及其他多边争端解决程序时,该措施提供了单边调查及贸易报复。另一方面,301 条款的一些条文依 WTO 规则会出现问题,因为这些条文似乎允许采取不完全符合 WTO 规则的措施。比如,在诉诸 WTO 争端解决机构或在该机构作出裁决之前,301 条款允许 USTR 作出违反 WTO 协定的决定。同样,301 条款允许美国在没有 WTO 授权情况下,对某个明显违反某个 WTO 协定的成员采取报复措施。该措施似乎违反了 DSU 第 23 条。根据该条,WTO 成员已承诺只能通过 WTO 争端解决程序解决与 WTO 协定相关的争端。

但是,在此点上一个关键的问题可能不在于 301 条款的条文遣词,而在于它的适用。依据 GATT 公认的实践及 WTO 初期实践,在没有其他证据情况下,仅证明一部诸如 301 条款的享有高度自由裁量权的法律在理论上可能以不符合 GATT 规则的方式进行适用,并不足以确定该法实际上违反 GATT 规则。总体来说,只有当一部自由裁量法律以不当方式适用时,它才会产生违反 GATT 的问题。相反,一部不符合 GATT 规则的强制法能被视为违反了 GATT,即使该法一直没有适用。因此,仅从 301 条款的条文表面上来看,不能清晰地把它恰当地解释为与 WTO 规则不一致。

然而,欧共体针对美国 301 条款发起的 WTO 争端解决程序仅涉及上述表面指控。欧共体主张,通过设定必须作出单边决定并采取贸易措施的严格时限,第 304 条、第 305 条及第 306 条允许美国不理会 DSU 的规则。特别是,欧共体认为 301 条款程序允许 USTR 就某个外国贸易做法是否违反WTO协定作出单边决定,并且301条款截止时限要求美国在某些情形下,在收到WTO授权之前就采取报复措施。

在回应欧共体诉求时,WTO争端解决专家组裁决301条款是有问题的,甚至裁定301条款表面上构成违反DSU规定,但其最终作出了不利于欧共体的裁决。专家组承认,301条款总体上是一部裁量性法律,决不强迫USTR以不符合WTO规则的方式行事。但是,专家组没有遵循过往案例法,并指出某项裁量性措施可以成为构成违反WTO的依据。专家组认为,当某部法律,比如301条款,带有影响贸易的内在威胁时,就可能发生上述结果。专家组将301条款比作写有"侵入者会被射杀"的告示牌。此类字样不是命令射杀侵入者,但专家组认为,毫无疑问该字样对过路人的行为有威慑作用。因此,专家组裁决,由于以不符合WTO的措施相威胁,301条款构成对WTO规则的违反。

尽管进行了上述推理,但专家组裁定,实践中301条款的适用符合WTO要求。专家组作出上述裁决出于以下两个理由:第一,专家组注意到,USTR一直以符合WTO规则及裁决方式适用301条款,甚至几乎在所有案件中避免依WTO程序作出裁决之前采取报复措施,对此欧共体大体上没有异议。第二,克林顿政府已承诺按照符合WTO规则及裁决的方式适用301条款,专家组非常看重此承诺。克林顿政府在其与《乌拉圭回合协定法》一起提交给国会的《行政措施声明》中,以及克林顿政府提交给专家组的陈述中都作出了此项承诺。

因此,专家组裁决,不论与301条款相关的任何理论问题,欧共体未能证明301条款的措辞实际上导致了USTR在WTO程序或裁决之前,或在未援用WTO程序或裁决情况下,就作出决定或报复。

在本起争端中,欧共体提出了有关301条款的问题,这些问题也是许多国家长期以来一直寻求解决的问题。国际上对301条款与WTO

规则一致性的关注程度可以通过这样一个事实反映出来，即异常多的国家和地区要求以第三方身份参与此案，包括巴西、喀麦隆、加拿大、哥伦比亚、哥斯达黎加、古巴、多米尼克、多米尼加共和国、厄瓜多尔、中国香港、印度、以色列、牙买加、日本、韩国、圣卢西亚和泰国等 17 个国家和地区。关于 301 条款关注深度似乎支持了专家组引人注目的裁决，即威胁性裁量措施至少在理论上足以产生对 WTO 规则的违反。

尽管提出了一些重要问题，但欧共体案件未涉及其他 301 条款反对人士想提出的问题。这些问题包括：美国能在未经 WTO 授权情况下就对某一 WTO 成员进行报复吗？如果进行报复，就意味着将关税提高到美国约束（最高）税率之上吗？美国能不能威胁实施大规模报复，或甚至在有限时间内实施报复而不受惩罚（因为美国报复措施将在很短时间内有效，以至于 WTO 无法审查）？另外，即使 WTO 已裁决不构成对 WTO 协定的违反，但 USTR 仍被授权作出违反 WTO 协定的决定，这样做合适吗？然而，专家组没有回答 USTR 在何时或何种情况下可依 301 条款单边进行报复，无论是 DSU 本身还是对 DSU 作出解释的判例法均未为 USTR 提供指引：应当如何确定外国政府法律、政策或做法是否确实为贸易协定所涵盖。

WTO 对 301 条款的审查及国际上对 301 条款的批评，均会导致对 301 条款进行某些修改，但即使最激进的 301 条款反对者也不会预测在可预见时间内废除 301 条款。

二、301 条款调查是否被 WTO 争端解决机制取代

301 条款当然已经不是曾经的贸易执法机制，至于它是恶的，还是善的，取决于每个人对美国单边主义的看法。1995 年之前，301 条款一直是世界上最重要及最令人恐惧的贸易措施。301 条款为美国提供了一种重要手段，以说服贸易伙伴开放其市场，非歧视地对待美国货物及

服务。仅仅依据301条款贸易报复的威胁,美国几乎经常迫使外国政府回到谈判桌,通常足以获得美国乐见的外国政府改变其做法的结果。

乌拉圭回合谈判几乎终结了作为美国贸易政策"大棒"的301条款。它已被WTO争端解决机制所取代。因此,美国执行其贸易协定项下的权利,以及确保其他国家市场开放性减让的能力一直在降低。无论WTO争端解决机制的效率如何,它都使美国失去了单方面判定外国政府做法适当性的能力,反而将该决定权交给了WTO专家组及上诉机构。这样做,已经使美国在争议措施不是那么明显地违反协定,或者违规证据不是那么有说服力的情况下,不再具有使用301条款威胁报复的能力。因此,如果USTR认为WTO对301条款调查将持有不同观点,那么美国以前依301条款可能裁决可诉的,现在可能不再裁决是可诉的。

裁决权由USTR转到WTO造成不同裁决结果的最著名案例就是日本胶卷案。[①] 依据1994年之前的301条款,几乎可以肯定美国将作出如下裁决:由于日本在美国胶卷生产商柯达公司企图渗透日本市场的道路上设置障碍,日本违反了贸易协定项下的义务,并造成美国权利的减损或抵消。美国肯定会进行威胁报复,日本可能早已回到谈判桌并做出妥协。在胶卷案整个过程中,日本认为柯达公司遇到的问题绝对是私人领域的问题,与日本政府行为没有任何关系。然而,即使如此,301条款报复的威慑也可能足够强大,确保日本政府对柯达公司进行协助。

然而,在胶卷案中,WTO裁定日本没有违反协定,不存在减损或抵消美国权利,让美国及柯达公司丧失了打开日本市场的手段。在早期

① See Japan-Measures Affecting Consumer Photographic Film and Paper-Panel Report-Action by the Dispute Settlement Body WT/DS44/5,23 April 1998.

301 条款调查鼎盛阶段出现这种结果几乎是不可想象的。

胶卷案长期作为美国在 WTO 发起案件却未能获得救济的最著名例子,只是非常少数出现此种情况的案件之一。这些 WTO 成立初期争端裁决结果显示,WTO 已经作出了 USTR 自己原本也会作出的相同或类似的违反贸易协定的裁决。

尽管 WTO 配备了与以前 301 条款一样的执行手段,但 WTO 争端解决程序通常需要 2 年到 3 年时间才能完成,因此鼓励许多成员方维持非常明显违规做法,拖延很长时间才修改争议措施。WTO 成立前的 301 条款,决不容忍上述拖延。此外,无法知道 1995 年以来美国因乌拉圭回合承诺而失去了一定灵活性及手段,从而很少采取措施或没有采取措施的案件数量。

此外,在香蕉案中,欧共体已拒绝遵守 WTO 裁定,这是首次出现某一国不遵守 WTO 裁定的情况,此举标志着在限制成员方拒绝修正国际谴责的贸易措施的大墙上出现了危险的第一条裂缝。毕竟,WTO 争端解决的目标不是授权报复,而是促使消除贸易壁垒。一些学者认为,在香蕉案中,欧共体行为不限于拒绝执行 WTO 裁定,而是欧共体在企图规避 WTO 裁决,并声称其遵守 WTO 裁定,通过实施一项明显违反 WTO 的"遮盖布"措施,主张此类救济是充分的。但是欧共体精心策划的一招未能成功,因为 WTO 授权美国对欧共体出口货物加征报复性关税。

适用之前作为"守护神"的 301 条款可能产生不同的和更加快捷的结果。毫无疑问,只要美国继续按照 WTO 义务适用 301 条款,一些个案的结果满意度可能不如不受控制地单边适用 301 条款。但是,个案中失去的利益一定不及从国际贸易体制下可预见性、安全及遵守法治中所获得的整体利益。

2018 年 4 月 4 日,中国将美国针对对华技术转让进行的 301 条款调查起诉到WTO，中国认为美国依据该301条款调查采取的“争议的措施”违反了：(1)1994年GATT第1条第1款，因为这些措施未能立即无条件地向中国提供“利益、优待、特权或豁免”；(2)1994年GATT第2条第1款(a)项和(b)项，因为这些措施未能给予相关中国产品不低于美国在减让和承诺时间表中列明的优惠待遇。“争议的措施”具有歧视性，剥夺了中国与其他成员同类产品的平等竞争条件。

美国认为“争议的措施”属于1994年GATT第20条(a)项下的为保护公共道德所必需的措施，因而在法律上具有合理性。

专家组认为，中国初步掌握的确凿证据表明“争议的措施”违反了1994年GATT第1条第1款、第2条第1款(a)项和(b)项，且专家组注意到美国并没有对“争议的措施”违反1994年GATT第1条第1款、第2条第1款(a)项和(b)项的指控作出直接否认，也没有提出相反的证据证明，而是主张适用1994年GATT第20条(a)项公共道德例外条款。因此，专家组最终决定，“争议的措施”构成对1994年GATT第1条第1款、第2条第1款(a)项和(b)项的违反。①

2017年1月上台的特朗普政府让WTO上诉机构停摆之后，一方面通过绑架WTO，逼迫WTO进行改革；另一方面使其诸如301条款、232条款调查等单边措施不受制于WTO争端解决机制。比如，2020年10月26日，美国通报DSB，就中国诉美301条款关税措施案(DS543)专家组报告提出上诉。由于美国一直在阻止上诉机构继任大法官的提名，上诉机构因无法达到审理案件的法定人数而处于停摆状态，本案的上诉审理将暂停，DSB将无法通过(adopt)专家组报告。根据WTO规则，中国也无法寻求对美国的报复，因为根据DSU第21条，只有在专家组

① See United States—Tariff Measures on Certain Goods from China, WT/DS543/R (September 15, 2020).

和/或上诉机构报告通过后,中国才能申请启动执行异议程序,在争端解决机构建议和裁决仍得不到履行的情况下提出补偿和中止减让义务的授权申请,以实施报复(DSU第22条)。

三、美国认为对于WTO成员方违反WTO协定之外的义务有权实施301条款报复措施

《行政措施声明》授权USTR确定某事项是否超过了WTO协定范围,它规定:"如果USTR认为某事项不涉及WTO协定,301条款和DSU不要求USTR诉诸……争端解决程序。"在这种情况下,该声明规定,"301条款将完全适用于解决那些既不违反美国权利也没否认美国依据WTO协定应享有利益的不公平做法。针对这些不公平做法的调查一如既往地不涉及诉诸多边争端解决程序……另外,乌拉圭回合协定处理某个协定事项,比如知识产权,仅仅这个事实并不意味USTR必须在每个涉及该特定事项的301条款调查中启动DSU程序。如果有关外国政府的措施不在这些协定的纪律范围之内,那么,301条款调查可进行,不用诉诸DSU"。

301条款面临的最大挑战是,在面对某一WTO成员方明显违反了非WTO协定时,USTR将采取何种措施(如有)。在此种情况下,USTR必须采取措施,即301条款下的强制措施,但这样做会违反美国依GATT或其他WTO协定承担的最惠国待遇及关税减让义务。似乎WTO协定中没有任何规定,允许一国为回击违反双边或区域协定的行为,将关税提高到最惠国税率之上,或实施未列入承诺表中的配额。

(一)日本汽车配件市场准入限制案[①]

1994年美日双边贸易逆差达到了创纪录的620亿美元,其中汽车及汽车配件(auto parts)的贸易逆差达到360亿美元,占全部逆差的近60%。汽车市场是美国经济的重要组成部分,美国政府指出,尽管美国汽车及配件市场非常开放,但日本汽车市场十分封闭。日本公司占到美国1220亿美元汽车整体市场份额的24%及汽车配件市场的37%。美国只占日本1070亿美元汽车市场的1.5%,配件市场的2.4%,据美国非政府公共机构估计,日本汽车市场壁垒给美国造成的损失大约在62亿美元。

在美日多次谈判无果的情况下,1994年10月1日,USTR依据第301条(b)项,对日本政府限制或拒绝美国汽车配件销售商进入日本汽车零配件市场的立法、政策或做法进行调查。USTR发起的301条款调查获得了美国国会两党议员的普遍支持,次年5月9日参议院以88票对8票支持301条款措施。1995年5月10日USTR确定日本政府的做法是不合理的及歧视性的,并对美国商业造成负担或限制。

同年5月16日,USTR发布了报复清单,对日本五大公司的13种豪华车型的59亿美元出口额征收100%关税(原来只征收2.5%)。美国声称,如果6月28日之前日方不做出让步,上述对日报复措施将自动生效。[②] 作为对公布报复清单的反击,1995年5月17日日本政府将美国301条款调查以及措施起诉到WTO,并致信USTR要求5月27日前举行双边磋商,声称美国报复性措施违反了1994年GATT第1条的最惠

① 参见301-93,1994年10月1日。

② See Notice of Determination and Request for Public Comment Concerning Proposed Determination of Action Pursuant to Section 301: Barriers to Access to the Auto Parts Replacement Market in Japan, 60 FR 26745.

国待遇，及第2条的不能高于约束关税，报复清单违反了DSU第23条。

同年6月26日美国贸易代表坎特与日本通商大臣桥本龙太郎直接会面，做最后努力。6月28日宣布达成协议，结束了长达22个月的谈判。该协议主要包括以下内容：(1)美国1996年在日本增开200家汽车及零部件经营店，到2000年再增开1000家。美国汽车厂商到2000年可以向日本出口300,000辆汽车。(2)放宽汽车零配件市场管制，逐步减少在车辆检验和维修方面的一系列管制措施，打破由日本汽车零配件制造公司控制的修车行的垄断，为外国汽车零配件进入日本市场创造更多机会。(3)日本汽车公司宣布各自增加购买美国产零配件的计划。

日本13种豪华轿车实际上是日本巨大汽车厂商的赚钱大户，一旦美国实施报复，日本每年将损失59亿美元。该案中，由于美国报复似乎违反了WTO基本规则。WTO不存在可授权进行上述报复的例外，因此，日本拥有很有说服力的案子。但是，日本的问题是，威胁报复太过严厉，而且限期12天作出让步，使得日本不可能为WTO案件结果而等待几年时间。美国的报复会对日本向美国出口产生巨大的影响。因此，日本被迫同意让步，避免受到报复。

(二)中国技术转让、知识产权及创新案①

美国驻WTO大使谢伊在2018年3月27日召开的WTO争端解决机构会议中声称，2017年美国对中国技术转让、知识产权及创新发起301条款调查，从一开始美方就清楚表示，当一项立法、政策或做法似乎涉及WTO规则时，美国将通过WTO的争端解决机制来处理这件事。事实上，这次调查范围之一涉及技术许可，似乎有义务提交WTO争端

① 参见301-125，2017年8月10日。

解决。特别是中国政府采取的某项技术许可措施拒绝给予外国知识产权持有人专利权,并且歧视外国知识产权持有人。因此中国政府的措施似乎违反了中国按照 TRIPs 协定承担的义务。因此 2018 年 3 月 23 日,美国在 WTO 争端解决机制下向中方提出磋商请求,指称中国政府有关技术许可条件的措施不符合 TRIPs 协定有关规定。显然,美国在 301 条款调查中没有作出许可措施违反了中国依 TRIPs 协定承担的义务的裁决,反而作为 WTO 争端,该争议事项将由双方解决,或通过 WTO 争端解决获得裁决。然而在美国调查的其他三个领域中,似乎并不涉及具体的 WTO 义务,而 WTO 不会因一个成员对 WTO 没有覆盖的政策采取措施而受到损害。

美国政府在欧共体诉美 301 条款案[①](DS152)中以"明确、正式、再次以及无条件"方式作出承诺,即 USTR 将仅依据 DSB 裁决作出认定。在该案中,专家组明确指出,"如果美国政府在任何程度上否定或撤回这些承诺,美国将承担国家责任,其 301 条款相关法律规定将被认定不符合 DSU 第 23 条的规定"。尽管 1999 年专家组决定,《乌拉圭回合协定法》要求美国可将涉及 WTO 协定的不公平贸易行为的挑战诉诸 DSB,但若是 USTR 认为某一项 301 条款调查不涉及贸易协定,那么在其看来,没有必要诉诸争端解决,该专家组并没有说明在何种条件下会不同意 USTR 的这一决定。也就是说,该外国可能对某一起 301 条款调查中被调查的行为是否真的涉及贸易协定这一决定表示异议。

2018 年 4 月 4 日,中国将美国针对对华技术转让进行的 301 条款调查措施起诉到 WTO,中国认为,美国对中国产品采取的加征额外关税措施不符合 WTO 如下规定:1994 年 GATT 第 1 条第 1 款,因为这些

① See United States—Sections 301 – 310 of the Trade Act of 1974, WT/DS152/R(December 22, 1999).

措施未能立即无条件地向中国提供“利益、优待、特权或豁免”；1994 年 GATT 第 2 条第 1 款(a)项和(b)项，因为这些措施未能给予相关中国商品不低于美国在 1944 年 GATT 中所附的减让和承诺时间表中列明的优惠待遇。中国主张美国关税措施构成了对 GATT 最惠国待遇义务和减让承诺的违反，这一主张完全得到了专家组的支持。专家组作出如下裁决[①]：

1. 美国 301 条款调查措施违反了 1994 年 GATT 第 1 条第 1 款规定的最惠国待遇

中国诉称美国 301 关税措施违反了最惠国待遇，因为美国未能立即无条件地向中国产品提供其给予其他成员同类产品的“利益、优待、特权或豁免”。首先，美国 301 额外关税措施构成了 1994 年 GATT 第 1 条第 1 款中的“一般关税”(ordinary customs duties)，因为：第一，301 关税是额外的从价关税；第二，301 关税也被并入《美国协调关税表》中成为进口商在进口商品至美国时应缴纳的关税；第三，该关税是由美国海关和边境保护署予以征收的。其次，进口至美国的中国产品和无须缴纳 301 关税的其他成员产品是同类产品，美国对中国产品的歧视待遇仅基于国别。再次，对其他成员产品未征收 301 关税构成了一种“利益”(advantage)。最后，上述利益没有“立即无条件地”授予所有 WTO 成员，美国在 2018 年 7 月和 2018 年 9 月分别对额外关税“清单一”和“清单二”中的产品施加关税，然而除中国外的其他国家不受制于此关税，显然美国授予其他 WTO 成员方同类产员的利益没有“立即无条件”授予中国。因此，专家组认定美国做法与 1994 年 GATT 第 1 条第 1 款不符。

专家组认为，由于中国已证明美国只对原产于中国的产品适用额

---

① See United States—Tariff Measures on Certain Goods from China, WT/DS543/R (September 15,2020).

外关税,并因此未能将给予原产于所有WTO成员同类产品的利益给予原产于中国的产品,中国已经确立争议措施与1994年GATT第1条第1款不一致的初步证据充分的案件。

2. 美国301条款调查措施违反了1994年GATT第2条第1款(a)项和(b)项的"减让表"条款

中国诉称美国301关税措施与1994年GATT第2条第1款(a)项和(b)项不符,因为美国未能给予相关中国商品不低于美国在1944年GATT中所附的减让和承诺时间表中列明的优惠待遇。首先301关税措施属于一般关税措施,其次301关税措施导致了高于减让表承诺的税率。

专家组认为,由于中国已证明额外关税属于已超过美国约束自己的关税减让表上的税率适用的普遍关税,因此中国已确立争议措施与1994年GATT第2条第1款(b)项不一致的表面证据充分的案件。由于中国已证明额外关税给予原产于中国的进口产品待遇低于美国关税减让表规定的待遇,因此中国也确立了争议措施与1994年GATT第2条第1款(a)项不一致的表面证据充分的案件。综上,专家组认定美国违反了1994年GATT第2条第1款(b)项,同时也违反了1994年GATT第2条第1款(a)项。

值得注意的是,美国从头至尾没有反驳中国关于争议措施与1994年GATT第2条第1款(a)项和(b)项不一致的主张。

第三节　欧共体在WTO起诉美国301条款案件

1998年11月25日,欧共体根据1994年GATT第22条第1款和DSU第4条,请求与美国就美国贸易法301条款进行磋商。美国同意进行磋商。多米尼克、多米尼加共和国、巴拿马、危地马拉、墨西哥、牙买加、洪都拉斯、日本和厄瓜多尔根据DSU第4条第11款,要求参加磋商。磋商于1998年12月17日在美欧之间进行,但未解决争议。

1999年1月26日,欧共体根据DSU第6条请求设立专家组。WTO争端解决机构同意了这一请求。巴西、喀麦隆、加拿大、哥伦比亚、哥斯达黎加、古巴、多米尼克、多米尼加共和国、厄瓜多尔、中国香港、印度、以色列、牙买加、日本、韩国、圣卢西亚和泰国保留作为第三方参加专家组程序的权利。1999年12月22日,专家组将报告散发给所有成员。2000年1月27日,DSB通过了专家组报告。[①]

一、欧美双方的主张

1. 欧共体的主张

本案中,欧共体向WTO起诉美国《1974年贸易法》第301条至第310条的某些规定。欧共体声称第301条至第310条授权美国采取单边措施。因此,违反了DSU第23条及WTO协定的数个条文。在其要求组成专家组的申请中,欧共体声称:"通过对做出其他WTO成员方未能遵守WTO义务,并对该WTO成员方采取贸易制裁的裁定进行具体及严格时间的限制",当发生DSB在上述期限届满前未能做出有关WTO成员方没有遵守WTO义务,以及据此授权中止减让或其他义务的预先裁决时,第301条至第310条不允许美国遵守DSU的规则及1994年GATT项下的义务。

具体来说,欧共体声称:

(1)301条款与DSU第23条第2款(a)不一致:第304条(a)(2)(A)要求USTR确定另一成员是否否定了美国依WTO协定所享有的权利或利益,而不管DSB是否通过了专家组或上诉机构有关该事项

① See United States—Sections 301 - 310 of the Trade Act of 1974, WT/DS152/R(December 22, 1999).

的裁决;第306条(b)项要求USTR确定DSB的建议是否得到实施,而不管DSB第21条第5款有关该事项的程序是否结束。

(2)301条款与DSU第23条第2款(c)不一致:第306条(b)项要求USTR在DSB的建议未得到实施的情况下,确定应采取的进一步的行动;第305条(a)项要求USTR实施这一行动。这些要求都没有考虑到DSU第21条第5款和第22条的程序是否已经完成。

(3)第306条(b)项与1994年GATT第1条、第2条、第3条、第8条和第11条不一致,因为它要求在涉及货物贸易争端时,USTR应征收关税、费用或实施限制,而这违反了1994年GATT的一项或多项规定。

此外,欧共体认为,即使以上引述的第301条至第310条规定能解释为允许USTR避免作出与WTO协定不一致的裁定及措施,但这些规定产生了关于USTR遵守WTO协定的法律上不确定性。欧共体声称,这损害了多边贸易体制的"安全性及可预见性",因此,构成了对《马拉喀什建立世界贸易组织协定》第14条第4项的违反。

2. 美国的反驳

美国对欧共体上述诉求予以反驳,认为第301条至第310条在允许美国在每个案件中遵守WTO协定(包括DSU规则及程序)方面具有裁量性(discretionary)。第304条允许USTR在每个案件中依据通过的专家组及上诉机构裁决作出裁定;第305条及第306条允许USTR在每个案件中申请并获得依DSU第23条授权的中止减让。因此,美国认为,第301条至第310条完全符合美国承担的WTO义务。

二、专家组的职权范围及争议措施

专家组的职权范围限于欧共体的具体请求。专家组既没有被要求对301条款与WTO协定的一致情况作出一个总体评价(overall assessment),也没有被要求审查适用301条款的个案中美国的行为与

WTO的一致性。同时专家组也没有被要求审查USTR所采取的决定和行动未涉及美国依WTO协定所享有的权利时，这些规定是否与WTO协定一致，包括授权USTR确定某一事项是否超出了WTO协定范围的规定。

在评估第301条至第310条与WTO协定一致性时，专家组不仅将第301条至第310条纳入了专家组将审查的措施范围之内，而且还纳入了其他制度因素及行政因素，例如《行政措施声明》[①]和美国向专家组作出的其他声明。

三、欧共体对第304条的异议

美国《1974年贸易法》第304条(a)规定，争端解决程序结束后30天或调查发起后18个月（以较早者为准）内，根据调查和磋商的结果，USTR应确定美国的权利是否正在受到否定。如果答案是肯定的，则USTR应同时决定采取什么行动。

DSU第23条第2款(a)规定，"在此种情况下，各成员应：(a)不对违反义务已发生、利益已丧失或减损或适用协定任何目标的实现已受到妨碍作出确定，除非通过依照本谅解的规则和程序援用争端解决，且应使任何此种确定与DSB通过的专家组或上诉机构报告所包含的调查结果或根据本谅解作出的仲裁裁决相一致"。

（一）欧共体及美国的主张

欧共体主张，第304条授权USTR"单方面"确定另一WTO成员是否侵犯了美国依WTO所享有的权利。欧共体称，USTR的决定必须在依第302条发起调查之日起18个月内作出。这一日期一般与依据

---

① 这里是指美国国会1994年9月颁布的《行政措施声明》，其详细说明了履行乌拉圭回合"一揽子"协定的重要行政措施。

DSU提起的磋商请求日期一致，但DSU程序可以持续19个半月。因此，即使DSU未就此事项作出裁决，依据第304条也必须作出决定，因而违背了DSU第23条第2款(a)。

美国称，第304条并没有强迫USTR在WTO专家组或上诉机构未作出裁决的情况下，就美国的权利受损害作出决定；不仅如此，第304条(a)(1)的决定必须以WTO争端解决程序为基础，这就预先排除了在DSB作出裁决之前确定美国权利受损害的情况。美国称，第304条只是要求USTR确定美国权利“是否”(而非“是”)受到了损害。根据美国的观点，USTR有权确定不存在违反的情况，DSB未确定违反的情况，违反的情况将于DSB通过专家组或上诉机构裁决时予以确定，以及正在进行的调查必须终止。美国还辩称，完成争端解决程序的有关期限，即从请求磋商到DSB通过报告，不是欧共体所说的19个半月，而是16个月零20天。

(二)专家组初步裁决

专家组审查了第304条是否与DSU第23条第2款(a)不一致的法律问题：“考虑到，一方面某些情形下在作出单方面裁决前穷尽多边程序的义务；另一方面，对裁定内容具有完全裁量权。”因此，专家组转而解释DSU第23条。

在审查了DSU第23条第1款的用词之后，专家组认为，不仅特定争端中的临时的具体的行为而且普遍使用的措施(如法律或条例)也能够造成对DSU第23条明文规定的违反。专家组然后分析什么样的法律(抽象)能够违反WTO义务的概括性问题。不出所料，美国强烈认为，只有强制性法律(强制不遵守WTO协定或阻碍遵守WTO协定)才造成对WTO义务的违反。相反，欧共体认为，某些容许与WTO协定不一致行为的法律可以造成对WTO规定的违反。在欧共体看来，第304

条就属于此类法律。

专家组没有贸然解决本次争端，转而考虑这个与专家组面临的争端诉求无关的抽象问题，专家组注意到，它面临的抽象问题就是对于DSU第23条的解释。因此，专家组需要仔细审查DSU第23条包含的精确义务，而不是采取适用于所有法律僵化规则的法律逻辑。专家组作如下推理，DSU第23条具体义务可以禁止具有某些裁量权的法律，第304条条文用词中的裁量权的存在有效地妨碍其与WTO一致性。因此，按照《维也纳条约法公约》（以下简称《维也纳公约》）第31条的一般解释规则，专家组对DSU第23条的条文用词进行了解释。《维也纳公约》第31条明确规定，“条约应依其用语按其上下文并参照条约之目的及宗旨所具有之通常意义，善意解释之”。

在专家组看来，根据DSU及WTO目标及目的，DSU第23条条文的通常含义支持第304条的某些内容构成了对DSU第23条的初步违反的观点。

（三）对DSU第23条第2款（a）的解释

1. 条约术语的通常含义

DSU第23条第1款概括地规定WTO成员方有义务援用并遵守DSU的规则及程序。在DSU的程序及规则中，第23条第2款（a）具体禁止在穷尽DSU程序之前单方面作出有关遵守WTO的裁定。在专家组看来，如果法律用词允许在穷尽DSU程序之前作出与WTO不一致的裁定，那么DSU第23条规定的成员方义务的通常含义可能被违反。专家组得出如下结论，由于第304条裁量权阻止美国遵守其依WTO应承担的义务，因此，第304条赋予的裁量权构成了推定违反（presumptive violation）。

2. 善意解释

专家组认为，《维也纳公约》中的善意要求意味着DSU第23条应当阻止成员方通过可能威胁到禁止行为的国内法律。在专家组看来，第304条相当于农夫在争议边界上树立一个大的标牌："禁止非法闯入！非法闯入者可被当场射杀！"牌子上没有说进入者一定会被射杀，因此农夫没有违反其牌子上的承诺，但这是对承诺"较为善意的解释"吗？

3. 条约的目的及目标

在专家组看来，最相关的DSU及WTO宗旨及目的就是"建立有利于个体经营者在国内市场及全球市场的经济活动，提供安全并具有可预见性的多边贸易体制"。由于个体经济经营者是多边贸易体制的主要组成部分，保留有权单方面作出违反DSU程序的与WTO不一致裁决的法律，可能构成对个体经济及市场现实威胁，并产生对个体经济及市场造成严重损害的"威慑效果"。从个体经济经营者角度来看，强制作出单边裁定的法律，与威胁但实际上不强制作出单边裁定的法律，两者之间差别非常小。基于此原因，专家组得出以下结论，即DSU和WTO目标及目的均支持专家组主张，该立场符合对DSU第23条条文的直白解读。此外，在整个WTO体系下，系统考虑DSU第23条及上下文，其支持了上述对DSU第23条第2款(a)的条文解释。

根据对DSU第23条第2款(a)条文、上下文及目的和目标的审查，专家组裁决，第304条条文用词妨碍了对DSU第23条第2款(a)的遵守，因此构成对该条的初步违反。

(四)第304条的条文之外的因素

尽管专家组找到了作出初步违反裁决的依据，但它没有确定美国违反了WTO协定相关规定。由于争议措施包括法条用语及其他制度(institutional)和行政因素，因此专家组要审查所有因素，以评估其是否构成对WTO的全部违反。专家组认为，如果其他制度及行政因素"合法制约”了违反WTO的裁量权，就可以消除法条用语产生的初步违反。

专家组裁定，本案中初步违反已合法地被消除了，其理由如下：

1. 美国《行政措施声明》有效限制了美国贸易代表依据第304条享有的裁量权

专家组注意到，给予美国行政部门宽泛裁量权的第304条，应当被解释为包含了美国行政部门以不违反其WTO义务方式实施限制USTR裁量权的行政措施的权力。在专家组看来，《行政措施声明》包括对USTR依第304条享有的裁量权予以限制的内容。在《行政措施声明》中，美国行政部门阐述了其对第301条至第310条的解释，以及它打算使用裁量权的方式。

美国《行政措施声明》明确规定，“尽管DSU增强了301条款的效力，但在调查涉及声称违反了乌拉圭回合协定，或声称损害了乌拉圭回合协定项下的利益时，DSU没有要求对301条款进行任何大的修改。在这些案件中，USTR将：(1)按现行法律要求，援用DSU争端解决程序；(2)基于DSU通过的专家组及上诉机构的裁决，作出违反相关协定或否定美国依相关协定享有权利的裁定；(3)在DSU通过支持美国诉求的专家组或上诉机构报告后，允许抗辩方在合理期限内执行报告中的建议；(4)如果在合理期限内不能解决相关问题，要求DSB授权报复”。

注意到上述第(2)点，专家组裁定，第304条条文用词中违反WTO的裁量因素已经有效地被《行政措施声明》中的官方声明予以限制。专家组承认，《行政措施声明》中的另外一些声明似乎与以上引述的声明相矛盾，但专家组注意到，可以依据美国宪法上作有利于执行国际法律义务解释的法律原则，解决上述内容上的自相矛盾。

2. 美国向专家组作出将基于WTO专家组或上诉机构裁定作出301条款调查裁决的承诺

专家组还裁决，在专家组面前，美国确认其在《行政措施声明》中表达的承诺,即USTR将基于DSB通过的专家组或上诉机构裁决,作出存在违反相关协定或拒绝相关协定项下权利的301条款调查裁定。由于专家组认为美国上述声明反映了美国官方政策,作出该声明的目的不仅是让专家组信赖,而且是让欧共体及参加争端的第三方以及DSB全体成员方,实际上为全体WTO成员方,都可以信赖。因此,专家组信赖美国承诺。

专家组最终裁决,《行政措施声明》及美国对专家组声明的综合作用限制了第304条中违反WTO的裁量权因素,从而消除了因第304条条文用词而产生的初步与WTO不一致。

然而,具有重要意义的是,专家组清楚表明,如果美国政府的行政机构或美国其他机构废除或以其他方式取消了《行政措施声明》中的承诺及美国对专家组的承诺,那么作出第304条与WTO具有一致性的本案裁决将不再具有正当理由,第304条将构成与美国依DSU第23条应承担义务的不一致。

最后,专家组审查了USTR在一些与第301条至第310条相关的具体案件中(比如,日本汽车、欧共体香蕉)做法,但只是作为更容易理解第301条至第310条含义的方法。尽管专家组明确表示,审查美国在具体案件中的做法与WTO的一致性不是专家组的工作,但专家组仍然作出以下陈述:尽管不是作出关于上述案件的最终裁决,但专家组认为,欧共体及第三方向专家组提交的证据不足以推翻专家组有关第304条的裁决。

四、欧共体诉称第306条与DSU第23条第2款(a)不一致

第306条(a)项要求USTR监督外国政府实施承诺的措施或所签订的协定,以解决争端,实现美国依贸易协定所享有的权利。第306条(b)项规定,根据监督的结果,如果USTR认为外国没有令人满意地实施该措施或协定,则应确定应当采取什么样的进一步行动;如果该措施或协定涉及实施WTO争端解决程序所作出的建议,则USTR应在不迟

于DSU第21条所规定的合理期限届满后30日，确定采取什么行动。

（一）欧共体及美国的主张

欧共体声称，第306条（b）项要求USTR“考虑”WTO成员方是否已经执行DSB建议，并且当该成员方未能执行时，在给予败诉成员方合理期限届满之日起30天内确定应采取的进一步措施。欧共体认为，该考虑构成了DSU第23条第2款（a）项下的裁定。在欧共体看来，任何关于执行DSB建议的争端都必须依据DSU第21条第5款①进行解决，第21条第5款允许自争端提交之日起90天内作出决定。由于通常会在合理期限届满之后提交有关执行DSB建议的争端，而第306条（b）项不允许USTR等待依DSU第21条第5款程序的裁决结果出来后再作出单边裁定，因此，欧共体认为，第306条（b）项使USTR违反了DSU第23条第2款（a）。

美国对欧共体上述指控进行了反驳。美国认为第306条（b）项没有要求USTR作出违反DSU第23条第2款（a）的单边裁决。DSU第22条第2款及第6款②作出以下推定，即在合理期限届满之后30天内，

① DSU第21条第5款规定，如在是否存在为遵守建议和裁决所采取的措施或此类措施是否与适用协定相一致的问题上存在分歧，则此争端也应通过援用这些争端解决程序加以决定，包括只要可能即求助于原专家组。专家组应在此事项提交其后90天内散发报告。如专家组认为在此时限内不能提交其报告，则应书面通知DSB迟延的原因和提交报告的估计期限。

② DSU第22条第2款规定，“如有关成员未能使被认定与一适用协定不一致的措施符合该协定，或未能在按照第21条第3款确定的合理期限内符合建议和裁决，则该成员如收到请求应在不迟于合理期限期满前，与援引争端解决程序的任何一方进行谈判，以期形成双方均可接受的补偿。如在合理期限期满之日起20天内未能议定令人满意的补偿，则援引争端解决程序的任何一方可向DSB请求授权中止对有关成员实施适用协定项下的减让或其他义务”。DSU第22条第6款规定，“如发生第2款所述情况，则应请求，DSB应在合理期限结束后30天内，给予中止减让或其他义务的授权，除非DSB经协商一致决定拒绝该请求。但是，如有关成员反对提议的中止程度，或声称在一起诉方提出请求根据第3款（b）或（c）授权中止减让或其他义务时，第3款所列原则和程序未得到遵守，则该事项应提交仲裁。如原专家组成员仍可请到，则此类仲裁应由原专家组作出，或由经总干事任命的仲裁人作出，仲裁应在合理期限结束之日起60天内完成。减让或其他义务不得在仲裁过程中予以中止”。

期望中止减让的申诉方已经表达了中止减让的意图。换言之,期望行使其依DSU第22条第2款及第6款享有的权利的WTO成员方,在援用这些条文规定的程序之前,必须作出其他WTO成员方是否正按照其义务行事的判断。否则,申诉方会因反向一致而失去报复的授权。30天截止期限已写入第306条(b)项。因此,美国认为第306条(b)项符合DSU第23条第2款(a)。关于DSU第21条第5款及第22条之间的关系,美国认为无论是何时发生的争端,援用第21条第5款程序及完成第21条第5款程序都不是依第22条要求DSB授权的先决条件。

(二)对第306条的解释

专家组分两步解释第306条,第一步涉及USTR针对另一个WTO成员未能执行DSB建议所作出的"考虑",第二步涉及USTR依301条款作出的进一步采取何种措施的裁定。由于该裁定具有强制性,因此第一步必须在30天截止期限内进行。因此,专家组裁定,作为一个事实问题,第306条要求必须在30天内作出该考虑。在某些情形下,由于可以在合理期限届满之前60天以后援用DSU第21条第5款的程序,因此,该考虑必须在DSU第21条第5款程序完成之前作出。

专家组还审查了第306条的第一步是否符合构成对DSU第23条第2款(a)的违反的四个要素,这四个要素具体如下:

(1)"在此种情形下"采取的措施(第23条第2款前言)。此种情形是指成员方"纠正违反义务情形,或寻求纠正其他造成适用协定项下利益丧失或减损的情形,或寻求纠正妨碍实现适用协定任何目标的情形"。

(2)该行为构成一个"裁定"。

(3)该"裁定"是一个已发生违反义务、丧失或减损利益或已妨碍实现适用协定任何目标的裁定。

(4)该"裁定"既不是通过援用依DSU规则及程序的争端解决而作

出的，也不是依据通过的专家组或上诉机构报告，或依DSU作出的仲裁裁决而作出的。

从第1个要素来看，显然第306条(b)项是用来纠正违反WTO成员方执行DSB建议的义务的。关于第2个要素，专家组表示，考虑到其通常含义，DSU第23条第2款(a)的裁定“意味着高度确定性或不可变性”，即为一个WTO成员方有关另一个WTO成员方措施与WTO一致性的一定程度上的最终决定。专家组认为，由于USTR的依第306条第一步的考虑达到了“确定性及不可改变性的门槛”，因此，该考虑可以构成DSU第23条第2款(a)的裁定。

第306条关于败诉成员方未能执行DSB建议的裁定意味着该成员方执行措施仍然与WTO协定不一致。因此，第306条的裁定默示地包含了第3个要素。正如所料，专家组难以处理第4个要素，该要素涉及DSU第21条第5款及第22条第6款之间的敏感关系。

与此同时，专家组裁决，尽管有严格的30天期限，但USTR就其裁定内容被授予较大的裁量权。在任何情况下，第306条条文用语没有强迫USTR在DSU第21条第5款程序没有结果之前，为了作出不一致裁定而裁定另一WTO成员未能执行建议。但是，在第304条情形下，第306条项下的USTR裁量权不能阻止作出上述裁定。然而，专家组注意到，与第304条出现问题不同，第306条的裁定只是依DSU第22条第6款寻求DSB授权中止减让的初始步骤。换言之，该裁定目标不是未经DSB授权就进行报复。

(三)DSU第23条第2款(a)的第4个要素

专家组审慎地注意到，因为第4个要素关系到DSU第21条第5款及第22条第6款之间的关系，所以该要素极具争议且不够清晰。专家组决定，避免通过确定什么是对DSU第21条第5款和第22条的正确解释及它们之间关系的方式解决该争端。相反,专家组首先在假定美国对DSU第21条第5款及第22条的解释是正确的前提下,审查第4个要素;然后再在假定欧共体对DSU第21条第5款及第22条的解释为正确的前提下,审查第4个要素。

1. 假定美国观点是正确的

DSU第23条第2款(a)中第4个要素的两个标准具有累积性质。只有当通过援用DSU并且裁定与DSB通过的专家组或上诉机构报告所包含的调查结果或根据DSU作出的仲裁裁决相一致时,才允许作出裁定。美国持有以下观点,即DSU第22条强制USTR作出未能执行DSB建议的裁定甚至是在DSU第21条第5款程序结束之前申请授权中止减让的前置条件。假定美国上述观点是正确的,那么由于第306条的裁定是通过援用DSU规定特别是第22条规定作出的,该类裁定是与DSU第23条第2款(a)一致的。剩下的问题就是第306条的裁定是否也是在与DSB通过的专家组或上诉机构报告所包含的调查结果或根据DSU作出的仲裁裁决相一致情况下作出的。考虑到假定美国观点是正确的,专家组认为,文中的"调查结果"应当只能是初始专家组或上诉机构报告中的调查结果,而不是专家组审查DSU第21条第5款程序中的执行。如果是这样,那么剩下问题的答案就是否定的。因此,具体个案中,作为申请DSB授权报复先决条件,USTR有关另一成员方未能执行DSB建议的裁决不能与DSU第23条第2款(a)不一致。因此,授权此类裁决的第306条不构成违反。

2. 假定欧共体观点是正确的

欧共体认为,只有当DSU第21条第5款规定的程序完成之后,才可以援用DSU第22条。假定欧共体观点是正确的,那么个案与WTO不一致的裁定将不通过援用DSU的规则及程序作出,这是因为该裁定是一个违反DSU第21条第5款及第22条的裁定。因此,基于与第304

条相同的原因，保留了美国作出此类裁定权力的第 306 条条文用词将构成对 DSU 第 23 条第 2 款(a)的初步违反。但是，专家组裁决，美国在《行政措施声明》中作出的承诺及向专家组作出的承诺的叠加效果有效并合法地剥夺了第 306 条中违法的裁量权，从而消除了初步违反。

3. 专家组初步裁决

不再深入审查富有争议的 DSU 第 21 条第 5 款及第 22 条之间关系问题，专家组裁决，在欧共体所指的情形下，第 306 条没有与 DSU 第 23 条第 2 款(a)不一致。专家组又一次清楚表明，在有关第 304 条上下文中裁决做出的警告仍然适用于第 306 条。

五、欧共体诉称第 305 条、第 306 条与 DSU 第 23 条第 2 款(c)不一致

第 305 条(a)(1)规定，按照总统的具体指令，USTR 应在作出决定后 30 天内实施有关行动。但第 305 条(a)(2)(A)规定，如果请求采取行动者或该行动的受益产业提出请求，或者 USTR 认为正在发生实质性的进展，或有必要推迟采取行动以获得美国的权利或令人满意地解决争议，则可以最多推迟 180 天采取行动。

如果 USTR 认为 WTO 相关成员方未能执行 DSB 的建议，那么第 306 条(b)项规定，USTR 应于合理期限届满之日起 30 天内作出下一步采取何种措施的裁定。第 305 条规定了已宣布措施的执行时间。根据第 305 条(a)(1)，除了一些例外情形之外，USTR 应在采取何种措施的裁定做出之日起 30 天内执行已宣布的措施。因此欧共体认为，第 305 条和第 306 条与 DSU 第 23 条第 2 款(c)[①]不一致。

---

① DSU 第 23 条第 2 款(c)规定，“遵循第 22 条所列程序，确定中止减让或其他义务的程度，并针对有关成员未能在该合理期限内执行建议和裁决的情况，在中止适用协定项下的减让或其他义务之前，依照这些程序获得 DSB 的授权”。

（一）关于第306条(b)项措施的裁定

第306条的第二步要求在30天内作出采取何种措施的裁定。欧共体诉称，由于第306条的第二步不必按照DSU第22条规定的程序裁定减让水平或其他义务的水平，因此它与DSU第23条第2款(c)的规定不一致。专家组承认，如果USTR已经考虑到没有执行的情况，第306条(b)项的第二步的裁定甚至可能在DSU第21条第5款程序完成前就必须作出。专家组又一次在分别假定美国和欧共体关于DSU第21条第5款及第22条的观点是正确的基础上，审查第306条(b)项与DSU第23条第2款(c)的一致性程度。

1. 假定美国观点是正确的

如果美国的观点是正确的，那么USTR将依DSU第22条有效地被授予在30天内作出采取何种措施裁定的权力。如果美国观点是错误的，那么USTR将因反向一致的要求而无法获得DSB授权。依第306条(b)项的第二步的裁定将被解释为按照DSU第22条规定程序裁定减让水平或其他义务的水平，因此，它与DSU第23条第2款(c)是一致的。

2. 假定欧共体观点是正确的

如果欧共体观点是正确的，那么第306条(b)项第一步的初步与WTO不一致性将会溢出到第二步。但是，专家组又一次被说服，即美国在《行政措施声明》中的承诺以及向专家组作出的承诺的累积效果从法律上剥夺了USTR在穷尽DSU第21条第5款程序前作出第二步裁决的裁量权。因此，可能违反DSU第23条第2款(c)的风险已被消除。

3. WTO专家组初步裁决

基于上述理由，专家组裁决，第306条不与DSU第23条第2款(c)不一致，在第304条上下文中裁决发出的警告同样适用于第306条(b)项。

(二)关于第 305 条的执行措施

当 USTR 依第 306 条(b)项作出第二步裁决时,第 305 条要求 USTR 在合理期限届满之日起 60 天内执行报复措施。专家组认同欧共体观点,即 DSU 第 21 条第 5 款及第 22 条第 6 款的仲裁程序在 60 天内可能没有结束。因此,在某些情形下,第 305 条的条文用词可能强制 USTR 在获得 DSB 授权之前执行报复措施。

但是,专家组还裁决,如果 USTR 裁定,为获得美国依 DSU 第 22 条第 6 款的授权必须或值得推迟执行报复措施,那么第 305 条(a)(2)允许 USTR 最多推迟 180 天执行报复措施。此外,依第 305 条执行报复措施还要依据美国总统有关该措施的具体指示(如有)。

基于与第 304 条同样理由,专家组认为,第 305 条的裁量权因素可能构成了初步违反依 DSU 第 23 条第 2 款(c)按照第 22 条程序在中止减让或其他义务之前获得 DSB 授权的义务。然而,专家组又一次认为,美国在《行政措施声明》中的承诺及向专家组作出的承诺已经从法律上剥夺了 USTR 在这方面的裁量权。基于上述原因,在第 304 条中发出的警告又一次适用于第 305 条。

六、WTO 专家组的裁决

基于 301 条款的法律和法律条文之外的因素,特别是美国在实施乌拉圭回合协定时国会所批准的《行政措施声明》中的承诺,以及美国向专家组所作的确认和说明,专家组认为,本案中提交专家组审查的美国贸易法 301 条款的各个方面并非与美国在 WTO 中的义务不一致。具体来说:

1. 第 304 条(a)(2)(A)并非与 DSU 第 23 条第 2 款(a)不一致;

2. 第 306 条(b)项并非与 DSU 第 23 条第 2 款(a)或(c)不一致;

3. 第305条(a)项并非与DSU第23条第2款(c)不一致;

4. 第306条(b)项并非与1994年GATT第1条、第2条、第3条、第8条和第11条不一致。

但专家组强调,所有这些结论都是全部或部分建立在美国承诺的基础上的。因此,如果这些承诺被美国行政部门或政府的其他部门摒弃,则专家组结论中的裁决就不再有正当理由。

第四节　中国在WTO起诉美国301条款案件

2018年4月4日,中国代表团依据DSU第4条第4款向美国代表团以及争端解决机构主席发布了如下通告:2018年3月22日,美国公布了对华进行301条款调查,并于4月3日,公布了将对中国额外征收25%从价关税货物的清单,该征税清单只针对中国货物,不符合美国在1994年GATT下所附的关税减让和承诺时间表。

美国拟采取关税措施的法律文件如下:《1974年贸易法》第301条至第310条(经过修订);2018年3月22日,美国依据《1974年贸易法》301条款作出的针对"中国有关技术转让、知识产权和创新的立法、政策和做法"的调查结果;2018年3月22日,美国针对"中国有关技术转让、知识产权和创新的立法、政策和做法"所采取的301条款调查措施;2018年4月3日,美国针对"中国有关技术转让、知识产权和创新的立法、政策和做法"所采取的301条款调查中关于提议决定措施和征求公众意见的通知。

中国认为,美国拟采取的上述措施不符合WTO如下规定:1994年GATT第1条第1款,因为这些措施未能立即无条件地向中国提供"利益、优待、特权或豁免";1994年GATT第2条第1款(a)项和(b)项,因为这些措施未能给予相关中国货物不低于美国在1994年GATT下所附的关税减让和承诺时间表中列明的优惠待遇；DSU 第 23 条，因为这些措施违反了当美国寻求相关救济时应当遵守的各项规则和程序。

中国随后于 2018 年 7 月 6 日、7 月 16 日和 9 月 18 日提起磋商请求。因中美双方磋商未能解决争端，中国于 2018 年 12 月 6 日要求成立专家组。2019 年 1 月 26 日，DSB 成立专家组。欧盟、日本、加拿大、澳大利亚、巴西、印度、新西兰、韩国、挪威、俄罗斯、新加坡、中国台北、土耳其、乌克兰、哈萨克斯坦、印度尼西亚 16 个成员方随后以第三方身份加入。专家组于 2020 年 4 月 15 日向各方签发了报告的描述性部分，5 月 19 日签发中期报告，6 月 19 日向各方签发最终报告。2020 年 9 月 15 日，WTO 正式发布 DS543 专家组报告。①

一、中美双方的主张

1. 中国主张

（1）请求专家组裁定美国仅对从中国进口的产品征收额外关税的行为违反了 1994 年 GATT 第 1 条所规定的“普遍最惠国待遇”；

（2）请求专家组裁定美国对超过减让表所列普通关税的部分加征额外关税，违反了 1994 年 GATT 的“减让表”条款，即 1994 年 GATT 第 2 条第 1 款的（a）项和（b）项；

（3）要求美国使其措施符合其在 1994 年 GATT 项下的义务。

2. 美国主张

（1）请求专家组根据 DSU 第 12 条第 7 款拒绝中国诉求，并仅限于就对案件的简要描述出具专家组报告，并报告双方已达成解决办法；

① See WTO, Panel Report, “United States—Tariff Measures on Certain Goods from China,” WT/DS543/R(September 15, 2020).

(2)请求专家组裁定美国额外关税措施符合公共道德例外条款,即1994年GATT第20条(a)项;

(3)请求专家组裁定美国将额外关税"清单二"产品的额外关税从10%增加到25%不属于专家组职权范围。

二、关于解决办法是否令"双方满意"的争议

根据DSU第12条第7款,"……如争端各方之间已找到问题的解决办法,则专家组报告应只限于对案件的简要描述,并报告已达成解决办法"。

美国声称,中美双方已同意"在WTO体系之外解决此事",并找到了"问题的解决办法"(settlement of the matter),因此专家组无权就中国的申诉发布裁定或建议。美国所主张的"问题的解决办法"主要包括两方面:一是中国已经采取了未经DSB授权的报复措施,即对美国产品征收额外的关税;二是中美双方进行的双边贸易谈判,并强调中美双方达成了《第一阶段协议》,其认为这代表双方的谈判卓有成效。

中国认为,中美双方尚未找到令双方满意的解决办法,《第一阶段协议》在当前没有法律意义,没有涉及解决本案的争议措施,且美国的额外关税措施仍然有效。

专家组认为,"问题的解决办法"应该是令双方满意的解决办法(mutually satisfactory solution),此时才可以适用DSU第12条第7款,而中国对"问题的解决办法"的强烈反对恰恰说明了美国所声称的解决办法未令双方满意。中美进行的双边贸易谈判不能排除专家组程序的适用,DSU第11条进一步强调了旨在解决争端的谈判可以与专家组程序同时进行。

美国主张专家组无权裁定,因为中美两方已经达成了双方同意的解决办法(mutual agreed solution),这一主张没有被专家组采纳。

专家组指出，专家组有权对提起的争端进行裁决，除非起诉方撤回申请，暂停专家组程序导致专家组授权终止或者双方达成一致解决办法。专家组认为，在解释 WTO 成员是否构成放弃其 DSU 下权利（即便是通过达成双方同意的解决办法这一途径）时，过往判例中的专家组和上诉机构倾于审慎。

专家组进一步指出，根据美国的逻辑，即使双方开始协商但是争议未解决也能构成 DSU 第 12 条第 7 款意义上的双方满意的解决办法，这不符合法律解释。DSU 第 12 条第 7 款意义上的解决办法，首先需要是“双方满意的”，其次需要解决争议问题，最后还需要争议双方一致判定已达成解决办法。而本案中中方坚称争议未解决（unresolved）且由专家组裁判（subject to adjudication by the panel）。专家组继而指出双边协商不是争端解决的替代程序，而是一种 DSU 鼓励的解决双边分歧的额外途径，因此“解决办法”这一词不宜解释得过于宽泛以至于影响起诉方寻求专家组裁决的权利。

鉴于本案中中方明确表示不放弃其在 DSU 下的权利，双方没有其他证明就争议事项达成一致的书面文件，双方也没有向争端解决机构递交关于达成解决办法的通报，专家组裁定双方未达成 DSU 第 12 条第 7 款所指的双方满意的解决方案，或以其他方式放弃就本争端中存在争议的措施采取 WTO 争端解决行动的权利。因此中方提出异议的所有措施均在专家组职权范围内，专家组有权对争议措施进行审查。

三、争议措施的范围

（一）中国的主张

中国认为，争议措施范围为美国对中国两批产品额外加征的从价关税：（1）美国于 2018 年 6 月 20 日起对 818 个税则号项下价值约 340

亿美元(截至2018年7月6日)的中国产品加征25%从价关税(美国额外关税“清单一”)。(2)美国于2018年9月21日起对5745个税则号项下价值约2000亿美元(截至2018年9月24日)的中国产品加征10%从价关税(美国额外关税“清单二”)。2019年5月9日,在经两次推迟之后,美国宣布将加征的关税税率从10%提高到25%。

(二)专家组的成立时间及双方争议

中国于2018年12月6日要求成立专家组,专家组于2019年1月28日成立,因此专家组是在美国对原产于中国“清单一”产品加征25%关税以及对原产于中国“清单二”产品加征10%关税之前,2019年5月9日对原产于中国的“清单二”产品加征的额外关税由10%提高到25%之后成立的,因此双方对专家组的职权范围发生争议,即专家组是否有权或应不应当就对原产于中国“清单二”产品加征的额外关税由10%提高到25%关税措施作出裁决。

(三)美国的主张

美国主张专家组职权范围仅限于以下两个关税措施:2018年6月20日对“清单一”产品额外加征25%关税,以及2018年9月21日对“清单二”产品加征10%关税。美国认为,2019年5月9日针对“清单二”产品将关税从10%提高到25%,是另外一个独立的关税措施,不属于专家组职权范围之内。

(四)专家组裁决

专家组同意过往WTO上诉机构成员一贯做法,即成立专家组申请中的广泛专家组职权,比如,中国成立专家组的要求中的诸如“任何修改、替换或修正”等用词,可以授权专家组考虑其成立之后在其职权范围之内制定的法律文件。否则,应诉方在争端解决程序中通过轻微修改就可以轻而易举地阻止专家组对该措施的审查。因此,专家组认为,将2019年5月9日额外关税由10%提高到25%当作对2018年9月21日对“清单二”产品征收10%关税措施的修改是适当的。基于上述原因,专家组认为其职权范围包括以下措施:

(1)美国于2018年6月20日起对818个税则号项下价值约340亿美元(截至2018年7月6日)的中国产品加征25%从价关税(美国额外关税“清单一”);

(2)美国于2018年9月21日起对5745个税则号项下价值约2000亿美元(截至2018年9月24日)的中国产品加征10%从价关税(美国额外关税“清单二”)。2019年5月9日,在经两次推迟之后,美国宣布将加征的关税税率从10%提高到25%。

四、关于争议措施是否违反1994年GATT第1条第1款(最惠国待遇)和第2条第1款(a)项和(b)项(减让表承诺)的争议

中国申诉称,由于争议措施未能将美国有关对原产于其他WTO成员进口产品加征的或与这些产品进口相关的关税和任何收费的利益、优惠、特权或豁免,立即并无条件给予原产于中国并进口到美国的某些产品,因此该争议措施与美国在1994年GATT第1条第1款项下的义务不一致。

美国抗辩称,由于争议措施属于1994年GATT第20条(a)项意义上的“为保护公共道德所必要的”措施,因此该争议措施取得了“法律上正当性”。

专家组注意到,美国未提出与被指控的与1994年GATT义务不一致措施直接相关的抗辩,与被指控的与1994年GATT义务不一致措施相关的抗辩集中在该争议措施依1994年GATT第20条(a)项取得正当性上。

正像过往WTO上诉机构成员一贯观点一样，争端中初始举证责任在申诉方，申诉方要确立有关被诉方行为与涵盖协定规定不一致的表面证据充分的案件；一旦确立表面证据充分的案件，那么举证责任就转移到被诉方，被诉方必须反驳被指控的事项与WTO的不一致性。表面证据充分的案件是指“在被诉方未能有效反驳情况下，要求专家组从法律层面作出有利于提交表面证据的申诉方的裁决的案件”。

美国一直未向专家组提交任何反驳中国有关争议措施与1994年GATT第1条第1款及第2条第1款(a)项与(b)项不一致的主张的证据。因此，如果专家组裁定中国已建立了争议措施与1994年GATT第1条第1款及第2条第1款(a)项与(b)项不一致的表面证据充分的案件，那么专家组就必须从法律上认定争议措施与上述条款不一致。

(一)争议措施与1994年GATT第1条第1款

中国主张，由于美国未能将其已给予其他所有WTO成员的利益给予中国，并因此拒绝给予中国其给予其他所有WTO成员的相同竞争机会，所以争议措施违反了1994年GATT第1条第1款。在中国看来，争议措施具有明显歧视性，拒绝中国享有与其他WTO成员同类产品平等竞争条件，并因此违反了1994年GATT第1条第1款。1994年GATT第1条第1款规定：“在对进口或出口、有关进口或出口或对进口或出口产品的国际支付转移所征收的关税和费用方面，在征收此类关税和费用的方法方面，在有关进口和出口的全部规章手续方面，以及在第3条第2款和第4款所指的所有事项方面，任何缔约方给予原产于或运往任何其他国家任何产品的利益、优惠、特权或豁免应立即无条件地给予原产于或运往所有其他缔约方领土的同类产品。”

过往WTO上诉机构成员一贯要求申诉方证明如下四个要素，以确立与1994年GATT第1条第1款不一致：

1. 申诉方必须证明争议措施属于第1条第1款的适用范围

中国认为,由于争议措施属于无可争议的关税,因此该措施属于第1条第1款的适用范围。中国主张,美国额外关税属于“通常关税”,理由如下:(1)该额外关税是依据产品价值计算出来的额外从价关税;(2)该额外关税被纳入《美国协调关税表》并成为其一部分,《美国协调关税表》是确定进口产品进口到美国时应付的所有普遍关税的;(3)该额外关税是按与征收《美国协调关税表》第一栏确定的其他关税的相同方式,由美国海关与边境署征收的。

专家组注意到,争议措施由对原产于中国产品加征的额外关税构成,这些被征关税的中国产品是按照《美国协调关税表》次大类进行分类的。另外,通过新的标题及注释,争议措施修改了《美国协调关税表》第九十九章第三次章。专家组认为,该额外关税属于第1条第1款意义上的关税。

2. 申诉方必须证明争议的进口产品属于第1条第1款的“同类”产品

中国认为,由于争议措施仅仅依据该产品原产于中国的事实而歧视中国产品,因此每一个被征301关税的中国产品都属于第1条第1款意义上的没有被征收额外关税的原产于其他成员的“同类”产品。

专家组注意到,过往上诉机构成员一贯作出以下裁定,即如果一项措施仅依据原产地给予差别待遇,那么除了原产地外,将存在也可以存在所有方面均相同的产品,从而可以推定出“同类性”。本案中的额外关税仅适用于中国产品,并因此是仅依原产地而给予差别待遇。基于上述理由,被征收额外关税的中国产品可以被推定为与未被征收额外关税的原产于其他WTO成员的产品属于“同类”。

3. 申诉方必须证明争议措施向原产于其他任何国家的产品给予了“利益、优惠、特权或豁免”

中国认为,由于争议措施拒绝给予中国与美国约束关税相一致的平等待遇的利益,因此只针对中国而不对其他所有WTO成员适用额外关税就是向原产于除中国以外的其他所有WTO成员的产品给予了利益。专家组认为,第1条第1款意义上的“利益”是指在不同原产地产品之间设立了更多优惠的竞争机会或商业关系。美国对原产于中国的产品征收额外关税,却不对原产于其他WTO成员的产品征收额外关税。换言之,美国对原产于其他WTO成员的产品征收普通税率关税,而对原产于中国的相同产品既征收普遍税率的关税,又征收额外的关税。专家组认为,美国对原产于除中国以外的其他所有WTO成员的产品给予了“利益”。

4. 申诉方必须证明被给予的利益应“立即”并“无条件”地给予原产于所有WTO成员境内的“同类”产品

中国主张,在对“清单一”及“清单二”列明的产品征收额外关税分别于2018年7月6日及2018年9月24日生效之后,美国未能将其给予原产于其他所有WTO成员产品的最惠国地位立即并无条件地给予原产于中国的产品。专家组注意到,美国对原产于中国的产品征收额外关税,却不对原产于其他WTO成员的产品征收额外关税。因此,专家组认为,美国未能将其给予其他WTO成员的利益立即并无条件地给予中国。

专家组得出如下结论,即因为中国已证明美国只对原产于中国的产品适用额外关税,并因此未能将给予原产于其他所有WTO成员同类产品的利益给予原产于中国的产品,所以中国已经建立争议措施与第1条第1款不一致的初步证据充分的案件。

(二)争议措施与1994年GATT第2条第1款

中国认为,争议措施对中国某些产品征收超过美国应遵守的其关税减让表中的税率的关税,因此显然违反了第2条第1款(a)项和(b)

项。1994 年 GATT 第 2 条第 1 款(a)项和(b)项规定,“(a)每一缔约方对其他缔约方的贸易所给予的待遇不得低于本协定所附有关减让表中有关部分所规定的待遇。(b)与任何缔约方相关的减让表第一部分中所述的、属其他缔约方领土的产品,在进口至与该减让表相关的领土时,在遵守该减让表中所列条款、条件或限制的前提下,应免征超过其中所列普通关税的部分。对此类产品还应免征超过本协定订立之日征收的或超过该日期在该进口领土内已实施的法律直接或强制要求在随后对进口和有关进口征收的任何种类的所有其他税费的部分”。

专家组认可过往 WTO 上诉机构成员的看法,即第 2 条第 1 款(b)项禁止“常常与(a)项不一致的”某种做法。基于此种理由,专家组先审查争议措施是否与第 2 条第 1 款(b)项不一致。如果专家组认定美国适用了超过其关税减让表上税率的关税,与(b)项要求不一致,那么其也构成了与第 2 条第 1 款(a)项要求不一致的“更低优惠”待遇,WTO 专家组具体推理过程如下:

1. 额外关税为“通常关税”

中国主张额外关税就是“通常关税”,中国还认为,即使专家组认定额外关税不是“通常关税”,争议措施仍构成以与第 2 条第 1 款(b)项不一致的方式加征了其他税或收费,因为在美国关税减让表上根本没有载入与《关于 1994 年 GATT 第 2 条第 1 款(b)项解释的谅解》相一致的“其他税或收费”一栏。

专家组忆及其审查了额外关税属于第 1 条第 1 款意义上的关税,并且专家组也认为额外关税属于第 2 条第 1 款(b)项意义上的“通常关税”。

2. 措施超出限度

中国申诉认为,因为关税是在应对“其他税捐、费用”以外征收的,所以争议措施超出了约束美国的《关税减让及承诺表》中的关税。中国申诉称,美国关税减让表上的约束税率与《美国协调关税表》第一栏上列出的最惠国税率“基本相同”。美国在《美国协调关税表》第一栏上列出的税率以外加征任何额外关税就超过了其关税减让表上表明的税率。

专家组注意到,美国关税减让表中的约束税率为其征收关税规定了一个上限(upper limit)。中国提供了相关证据,证明在征收301条款关税之后,“清单一”和“清单二”上的每一种中国产品的核定关税均超过了美国《关税减让及承诺表》规定的税率。美国未提供任何反驳表面证据充分的案件的证据或抗辩。因此,专家组认为,构成争议措施的额外关税超过了约束美国的其关税减让表上的关税税率,与第2条第1款(b)项不一致。

3. 有违更低优惠待遇

中国还主张,由于争议措施对原产于中国的产品给予低于美国关税减让表规定的优惠待遇,因此争议措施也与第2条第1款(a)项不一致。专家组忆及其之前的意见,即依第2条第1款(b)项禁止的做法通常不符合第2条第1款(a)项。美国适用了超过其关税减让表规定的税率,此种做法不符合第2条第1款(b)项,构成了第2条第1款(a)项意义上的“更低优惠”的待遇。因此,专家组认为,额外关税给予原产于中国的进口产品待遇低于美国关税减让表规定的待遇,与第2条不一致。

总之,由于中国已证明额外关税属于已超过美国约束自己的关税减让表上的税率适用的普遍关税,因此中国已确立争议措施与第2条第1款(b)项不一致的表面证据充分的案件。由于中国已经证明额外关税给予原产于中国的进口产品待遇低于美国关税减让表规定的待遇,因此中国也确立了争议措施与第2条第1款(a)项不一致的表面证据充分的案件。美国从头至尾没有反驳中国关于争议措施与第2条第1款(a)项和(b)项不一致的主张。

基于上述理由,专家组认定争议措施属于表面证据充分的与1994

年GATT第2条第1款(a)项和(b)项不一致的措施。

(三)专家组结论

专家组得出如下结论,即因为只对原产于中国的产品适用额外关税,并因此未能将给予原产于其他所有WTO成员的同类产品的利益给予原产于中国的产品,所以争议措施属于表面证据充分的与第1条第1款不一致的措施;由于额外关税是已高于美国约束自己的关税减让表规定的税率适用的普遍关税,并且给予原产于中国的进口产品待遇低于美国关税减让表规定的优惠待遇,因此,争议措施也属于表明证据充分的与第2条第1款(a)项和(b)项不一致的措施。

五、争议措施与1994年GATT第20条(a)项

(一)1994年GATT第20条的性质及目的

1994年GATT第20条规定:"在遵守关于此类措施的实施不在情形相同的国家之间构成任意或不合理歧视的手段或构成对国际贸易的变相限制的要求前提下,本协定的任何规定不得解释为阻止任何缔约方采取或实施以下措施:(a)为保护公共道德所必需的;……"

WTO成员可以援用第20条作为例外,使其违反1994年GATT义务的措施具有正当性。具体来说,WTO成员可以援用第20条(a)项到(j)项列举的各种政策类别,以使其潜在的违反1994年GATT实体义务的措施(被诉措施)具有正当性。

正如过往WTO上诉机构成员一贯指出的那样,援用第20条例外是一项法定权利。换言之,WTO成员有权援用第20条正文中(a)项到(j)项列举的多种政策,以使其对1994年GATT义务的违反具有正当性,因为这些政策已被承认是必要的和性质是合法的。因此,如果WTO成员采取一些已经存在的与WTO不一致措施,保护某些价值或

规定某些政策,那么第 20 条允许该 WTO 成员实施该措施,该权利是以被诉的与 WTO 不一致的措施符合第 20 条相关规定的要求为条件的。由于 WTO 成员授予此种保护的重要性,专家组认为援用第 20 条例外的权利不能被虚置。

同时,如果 WTO 成员滥用或不恰当使用其援用第 20 条例外的权利,那么会使其他 WTO 成员的实体的条约权利受到侵蚀或丧失。基于上述原因,第 20 条(a)项到(j)项的每一项都是 1994 年 GATT 其他条款中所包含的实体义务的有限的和有条件的例外。因此,举证责任由援用第 20 条例外抗辩的应诉方承担,证明被诉措施属于援用(a)项到(j)项中的一项,并且满足第 20 条前言的要求。

(二)关税措施正当性的争议

为依据第 20 条(a)项到(j)项使被指控的措施暂时具有正当性,应诉方必须证明被诉措施是在保护第 20 条(a)项到(j)项中具体一项的利益,并且"该措施与被保护利益之间存在充分的关联"。

过往 WTO 上诉机构成员一直以来是这样考虑的:首先依据第 20 条(a)项确定被诉的政策是否为第 20 条(a)项含义上的"公共道德"目标,其次审查该措施是否旨在保护此公共道德目标,最后考虑该措施是否是第 20 条(a)项上下文所指的保护公共道德所"必需的"措施。第 20 条(a)项涉及对一系列因素进行"考量和平衡"(weighing and balancing),同时在多数案件中,还要对被指控的措施与合理可获得的符合 WTO 的可替代措施进行比较。上述分析涉及对第 20 条(a)项所有的特征及要求统一考虑的"整体性"(holistic)分析过程,进而形成最终的裁决。

因此,专家组将分以下几个部分进行审查:(1)美国是否已指出了 1994 年 GATT 第 20 条(a)项意义上的公共道德目标;(2)争议措施是否旨在保护美国援引的公共道德目标；(3)争议措施是否是保护该公共道德目标所“必需的”。

1. 争议措施是否有关公共道德

美国在本案中援引 1994 年 GATT 第 20 条(a)项，辩称针对中国的 301 条款关税是第 20 条(a)项允许的“为保护公共道德所必需的措施”。美国在其提交的文件中称，本案中争议的措施属于 1994 年 GATT 第 20 条(a)项意义上的“保护公共道德”，理由是美国采取这些措施是为了“消除”违反美国是非标准(standards of right and wrong)的行为，即中国的不公平贸易立法、政策和做法，每个 WTO 成员都可以寻求保护其社会的公共道德。

中国不接受美国关切的特点属于第 20 条(a)项意义上的“公共道德”，并辩称美国未能确立有效“公共道德”目标。中国认为，美国援引公共道德只是企图使其纯粹经济目标获得正当性，并且争议措施的目标不是保护公共道德，而是削减中国对美国出口额并降低美国经贸逆差。

(1)1994 年 GATT 第 20 条(a)项的“公共道德”概念

尽管专家组必须考虑应诉的 WTO 成员如何阐述争议措施的公共道德目标，但专家组不能拘泥于应诉方对目标的定性，而是必须在考虑所有可获得证据之后，对争议措施目标进行客观和独立的审查。专家组提出第 20 条(a)项没有对“公共道德”进行定义，字典将“公共”二字解释为“属于或关于全体人民；属于、影响或关于社区或国家”，将“道德”一词解释为“关于是非行为的生活习惯”。因此，“公共道德”一词的一般含义是一套属于、影响或关于社区或国家的正确和错误行为(社会价值观)的生活习惯。

这一理解与过往上诉机构成员是一致的。过往上诉机构成员认为“公共道德”一词是指“由一个社区或国家维护的或代表该社区或国家的是非行为标准”。WTO先例中曾认为以下政策与公共道德有关：防止未成年人赌博；对文化产品中暴力或色情等内容的限制，以及保护中国文化和传统价值；保护动物福利；打击洗钱；弥合社会内部的数字鸿沟和促进社会包容等。正是在上述背景下，专家组将分析美国提及的第20条(a)项意义上的公共道德目标。

(2)是否要求实施争议措施的法律文件明确提及公共道德

从一开始，专家组就注意到，中国辩称争议措施未能提及公共道德，这是证明该措施不具有公共道德目标的相关证据。

美国认为，一项措施不必明确提及可依第20条(a)项获得正当性的公共道德，但本案争议措施明确提及在美国属于“公共道德”范畴的目标，即消除301条款报告中的不公平经贸立法、政策及做法。

专家组承认争议措施没有包括具体提及的基于美国对原产于中国产品征收额外关税的社会关切。专家组认为，对于一项基于第20条(a)项范畴的措施，实施该措施的法律文件不必明确提及公共道德标准。专家组同意过往WTO上诉机构成员的观点，即在认真审查其设计、内容、结构及其运作之后，没有明确提及“公共道德”的措施可能被发现与公共道德有关。基于上述原因，专家组认为，美国加税措施没有提及公共道德不是决定性因素。

(3)美国援引的公共道德目标

在公共道德目标这一问题上，双方主要有两个争议。一是第20条的例外是否能涵盖经济利益和关切，二是公共道德是否能涵盖与公共竞争相关的经济关切。在第一点上，专家组认为第20条是包含经济范畴的利益保护的，例如(c)项、(d)项、(i)项和(j)项中有涉及经济因素；在第二点上，专家组认为公共道德目标也是包含经济关切的，如打击洗钱。为了进一步进行法律分析，专家组认可美方所主张的公共道德目标，至少在文本层面上，其属于第20条(a)项的范畴。

关于美国是否“提出了公共道德目标”，专家组报告认为：美国提交了自己的法律及301条款报告中指控中国的且作为其国内“是非标准”的证据。专家组发现，美国提出的“是非标准”至少在概念层面上可以被第20条(a)项规定的“公共道德”一词涵盖。

2. 争议措施是否旨在保护美国援引的公共道德

美国认为，第20条(a)项不包含任何证明一项措施旨在(is designed to)保护公共道德的文本要求。但美国坚称，美国的争议措施与保护公共道德之间存在明显关联(a clear relationship)，并且每项争议措施满足了第20条(a)项的“旨在”要求。

(1)中国的主张

中国认为争议措施不是旨在保护公共道德，主要因为争议措施不是设计适用于包含冒犯美国公共道德内容或行为的商品，而是建立在经济关切之上，不是旨在保护美国公共道德，免遭含有冒犯内容或冒犯行为的进口商品的伤害。

在过往案件中，上诉机构认为，“为保护公共道德”一词要求专家组审查争议措施的设计，包括其内容、结果及预期运行，并着眼于确保该措施“不是不能”(is no incapable of)保护公共道德。依照上述方法，如果专家组发现争议措施不能保护应诉方认为具有公共道德的价值，那么争议措施与符合“旨在”(is designed to)测试要求的保护公共道德之间不存在关联。反之，如果专家组发现争议措施“不是不能”保护公共道德，那么就表明争议措施与符合“旨在”测试要求的保护公共道德之间存在关联。

(2)美国的主张

美国辩称，争议措施不是不能解决301条款调查报告中确定的立法、政策及做法，其理由如下：①争议措施“明确目标是消除301条款调查报告中确定的不公平贸易立法、政策和做法”；②它针对的是从“不道德"(immoral)的中国做法中受益的商品;③争议措施旨在"提醒美国消费者和购买者注意"中国的"不公平和不道德的做法";④专家组报告援引美国第二份书面文件称,关税提高了中国"不公平"政策的经济成本。

中国质疑"不是不能保护"标准是否真的基于第20条(a)项文本?中国进一步辩称,一项与公共道德目标有足够关联并且可依据第20条(a)项获得正当性的措施一定旨在适用于包含有道德冒犯内容或行为的商品。因此,中国得出以下结论,即争议措施不能保护公共道德,这是因为不存在美国额外关税措施旨在适用于包含冒犯美国公共道德内容或行为商品的证据。

(3)专家组裁决

专家组主要审查争议措施是否旨在保护美国主张的公共道德目标。专家组不认为征收额外关税一定不能保护公共道德目标,而是指出很难在任何层面上验证征收额外关税是否旨在保护其公共道德目标,因此专家组决定在"必需性"(necessity)分析的基础上去解决双方关于争议措施和公共道德目标之间关联的分歧。

专家组认为,很难在任何一般层面上评估所涉措施是否旨在保护公共道德,需要更全面的分析。

3. 争议措施是否是必需的

专家组接下来开始分析争议措施是否是"保护公共道德所必需的",主要考虑三个层面:一是所追求的政策目标的重要性,二是争议措施对贸易的限制性影响,三是争议措施对于实现所追求目标的贡献。

(1)必需性测试要求的性质及目的

专家组认为,对第20条(a)项到(j)项的每一个元素的解释应整体上在美国援引第20条(a)项例外的权利及美国尊重中国依1994年GATT享有的市场准入权利的义务之间保持平衡。从第20条(a)项文字看,显然仅依第20条(a)项援引公共道德目标不能自动使任何与

WTO不符措施变得可接受。

专家组首先聚焦第20条(a)项术语的通常含义。1994年GATT第20条(a)项、(b)项及(d)项中的“必需”一词规制并界定了援用这些条款的条件。为证明被诉措施是必需的,被诉措施及保护价值之间应存在关联,上述要求反映了援用第20条(a)项的条件。此种关联紧密性并非一成不变,正如上诉机构于“韩国有关牛肉各种措施”一案中所做出的如下阐述:

“不可或缺的、绝对必需的、无法避免的措施肯定符合第20条(d)项的要求,但其他措施也能属于该例外的范畴。正如第20条(d)项使用的那样,我们认为‘必需’一词是指‘必需性程度之范围’(a range of degrees of necessity),在一端‘必需’可理解为‘不可或缺’(indispensable),在另一端‘必需’可认为具有‘有所贡献’(making a contribution to)的含义。在一端为‘不可或缺’及另一端为‘有所贡献’的程度范围内,‘必需’措施应定位于相当靠近‘不可或缺’一端,而不仅仅是‘有所贡献’一端。”

当“权衡”许多因素(weighing and balancing factors)以审查与WTO不一致的措施能否依第20条(a)项、(b)项或(d)项获得正当性时,过往上诉机构成员一直牢记上述必需性要求的一般功能。此种权衡方法要求审查一系列因素,具体包括:①所追求政策目标的相对重要性;②被诉措施对贸易的限制性影响;③被诉措施对实现所追求目标的贡献(可通过追求目标与被诉措施之间存在真正的目的与手段关系予以证明)。其次,审查申诉方建议的与WTO一致措施或建议的较低贸易限制的替代措施是否为应诉方合理可获得。上述分析涉及将所有因素统一考虑的“整体性”(holistic)权衡过程,进而形成一个综合性的裁决。

(2)专家组的评价

①所追求政策目标的重要性

美国辩称,争议措施追求极其重要的目标,即维护美国反对盗窃和强制的行为标准,并且该价值无论是对美国社会还是对美国经济运转均相当重要。

中国接受以下观点,即在理论上可以将解决与犯罪相关的问题定性为服务社会利益。但是认为,美国争议措施无助于取得该目标,它对贸易严重限制性远远超过理论上美国通过打击某个特别犯罪行为所获得利益的重要性。

专家组认为,在界定其社会予以保护的价值体系及低一级的相应公共道德范围方面,应尊重WTO成员。对争议措施的必需性分析包括了对所追求公共政策目标重要性的审查,这种审查不是泛泛的,而是根据已援用的适用其域内的相关公共道德,对应诉的WTO成员进行审查。在此种审查过程中,过往上诉机构成员一直集中于对其所保护社会利益的审查,而不是仅凭其成为公共道德目标的地位,就认为该利益最关键或最重要。

在本案条件下,专家组注意到,美国援引的公共道德目标反映了美国声称的对其非常重要的社会利益。在第一个层面上,专家组认可美国所主张的政策目标反映了对美国极为重要的社会价值。

②争议措施对贸易的限制性影响

美国辩称,争议措施不具有严重贸易限制性,因为它们没有对中国进口产品实施禁运,只是征收适度关税,并精心设计以消除“301条款报告”记录在案的行为。

中国抗辩称,争议措施具有严重贸易限制性,因为其范围涉及几乎所有原产于中国的产品,并在约束关税之上提高25%,所以提高了原产于中国产品相对于美国国内产品及第三国不被征收额外关税的进口产品价格,严重降低了原产于中国的产品在美国市场的竞争力。

专家组注意到,争议措施不是对原产于中国的广泛产品的进口禁令,而是额外关税。正如专家组在"哥伦比亚纺织品案"中指出的那样,比起进口禁令或具有禁令效果的措施,关税对国际贸易限制性更低,但通过降低有关产品市场竞争力,仍然对国际贸易有明显影响,特别是考虑到大范围原产于中国产品被加征关税,专家组认为争议措施对国际贸易有重要影响。

在第二个层面上专家组认为考虑到301关税措施的广泛性,其对国际贸易产生了严重影响。

③争议措施对追求美国援引的公共道德目标的贡献

美国认为,争议措施为保护公共道德目标作出了重大贡献,理由如下:首先,争议措施提高了中国不公平贸易做法的成本,降低了对中国继续进行该做法的激励;其次,争议措施向美国公民发出如下信号,即中国贸易行为是不可接受的,不应当在市场上获得回报,并因此降低了激励美国市场参与者仿效类似的中国行为的可能性;最后,在实施争议措施后,中国才与美国进行谈判,以解决"301条款报告"记载的关切。

中国抗辩称,由于争议措施的适用是基于美国的经济目标,而不是基于产品本身包含道德冒犯的内容,因此争议措施没有对第20条(a)项意义上的公共道德目标有所贡献。中国认为,即使美国也可能已对某些理论上包含指称的道德冒犯内容的产品征收了额外关税,但这只是美国争议措施范围极广的结果,不是真正"目的—手段"关系的证据。

专家组认为,被诉措施对实现所追求目标的贡献度是权衡该措施是否为第20条(a)项意义上的"必需"时考虑的一个方面。目前还没有普遍适用的要求使用事先确定的贡献度门槛的标准。比如,在"欧共体海豹产品案"中,上诉机构不同意欧共体的贡献应是"实质性的"(material)主张,具体来说谨慎反对在贡献分析中使用"实质性"

(materiality)作为普遍适用的事先确定的门槛。

过往 WTO 上诉机构成员一直认为,当所追求目标与争议措施之间有真正的目的与手段关系时,就存在贡献。因此,他们通过审查争议措施对追求目标贡献度,确定争议措施贡献水平。上述审查既可以是定量的,也可以是定性的,通常在设计欲使用的适当方法并决定如何构造或组织其分析上,专家组享有一定裁量空间。因此,正如过往 WTO 上诉机构成员已经裁决的那样,专家组将集中确定美国援引的公共道德目标与争议措施之间存在的真正的目的与手段关系。

然而,专家组认为,不能仅依据一方之词就确定争议措施的贡献,必须要有能证明争议措施对追求目标贡献的证据和说明,这有助于专家组作出必需性是否满足的总体裁决。

专家组注意到,中美双方似乎接受公共道德目标和选择的措施之间需要存在充足的关联。然而,他们的分歧在于如何证明上述关联以及上述关联如何反映在措施的选择以及其追求政策目标之中。因此,专家组将其调查方向放在努力找出美国已选择的措施(对范围广泛的产品征收额外关税)与美国公共政策目标关切之间的关联,以便影响审查争议措施是否及如何有所贡献的问题,并可以证明该措施是为保护第 20 条(a)项意义上的公共道德所必需的。

基于上述原因,专家组认为,审查争议措施对美国援用的所追求的公共道德目标的贡献时,必须审查美国提交有关被加征关税的产品及美国公共道德关切之间的目的与手段关系的证据及说明。因此,专家组先后逐一分析了两款被诉措施对美国援引的公共道德目标的贡献。

在第三个层面上,专家组对两款争议措施进行了具体考察,美国虽然主张其关税主要针对的是从中国"不道德"实践中获益的产品,但是其征税通知等文件中并没有说明征税对象是如何确定的,只语焉不详地写到"美国政府机构的贸易分析师认定产品受益于中国产业政策"

(trade analysts from several US Governmental agencies identified products that benefit from Chinese industrial policies),或者主张征税产品与《中国制造 2025》规划有关,不能解释对产品征收额外关税和其保护公共道德目标之间的关系。专家组还对美国出台征税列表、正式征税及关税排除等一系列行为进行了审查,认为美国未能证明其主张的公共道德目标和其征收的关税之间存在真正的目的和手段的关系(genuine relationship of ends and means)。

专家组报告认为,美国未能充分认识到它选择征收关税的中国产品是如何实现其公共道德目标的。美国对首批价值 500 亿美元的中国产品征收关税(其中本案涉及的争议是 340 亿美元部分,另 160 亿美元争议在 DS565 案中体现),美国对此提供的"最详细的解释"是,被认定的产品受益于中国的产业政策。专家组认为:(1)美国通过并实施这些有争议措施所依据的法律文书并未解释所选择的措施(对一系列特定产品征收额外关税)和美国追求的公共道德目标之间的关系;(2)美国也没有提供任何其他证据来支持其主张,即对其征收额外关税的产品得益于中国的做法,美国认为这些做法违反了美国的公共道德;(3)美国也没有提供证据证明其选择的给予额外关税待遇的产品如何有助于实现其公共道德目标。

美国辩称,在中国明确表示不会改变政策后,才对价值 2000 亿美元的中国商品征收关税,"清单二"关税是"清单一"关税的"衍生物"。美国认为,这些关税"在一定程度上也是保护公共道德所必需的,部分原因是如果不回应中国的报复措施,则意味着美国政府愿意默许其中一方窃取和强制转让美国技术"。

但专家组表示,美国仍未能解释"清单二"关税与实现公共道德目标之间的关系。并且由于美国的措施与公共道德目标之间缺乏明确的关联,专家组认为,不需要评估是否存在较宽松的贸易限制措施。

④权衡三个因素后的初步裁决

专家组得出如下结论：美国援用的公共道德目标反映了似乎在美国非常重要的社会利益和价值，并且争议措施对国际贸易有重大影响(significant efforts)。

但经整体审查美国实施的争议措施之后，专家组认为美国未能提供证明争议措施对美国援用的公共道德目标有贡献的辩解。具体来说，美国未证明争议措施与美国追求的公共道德目标之间存在真正的目的与手段的关系(a genuine relationship of end and means)。

关于对"清单一"中国产品征收的额外关税，美国未能充分说明被加征关税的产品与美国援用的公共道德目标之间如何存在真正的目的与手段的关系。无论是初始对"清单一"范围的缩减，还是从"清单一"额外关税中予以排除特定产品程序的实施，美国均未能充分说明这些措施与美国援用的公共道德目标之间如何存在真正的目的与手段的关系。

关于对"清单二"中国产品征收的额外关税，美国清楚表示，因为中国已清楚表明它不会改变其不公平贸易政策，并作为对中国在美国对"清单一"产品征收额外关税之后对美国产品采取加税措施的回应，美国对"清单二"中国产品额外加征了关税。专家组认为，"清单二"产品额外关税对美国援用公共道德目标贡献不能从对"清单一"产品额外关税的(潜在)贡献中派生出来(be derived)；另外，美国一直未能提供可证明构成"清单二"产品额外关税的措施与美国援用的公共道德目标之间存在真正目的与手段关系的任何证据或解释。

⑤与合理可获得的替代措施的比较

在审查被指控措施是否是第20条(a)项、(b)项、(d)项意义上"必需的"时，过往上诉机构成员一直习惯于考虑存在合理可获得的替代措施，特别是在"巴西轮胎案"中，作出如下裁决：为确定一项措施是否是

第 20 条(d)项意义上的“必需的”,专家组必须依据不确定的利益或价值的重要性,审查所有相关因素,特别是被诉措施对目标实现的贡献度,并且如果上述分析得出该措施是必需的结论,此结果必须通过与可能的替代措施进行比较才能予以确定。该替代措施应是在对追求目标实现有同等贡献情况下对贸易限制更低。

中国没有建议任何替代措施。中国认为,争议措施无关公共道德,不是旨在保护公共道德,并肯定不是必需的,因此,中国认为,专家组没有必要分析符合 WTO 的替代措施,以确认美国措施是否是为保护公共道德所“必需的”。中国主张,由于本争端的独特事实,中国没有必要提交,或专家组也没有必要审查替代措施。在支持争议措施属于第 20 条(a)项意义上的“必需的”主张时,美国指出它之前通过多边论坛或双边机制的对话、告诫、斗争等努力解决其对中国做法的关切。在美国看来,上述过往努力没有一项是长期有效的。这再次证明了争议措施的必需性。

专家组认为,中国拒绝提供合理可获得的替代措施。在权衡相关因素的基础上,专家组初步结论是美国一直未能解释争议措施对美国援用的公共道德目标作出何等贡献,一直未能解释争议措施是何等必要。基于上述所有原因,专家组没有必要继续与合理可获得的替代措施进行比较。

4. 争议措施是否暂时具有正当性

正如专家组上述评论那样,第 20 条性质和目的允许 WTO 成员实施与 WTO 不符措施以保护其公共道德,该性质和目的不能与容许 WTO 成员仅援引抽象地被认为是 1994 年 GATT 第 20 条意义上的有效政策目标,限制其他成员贸易的情形相协调。依第 20 条(a)项取得正当性的限制措施的范围取决于被援引的公共道德目标,以及该措施属于实现公共道德目标所必需者的要求。换言之,要求被诉措施与相关政策目标所保护的利益之间存在关联。在第20条(a)项情形下,此要求具体表现为“保护公共道德所必需的”一词,这在第20条(a)项上下文中是特别重要的。因为“道德”是一个宽泛的、建立在各个WTO成员的具体考虑之上的概念。

正如专家组较早之前强调的那样,对第20条每一项抗辩的援用都需要谨慎地考虑依据所援用的第20条(a)项到(j)项中之一项与被诉措施相关的事实。专家组注意到,第20条(a)项文本本身限制了允许WTO成员所依赖的措施范围。为属于第20条(a)项限制的范围,被诉措施必须与公共道德相关。另外,被诉措施必须是为实现援用的公共道德目标所“必需者”。换言之,如果实施措施的WTO成员不能通过说明被诉措施与公共道德目标之间存在真正关联,以解释被诉措施如何对所追求的公共道德目标的实现作出贡献,那么就强烈表明,被诉措施已超出了依1994年GATT第20条(a)项可接受的限制。

正如专家组在较早前详述的那样,在完成从整体上审查本争端证据之后,专家组裁决,美国未能提供一份解释,说明有选择地对进口产品征收额外关税对实现美国援引的公共道德目标作出了何等贡献。因此,美国未能充分说明美国选择的措施对保护此公共道德有何等重要贡献。

最终专家组认为美国未能证明争议措施符合第20条(a)项一般例外。因此争议措施违反了WTO义务且无正当理由。

(三)关税措施与1994年GATT第20条前言

美国辩称,由于它未采取行动以隐藏采取争议措施的原因,因此美国没有以对国际贸易造成隐藏性限制方式实施争议措施。美国认为,由于实施争议措施是出于“蓄意”,并且它已经说明了实施争议措施合理性与正当性,因此美国没有以“专断的或不正当歧视”的方式实施争议措施。美国还辩称,由于“还没有其他国家正实施与中国种类及程度相同的强制技术转让政策和做法”,因此美国没有以与第20条前言不一致的方式实施争议措施。

中国抗辩称,争议措施未能依第20条(a)项暂时取得正当性,并且“不存在继续审查争议措施是否与第20条前言规定的条件相一致的必要”。在前提假设基础上,中国认为争议措施未能满足第20条前言的要求。中国抗辩称,美国的争议措施与措施涵盖产品之间缺乏合理关联反映了美国措施的真正强制意图,并且禁止不适当的强制措施与第20条前言的限制功能直接相关。中国还认为,争议措施“打着公共道德旗号限制国际贸易”,并且简直就是对国际贸易的隐藏性限制。

专家组认为,美国缺乏足够证据或说明,以证实其主张的争议措施是为保护美国援引的被认为是公共道德的“是非标准”。

过往WTO上诉机构成员对其已经裁决不能依第20条(a)项到(j)项暂时取得正当性的争议措施是否符合第20条前言一直不再进行审查。

根据专家组作出的美国未能充分说明其选择的措施如何是保护公共道德所必需者,并且美国未能满足争议措施依第20条(a)项暂时取得正当性的证明责任的结论,专家组认为不必对美国是否已证明其争议措施满足第20条前言的要求作出裁决。

六、专家组的裁决

专家组提交的调查结果和建议总结如下:

(1)争端双方未能达成DSU第12条第7款下的“双方满意的解决办法”,也未以其他方式放弃就“争议的措施”(美国额外关税)诉诸WTO争端解决程序的权利;

(2)中国的所有诉求都属于专家组的职权范围,专家组有权针对美国额外关税“清单一”和“清单二”上所列产品被采取的征收额外关税的措施作出裁定和建议；

(3)美国额外关税措施违反了 1994 年 GATT 第 1 条第 1 款“最惠国待遇”条款和第 2 条第 1 款(a)项和(b)项“减让表”条款；

(4)美国未尽到举证责任以证明“争议的措施”适用 1994 年 GATT 第 20 条(a)项规定的“公共道德例外条款”的正当性。

根据 DSU 第 19 条第 1 款，专家组建议美国使其措施符合其在 1994 年 GATT 项下应承担的义务。

2020 年 10 月 26 日，美国通报 DSB，就中国诉美 301 条款调查关税措施案(DS543)专家组报告提出上诉。由于美国从 2016 年开始一直在阻止上诉机构继任大法官的提名，上诉机构因无法达到审理案件的法定人数已于 2019 年 12 月 11 日处于停摆状态，暂停本案的上诉审理，WTO 争端解决机构将无法通过(adopt)专家组报告。根据 WTO 规则，中国也无法寻求对美国的报复，因为根据 DSU 第 21 条，只有在专家组和/或上诉机构报告通过后，中国才能申请启动执行异议程序，在争端解决机构建议和裁决仍得不到履行的情况下提出补偿和中止减让义务的授权申请，以实施报复。(DSU 第 22 条)

附录一　美国301条款调查案例一览表①

一、WTO成立前的301条款调查(95起)

1. 危地马拉货物海运优待(cargo preference)案(301－1,1975.7.1)。

2. 加拿大鸡蛋配额案(301－2,1975.7.17)。

3. 欧共体鸡蛋清(egg albumin)附加税案(301－3,1975.8.7)。

4. 欧共体罐头水果、果汁和蔬菜最低进口价格&许可/保证金案(301－4,1975.11.17)。

5. 欧共体麦芽(malt)出口补贴案(301－5,1975.11.13)。

6. 欧共体小麦面粉(wheat flour)出口补贴案(301－6,1975.12.8)。

7. 欧共体罐头水果和果汁添加糖变量征税(variable levy)案(301－7,1976.3.10)。

8. 欧共体牲畜饲料混合要求(livestock feed mixing requirement)案(301－8,1976.6.22)。

9. 中国台湾大件家用器具关税(major home appliances)案(301－9,1976.3.15)。

---

① See Office of the United States Trade Representative, Section 301 Table of Cases (January1998)(available from the USTR)。前116起案件是编者根据USTR的301条款案件案例表编写的,并对每个案件加注了发起调查的日期。第117～121起301条款案例是查阅了美国《联邦政府公报》的相关公告整理而来。从第122起案件之后,USTR不再按照原来的案件号进行编号,第122～127起案例编号是编者为了研究方便,自己进行了编号。

10. 欧共体和日本钢铁向美国转移出口(diversion of steel)案(301 - 10,1976.10.6)。

11. 欧共体对地中海国家柑橘(citrus)关税优惠案(301 - 11,1976.11.30)。

12. 日本与巴西、韩国及中国加捻丝线(thrown silk)协议案(301 - 12,1977.3.29)。

13. 日本皮革(leather)数量限制案(301 - 13,1977.8.23)。

14. 苏联海运保险(marine insurance)市场国家垄断案(301 - 14,1977.11.10)。

15. 加拿大边境广播公告收入的税收减免(tax deduction)案(301 - 15,1978.8.29)。

16. 欧共体小麦(wheat)出口补贴案(301 - 16,1978.11.2)。

17. 日本香烟(cigars)市场准入限制案(301 - 17,1979.3.14)。

18. 阿根廷海运保险市场准入限制案(301 - 18,1979.7.2)。

19. 日本烟斗丝(pipet tobacco)市场准入限制案(301 - 19,1979.10.22)。

20. 韩国保险市场准入限制案(301 - 20,1979.12.19)。

21. 瑞士眼镜架(eyeglasse frames)进口限制案(301 - 21,1979.12.6)。

22. 欧共体白糖(sugar)出口补贴案(301 - 22,1981.10.5)。

23. 欧共体家禽(poultry)出口补贴案(301 - 23,1981.10.28)。

24. 阿根廷兽皮(hides)出口限制案(301 - 24,1981.11.24)。

25. 欧共体通心粉(pasta)出口补贴案(301 - 25,1981.11.30)。

26. 欧共体罐头水果(canned fruit)生产补贴案(301 - 26,1981.12.10)。

27. 奥地利特种钢材(specialty steel)国内补贴案(301 - 27,1982.2.26)。

28. 法国特种钢材国内补贴案(301 -28,1982.2.26)。

29. 意大利特种钢材国内补贴案(301 -29,1982.2.26)。

30. 瑞典特种钢材国内补贴案(301 -30,1982.2.26)。

31. 英国特种钢材国内补贴案(301 -31,1982.2.26)。

32. 加拿大轨道车(railcar)出口补贴案(301 -32,1982.7.19)。

33. 比利时特种钢材国内补贴案(301 -33,1982.8.9)。

34. 加拿大前端装载机(front-end loaders)免税案(301 -34,1982.10.28)。

35. 巴西非橡胶鞋(non-rubber footwear)进口限制案(301 -35,1982.12.8)。

36. 日本非橡胶鞋进口限制案(301 -36,1982.12.8)。

37. 韩国非橡胶鞋进口限制案(301 -37,1982.12.8)。

38. 中国台湾非橡胶鞋进口限制案(301 -38,1982.12.8)。

39. 韩国钢丝绳(steel wire rope)补贴及商标侵权案(301 -39,1983.5.2)。

40. 巴西豆油和豆粉(soybean oil and meal)补贴案(301 -40,1983.5.23)。

41. 葡萄牙豆油和豆粉补贴案(301 -41,1983.5.23)。

42. 西班牙豆油和豆粉补贴案(301 -42,1983.5.23)。

43. 中国台湾大米出口补贴案(301 -43,1983.10.11)。

44. 阿根廷航空快递(air couriers)市场准入限制案(301 -44,1983.11.7)。

45. 中国台湾影片发行市场准入限制案(301 -45,1984.1.30)。

46. 欧洲宇航局(europe space agency)卫星发射服务补贴案(301 -46,1984.7.9)。

47. 欧共体三过磷酸钙水溶度标准(triple superphosphate water

solubility standard)案(301 -47,1984.10.1)。

48.日本半导体(semiconductors)市场准入限制案(301 -48,1985.7.11)。

49.巴西信息业(informatics)市场准入限制案(301 -49,1985.9.16)。

50.日本烟草(tobacco)制品市场准入限制案(301 -50,1985.9.16)。

51.韩国保险业市场准入限制案(301 -51,1985.9.16)。

52.韩国知识产权保护案(301 -52,1985.11.4)。

53.阿根廷大豆和豆制品(soybean and soybean products)差别征税案(301 -53,1986.4.25)。

54.欧共体接纳西班牙和葡萄牙的贸易协议(EC enlargement)案(301 -54,1986.3.31)。

55.加拿大限制未加工的马哈鱼和鲱鱼出口案(301 -55,1986.5.16)。

56.中国台湾海关估价案(301 -56,1986.8.1)。

57.中国台湾啤酒、红酒及香烟分销市场准入限制案(301 -57,1986.10.27)。

58.加拿大软木(softwood lumber)案(301 -58,1986.12.30)。

59.印度杏仁(almonds)市场准入限制案(301 -59,1987.2.20)。

60.欧共体第三国肉制品指令(EC third country meat directive)案(301 -60,1987.7.14)。

61.巴西药品(pharmaceuticals)专利保护案(301 -61,1987.7.23)。

62.欧共体禁止荷尔蒙(hormones)肉制品进口案(301 -62,1987.11.25)。

63.欧共体菜籽油(oilseed)案(301 -63,1988.1.5)。

64. 韩国香烟市场准入限制案(301－64,1988.2.16)。

65. 韩国牛肉市场准入限制案(301－65,1988.3.18)。

66. 日本柑橘(citrus)进口配额案(301－66,1988.5.25)。

67. 韩国红酒市场准入限制案(301－67,1988.6.11)。

68. 阿根廷药品专利保护案(301－68,1988.9.25)。

69. 日本建筑相关服务(construction-related services)市场准入限制案(301－69,1988.11.21)。

70. 欧共体废铜(copper scrap)出口限制案(301－70,1988.12.29)。

71. 欧共体罐头水果案(301－71,1989.5.8)。

72. 泰国香烟市场准入限制案(301－72,1989.5.25)。

73. 巴西进口许可案(301－73,1989.6.16)。

74. 日本禁止政府采购外国卫星案(301－74,1989.6.16)。

75. 日本禁止政府采购外国超级计算机案(301－75,1989.6.16)。

76. 日本木材(forest products)市场准入限制案(301－76,1989.6.16)。

77. 印度外国投资壁垒案(301－77,1989.6.16)。

78. 印度保险服务市场准入限制案(301－78,1989.6.16)。

79. 挪威高速收费设备(toll equipment)政府采购案(301－79,1989.8.25)。

80. 加拿大啤酒市场准入限制案(301－80,1990.6.29)。

81. 欧共体吸纳西班牙和葡萄牙的贸易协议(EC enlargement)案(301－81,1990.11.15)。

82. 泰国版权执法案(301－82,1990.12.21)。

83. 欧共体第三国肉制品指令(EC third country meat directive)案(301－83,1991.1.10)。

84. 泰国药品专利保护案(301－84,1991.3.15)。

85. 印度知识产权案(301 - 85,1991.5.26)。

86. 中国知识产权保护(intellectual property protections)案(301 - 86,1991.5.26)。

87. 加拿大软木(softwood lumber)案(301 - 87,1991.10.4)。

88. 中国市场准入(market access)限制案(301 - 88,1991.10.10)。

89. 中国台湾知识产权案(301 - 89,1992.5.29)。

90. 印度尼西亚促进铅笔条(pencil slats)向第三国市场出口案(301 - 90,1992.10.2)。

91. 巴西知识产权保护与执法案(301 - 91,1993.5.28)。

92. 中国知识产权(intellectual property rights)案(301 - 92,1994.6.30)。

93. 日本汽车配件(auto parts)市场准入限制案(301 - 93,1994.10.1)。

94. 欧共体香蕉进口管理体制(banana import regime)案(301 - 94,1994.10.17)。

95. 韩国农产品市场准入限制(agricultural market access restrictions)案(301 - 95,1994.11.22)。

二、WTO成立之后的301条款调查(35起)

1. 哥伦比亚向欧盟出口香蕉(exportation of bananas to EU)案(301 - 96,1995.1.9)。

2. 哥斯达黎加向欧盟出口香蕉(exportation of bananas to EU)案(301 - 97,1995.1.9)。

3. 加拿大歧视性通讯做法(communication practices)案(301 - 98,1995.2.6)。

4. 日本消费照相胶卷及相纸(consumer photographic film and

paper)市场准入限制案(301 -99,1995.5.18)。

5. 欧共体香蕉进口管理体制(banana import regime)案(301 -100,1995.9.27)。(301 -100案是301 -94案件的延续)

6. 欧盟吸纳奥地利、芬兰和瑞典贸易协议(EU enlargement)案(301 -101,1995.10.24)。

7. 加拿大限制或禁止期刊(periodicals)进口案(301 -102,1996.3.11)。

8. 葡萄牙专利保护期限(term of patent protection)案(301 -103,1996.4.30)。

9. 巴基斯坦药品和农化工产品专利保护(patent protection for pharmaceuticals and agricultural chemicals)案(301 -104,1996.4.30)。

10. 土耳其对电影票房收入歧视性征税(imposition of a discriminatory tax on box office revenues)案(301 -105,1996.6.12)。

11. 印度药品和农化工产品专利保护(patent protection for pharmaceuticals and agricultural chemicals)案(301 -106,1996.7.2)。

12. 澳大利亚皮革(leather)补贴案(301 -107,1996.10.3)。

13. 阿根廷服装、纺织品和鞋关税及非关税壁垒(specific duties and non-tariff barriers affecting apparel, textiles and footwear)案(301 -108,1996.10.4)。

14. 印度尼西亚促进汽车产业(promotion of motor vehicle sector)措施案(301 -109,1996.10.8)。

15. 巴西汽车产业贸易和投资措施(trade and investment in the auto sector)案(301 -110,1996.10.11)。

16. 欧盟影响改良面粉(modified starch)市场准入的补贴案(301 -111,1997.3.8)。

17. 日本农产品市场准入限制(market access barriers to agricultural

products)案(301－112,1997.10.7)。

18.加拿大奶制品出口补贴及市场准入限制(export subsidies and market access for dairy products)案(301－113,1997.10.8)。

19.欧盟规避其对奶制品出口补贴承诺(circumvention of export subsidy commitments on dairy products)案(301－114,1997.10.8)。

20.韩国汽车进口壁垒(barriers to auto imports)案(301－115,1997.10.20)。

21.洪都拉斯知识产权保护(protection of intellectual property rights)案(301－116,1997.10.31)。

22.巴拉圭知识产权案(301－117,1998.2.17)。

23.墨西哥高果糖玉米浆措施(high fructose corn syrup)案(301－118,1998.5.15)。

24.加拿大及安大略省游客和竞技钓鱼(tourist and sport fishing)措施案(301－119,1999.4.29)。

25.加拿大小麦贸易协会小麦贸易做法(wheat trading practices of canadian wheat board)案(301－120,2000.10.23)。

26.乌克兰知识产权法及做法(intellectual property laws and practices)案(301－121,2001.4.6)。

27.加拿大软木协议合格(canada-compliance with softwood lumber agreement)案(301－122,2009.4.10)。

28.中国清洁能源技术(trade and investment green technology)相关法律、政策及做法案(301－123,2010.10.15)。

29.乌克兰知识产权案(301－124,2013.5.20)。

30.中国技术转让、知识产权及创新(technology transfer, intellectual property and innovations)相关法律、政策及做法案(301－125,2017.8.18)。

31.民用大飞机争端中美国WTO权利执行(enforcement of US

WTO rights in large civil aircraft dispute)案(301 －126,2019.4.12)。

32.法国数字服务税法(france's digital services tax)案(301 －127,2019.7.10)。

33.外国数字服务税案(301 －128,2020.6.2)。

34.越南货币估值(currency valuation)案(301 －129,2020.10.2)。

35.越南非法木材的进口和使用(import and use of illegal timber)案(301 －130,2020.10.2)。

附录二　WTO 成立之后的 301 条款调查[①]

案件序号	年份	经济体	涉案问题	调查发起类型	《联邦政府公报》公告	USTR 是否采取报复措施	报复措施类型	结果
96	1995	哥伦比亚	对欧盟的香蕉出口	自行调查	60 FR 3283	否		两国政府达成满意解决方案
97	1995	哥斯达黎加	对欧盟的香蕉出口	自行调查	60 FR 3284	否		两国政府达成满意解决方案
98	1995	加拿大	歧视性通信做法(美国持有的节目服务)	依申请调查	60 FR 8101	否		私营当事人(乡村音乐电视与新乡村网络)达成解决方案
99	1995	日本	消费照相胶卷及相纸	依申请调查	60 FR 35447	否		美国在 WTO 启动案件(DS44)

① See Congressional Research Service R46604: *Section* 301 *of the Trade Act of* 1974: *Origin, Evolution, and Use*, December 14, 2020, p. 53 – 59.

续表

案件序号	年份	经济体	涉案问题	调查发起类型	《联邦政府公报》公告	USTR 是否采取报复措施	报复措施类型	结果
100	1995	欧盟	欧盟香蕉进口管理体制	自行调查	60 FR 52026	否		美国在 WTO 启动案件(DS27)
101	1995	欧盟	欧盟吸纳奥地利、芬兰及瑞典贸易协议(撤回减让并提高对美贸易的关税)	自行调查	60 FR 55076	否		美欧政府签订《依1994年GATT第24条第6款结束美欧之间谈判的协定》(于1996年7月22日正式签订,1996年10月21日生效)(61 FR 56082)
102	1996	加拿大	进口期刊歧视性待遇	自行调查	60 FR 11067	否		美国在 WTO 启动案件(DS31)
103	1996	葡萄牙	专利保护期限	自行调查	61 FR 19970	否		美国在 WTO 启动案件(DS37)
104	1996	巴基斯坦	药品及农化产品专利保护	自行调查	61 FR 19971	否		美国在 WTO 启动案件(DS36)

续表

案件序号	年份	经济体	涉案问题	调查发起类型	《联邦政府公报》公告	USTR 是否采取报复措施	报复措施类型	结果
105	1996	土耳其	对电影票房收入歧视性征税	自行调查	61 FR 32883、61 FR 30646	否		美国在 WTO 启动案件(DS43)
106	1996	印度	药品及农化产品专利保护	自行调查	61 FR 35857	否		美国在 WTO 启动案件(DS50)
107	1996	澳大利亚	皮革补贴	依申请调查	61 FR 55063	否		美国在 WTO 启动案件(DS57)
108	1996	阿根廷	有关服装、纺织品和鞋的关税及非关税壁垒	自行调查	61 FR 53776	否		美国在 WTO 启动案件(DS56)
109	1996	印度尼西亚	与促进汽车产业发展相关的鼓励措施	自行调查	61 FR 54246	否		美国在 WTO 启动案件(DS59)
110	1996	巴西	汽车产业贸易及投资	自行调查	61 FR 54485	否		美国在 WTO 启动案件(DS52/DS65)

续表

案件序号	年份	经济体	涉案问题	调查发起类型	《联邦政府公报》公告	USTR是否采取报复措施	报复措施类型	结果
111	1997	欧盟	影响改良面粉市场准入补贴	自行调查	62 FR 12264	否		1997年6月6日终止调查(62 FR 32398)
112	1997	日本	农产品市场准入壁垒	自行调查	62 FR 53853	否		美国在WTO启动案件(DS76)
113	1997	加拿大	奶制品出口补贴与市场准入	自行调查	62 FR 53851	否		美国在WTO启动案件(DS103)
114	1997	欧盟	规避其对奶制品出口补贴的承诺	自行调查	62 FR 53852	否		美国在WTO启动案件(DS104)
115	1997	韩国	汽车进口壁垒	自行调查	62 FR 55843	否		两国政府达成贸易解决方案并签订备忘录。该调查于1998年10月20日终止(63 FR 59836)

续表

案件序号	年份	经济体	涉案问题	调查发起类型	《联邦政府公报》公告	USTR 是否采取报复措施	报复措施类型	结果
116	1997	洪都拉斯	知识产权	自行调查	62 FR 60299	是(单边)	中止了依普惠制及《加勒比盆地倡议》项目而给予原产于洪都拉斯的黄瓜、西瓜及雪茄等产品的优惠待遇	已终止报复措施。两国政府达成满意解决方案。为回应洪都拉斯政府打击盗版及保护美国知识产权的措施,美国恢复了依普惠制及《加勒比盆地倡议》项目而给予洪都拉斯免关税待遇
117	1998	巴拉圭	知识产权	自行调查	63 FR 9292	否		两国政府达成满意解决方案并签订备忘录,该调查于 1998 年 11 月 17 日被中止。2008 年 4 月 20 日签订新的备忘录
118	1998	墨西哥	高果糖玉米浆	依申请调查	63 FR 28545	否		美国在 WTO 启动案件(DS101/DS132)

续表

案件序号	年份	经济体	涉案问题	调查发起类型	《联邦政府公报》公告	USTR 是否采取报复措施	报复措施类型	结果
119	1999	加拿大	旅游及竞技垂钓	依申请调查	64 FR 28545	否		两国政府达成满意解决方案，安大略省撤销了影响美国旅游服务提供者的省级措施，加拿大政府同意由《北美自由贸易协定》“临时进入工作组”审议有关移民措施。2000 年 2 月 15 日终止调查（65 FR 7606）
120	2000	加拿大	加拿大小麦贸易协会小麦贸易做法	依申请调查	65 FR 69362	否		美国在 WTO 启动案件（DS276）

续表

案件序号	年份	经济体	涉案问题	调查发起类型	《联邦政府公报》公告	USTR是否采取报复措施	报复措施类型	结果
121	2001	乌克兰	知识产权	自行调查	66 FR 18346	是	中止对原产于乌克兰的某些产品依普惠制给予的优惠待遇（措施一），对乌克兰年贸易额大约7500万美元的某些产品加征100%从价关税（措施二）	终止报复措施。两国政府达成满意解决方案。作为对乌克兰政府修改其知识产权保护立法的回应，美国终止对原产于乌克兰的进口产品加征100%从价关税（措施一）。作为对乌克兰政府改善其知识产权执法努力的回应，美国恢复了对乌克兰产品依普惠制给予的免关税待遇，并撤销了依《1974年贸易法》第182条对乌克兰的“优先外国”认定，将乌克兰列入“优先监察名单”（措施二）

续表

案件序号	年份	经济体	涉案问题	调查发起类型	《联邦政府公报》公告	USTR是否采取报复措施	报复措施类型	结果
122	2009	加拿大	对软木协议的遵守	自行调查	74 FR 17276、74 FR 16436	是	对于原产于安大略省、魁北克省、曼尼托巴省、萨斯喀彻温省的软木加征10%的从价关税。一直加征关税直到美国已征收5480万美元关税	终止报复措施。两国政府达成满意方案。作为对加拿大政府采取措施，纠正其违反《软木协议》行为的回应，美国终止了对加拿大软木产品加征的10%从价关税
123	2010	中国	清洁能源技术投资及贸易	依申请调查	75 FR 4776	否		两国政府达成满意方案。中国废除了与WTO不一致的措施
124	2013	乌克兰	知识产权	自行调查	78 FR 33886	否		由于乌克兰政治状况，未采取报复措施

续表

案件序号	年份	经济体	涉案问题	调查发起类型	《联邦政府公报》公告	USTR是否采取报复措施	报复措施类型	结果
125	2017	中国	技术转让、知识产权及创新	自行调查	82 FR 40213	是（单边措施）	对占美国从中国进口额的2/3以上产品加征10%、15%及25%的从价关税	两国政府于2020年1月15日达成了部分协定（“中美第一阶段贸易协定”）。美国也向WTO提出有关中国歧视性技术许可要求的申诉（DS542）。但该案被中止，自2020年6月8日起生效。有关中国在WTO对美国提出申诉的案件，参见DS543
126	2019	欧盟	对民用大飞机的国内产业补贴	自行调查	84 FR 15028	是（WTO批准措施）	对年贸易额大约为75亿美元的产品清单加征10%和25%的从价关税	美国曾在WTO提出申诉（DS316）并利用301条款授权，执行WTO批准的关税
127	2019	法国	数字服务税	自行调查	84 FR 34042	是（单边措施并被中止）	对大约13亿美元的法国进口产品加征25%的从价关税	立即中止了加征关税。自2020年7月10日生效，至2021年1月6日届满（85 FR 43292）

续表

案件序号	年份	经济体	涉案问题	调查发起类型	《联邦政府公报》公告	USTR 是否采取报复措施	报复措施类型	结果
128	2020	奥地利、巴西、捷克、欧盟、印度、印度尼西亚、意大利、西班牙、土耳其、英国	数字服务税	自行调查	85 FR 34709	是（单边措施并被中止）	2021 年 6 月 2 日，USTR 宣布结束为期一年的对印度、意大利、土耳其、英国、西班牙和奥地利 6 国已经实施的数字服务税的 301 条款调查，最终决定对原产于上述 6 国的价值 20 亿美元的某些产品加征 25% 关税	同时宣布 180 天内暂停对印度等 6 国加征关税，以便给予更多时间，完成正在 OECD 和 G20 进行的有关国际税收的多边谈判。2021 年 3 月宣布终止对巴西、捷克、欧盟及印度尼西亚的 301 条款调查，因为其还没有实施被调查的数字服务税

续表

案件序号	年份	经济体	涉案问题	调查发起类型	《联邦政府公报》公告	USTR 是否采取报复措施	报复措施类型	结果
129	2020	越南	货币估值	自行调查	85 FR 63637	否		USTR 2021 年 1 月 15 日公布对越南汇率政策的 301 条款调查结果，称与越南货币估值相关的立法和政策整体看来“不合理”且限制美国商业活动。USTR 于 2021 年 7 月裁定，美国财政部与越南国家银行达成的协议为被调查事项提供了满意解决方案，目前任何措施不具有正当性
130	2020	越南	非法木材的进口及使用	自行调查	85 FR 63639	否		USTR 于 2021 年 10 月裁定，依据《越美有关非法采运及木材贸易协议》，被调查的政策/做法不具可诉性，目前任何措施不具有正当性

附录三　各经济体遭受301条款调查情况(1975年至2021年)

自1975年《1974年贸易法》生效,到2020年10月2日对越南木材和货币估值发起两起301条款调查截止,美国对35个国家或地区共发起了130起301条款调查①,其中只有20起实施了报复措施。曾经遭受过301条款调查最多的WTO成员是欧盟(包括欧共体)及其成员国,共45起,其中欧盟(包括欧共体)为30起,排在其后的是日本(15起)、加拿大(14起)、韩国(11起)、巴西(9起)、中国台湾地区(7起)、阿根廷(6起)、中国(6起)、印度(6起)、泰国(3起)、印度尼西亚(3起)等。

一、欧盟或欧盟成员国(45起,占比34.6%)

(一)欧盟(包括欧共体)(30起)

欧共体鸡蛋清(egg albumin)附加税案(301-3,1975.8.7)。

欧共体罐头水果、果汁和蔬菜最低进口价格&许可/保证金案(301-4,1975.11.17)。

欧共体麦芽(malt)出口补贴案(301-5,1975.11.13)。

① See Congressional Research Service: U. S. Trade Policy Primer: Frequently Asked Questions, p. 39.

欧共体小麦面粉(wheat flour)出口补贴案(301 -6,1975.12.8)。

欧共体罐头水果和果汁添加糖变量征税(variable levy)案(301 -7,1976.3.10)。

欧共体牲畜饲料混合要求(livestock feed Mixing requirement)案(301 -8,1976.6.22)。

欧共体和日本钢铁向美国转移出口(diversion of steel)案(301 -10,1976.10.6)。

欧共体对地中海国家柑橘(citrus)关税优惠案(301 -11,1976.11.30)。

欧共体小麦(wheat)出口补贴案(301 -16,1978.11.2)。

欧共体白糖(sugar)出口补贴案(301 -22,1981.10.5)。

欧共体家禽(poultry)出口补贴案(301 -23,1981.10.28)。

欧共体通心粉(pasta)出口补贴案(301 -25,1981.11.30)。

欧共体罐头水果(canned fruit)生产补贴案(301 -26,1981.12.10)。

欧共体宇航局(Europe Space Agency)卫星发射服务补贴案(301 -46,1984.7.9)。

欧共体三过磷酸钙水溶度标准(triple superphosphate water solubility standard)案(301 -47,1984.10.1)。

欧共体接纳西班牙和葡萄牙的贸易协议(EC enlargement)案(301 -54,1986.3.31)。

欧共体第三国肉制品指令(EC third country meat directive)案(301 -60,1987.7.14)。

欧共体禁止荷尔蒙(hormones)肉制品进口案(301 -62,1987.11.25)。

欧共体菜籽油(oilseed)案(301 -63,1988.1.5)。

欧共体废铜(copper scrap)出口限制案(301－70,1988.12.29)。

欧共体罐头水果案(301－71,1989.5.8)。

欧共体吸纳西班牙和葡萄牙的贸易协议(EC enlargement)案(301－81,1990.11.15)。

欧共体第三国肉制品指令(EC third country meat directive)案(301－83,1991.1.10)。

欧共体香蕉进口管理体制(banana import regime)案(301－94,1994.10.17)。

欧共体香蕉进口管理体制(banana import regime)案(301－100,1995.9.27)。

欧盟吸纳奥地利、芬兰和瑞典贸易协议(EU enlargement)案(301－101,1995.10.24)。

欧盟影响改良面粉(modified starch)市场准入的补贴案(301－111,1997.3.8)。

欧共体规避其对奶制品出口补贴承诺(circumvention of export subsidy commitments on dairy products)案(301－114,1997.10.8)。

民用大飞机争端中美国WTO权利执行(enforcement of US WTO rights in large civil aircraft dispute)案(301－126,2019.4.12)。

外国数字服务税(foreign digital services taxes)案(301－128,2020.6.2)。

(二)欧盟成员国 (15起)

1.法国(2起)

法国特种钢材国内补贴案(301－28,1982.2.26)。

法国数字服务税法(france's digital services tax)案(301－127,2019.7.10)。

2. 葡萄牙(2起)

葡萄牙豆油和豆粉补贴案(301－41,1983.5.23)。

葡萄牙专利保护期限(term of patent protection)案(301－103,1996.4.30)。

3. 奥地利(2起)

奥地利特种钢材(specialty steel)国内补贴案(301－27,1982.2.26)。

外国数字服务税(foreign digital services taxes)案(301－128,2020.6.2)。

4. 意大利(2起)

意大利特种钢材国内补贴案(301－29,1982.2.26)。

外国数字服务税(foreign digital services taxes)案(301－128,2020.6.2)。

5. 英国(2起)

英国特种钢材国内补贴案(301－31,1982.2.26)。

外国数字服务税(foreign digital services taxes)案(301－128,2020.6.2)。

6. 西班牙(2起)

西班牙豆油和豆粉补贴案(301－42,1983.5.23)。

外国数字服务税(foreign digital services taxes)案(301－128,2020.6.2)。

7. 比利时(1起)

比利时特种钢材国内补贴案(301－33,1982.8.9)。

8. 瑞典(1起)

瑞典特种钢材国内补贴案(301－30,1982.2.26)。

9. 捷克(1起)

外国数字服务税(foreign digital services taxes)案(301－128,2020.6.2)。

二、日本(15起,占比11.53%)

欧共体和日本钢铁向美国转移出口(diversion of steel)案(301－10,1976.10.6)。

日本皮革(leather)数量限制案(301－13,1977.8.23)。

日本香烟(cigars)市场准入限制案(301－17,1979.3.14)。

日本烟斗丝(pipe tobacco)市场准入限制案(301－19,1979.10.22)。

日本非橡胶鞋进口限制案(301－36,1982.12.8)。

日本半导体(semiconductors)市场准入限制案(301－48,1985.7.11)。

日本烟草(tobacco)制品市场准入限制案(301－50,1985.9.16)。

日本柑橘(citrus)进口配额案(301－66,1988.5.25)。

日本建筑相关服务(construction-related services)市场准入限制案(301－69,1988.11.21)。

日本禁止政府采购外国卫星案(301－74,1989.6.16)。

日本禁止政府采购外国超级计算机案(301－75,1989.6.16)。

日本木材(forest products)市场准入限制案(301－76,1989.6.16)。

日本汽车配件(auto parts)市场准入限制案(301－93,1994.10.1)。

日本消费照相胶卷及相纸(consumer photographic film and paper)市场准入限制案(301－99,1995.5.18)。

日本农产品市场准入限制(market access barriers to agricultural products)案(301－112,1997.10.7)。

三、加拿大(14起,占比10.76%)

加拿大鸡蛋配额案(301－2,1975.7.17)。

加拿大边境广播公告收入的税收减免(tax deduction)案(301－15,1978.8.29)。

加拿大轨道车(railcar)出口补贴案(301－32,1982.7.19)。

加拿大前端装载机(front-end loaders)免税案(301－34,1982.10.28)。

加拿大限制未加工的马哈鱼和鲱鱼出口案(301－55,1986.5.16)。

加拿大软木(softwood lumber)案(301－58,1986.12.30)。

加拿大啤酒市场准入限制案(301－80,1990.6.29)。

加拿大软木(softwood lumber)案(301－87,1991.10.4)。

加拿大歧视性通讯做法(communication practices)案(301－98,1995.2.6)。

加拿大限制或禁止期刊(periodicals)进口案(301－102,1996.3.11)。

加拿大奶制品出口补贴及市场准入限制(export subsidies and market access for dairy products)案(301－113,1997.10.8)。

加拿大及安大略省游客和竞技钓鱼(tourist and sport fishing)措施案(301－119,1999.4.29)。

加拿大小麦贸易协会小麦贸易做法(wheat trading practices of canadian wheat board)案(301－120,2000.10.23)。

加拿大软木协议合格(canada-compliance with softwood lumber agreement)案(301－122,2009.4.10)。

四、韩国(11 起,占比 8.5%)

巴西、韩国及中国与日本加捻丝线(thrown silk)协议案(301 - 12,1977.3.29)。

韩国保险市场准入限制案(301 - 20,1979.12.19)。

韩国非橡胶鞋进口限制案(301 - 37,1982.12.8)。

韩国钢丝绳(steel wire rope)补贴及商标侵权案(301 - 39,1983.5.2)。

韩国保险业市场准入限制案(301 - 51,1985.9.16)。

韩国知识产权保护案(301 - 52,1985.11.4)。

韩国香烟市场准入限制案(301 - 64,1988.2.16)。

韩国牛肉市场准入限制案(301 - 65,1988.3.18)。

韩国红酒市场准入限制案(301 - 67,1988.6.11)。

韩国农产品市场准入限制(agricultural market access restrictions)案(301 - 95,1994.11.22)。

韩国汽车进口壁垒(barriers to auto imports)案(301 - 115,1997.10.20)。

五、巴西(9 起,占比 7%)

巴西、韩国及中国与日本加捻丝线(thrown silk)协议案(301 - 12,1977.3.29)。

巴西非橡胶鞋(non - rubber footwear)进口限制案(301 - 35,1982.12.8)。

巴西豆油和豆粉(soybean oil and meal)补贴案(301 - 40,1983.5.23)。

巴西信息业(informatics)市场准入限制案(301 - 49,1985.9.16)。

巴西药品(pharmaceuticals)专利保护案(301 -61,1987.7.23)。

巴西进口许可案(301 -73,1989.6.16)。

巴西知识产权保护与执法案(301 -91,1993.5.28)。

巴西汽车产业贸易和投资措施(trade and investment in the auto sector)案(301 -110,1996.10.11)。

外国数字服务税(foreign digital services taxes)案(301 -128,2020.6.2)。

六、中国台湾地区(7起,占比5.4%)

中国台湾大件家用器具关税(major home appliances)案(301 -9,1976.3.15)。

中国台湾非橡胶鞋进口限制案(301 -38,1982.12.8)。

中国台湾大米出口补贴案(301 -43,1983.10.11)。

中国台湾影片发行市场准入限制案(301 -45,1984.1.30)。

中国台湾海关估价案(301 -56,1986.8.1)。

中国台湾啤酒、红酒及香烟分销市场准入限制案(301 -57,1986.10.27)。

中国台湾知识产权案(301 -89,1992.5.29)。

七、阿根廷(6起,占比4.6%)

阿根廷海运保险市场准入限制案(301 -18,1979.7.2)。

阿根廷兽皮(hides)出口限制案(301 -24,1981.11.24)。

阿根廷航空快递(air couriers)市场准入限制案(301 -44,1983.11.7)。

阿根廷大豆和豆制品(soybean and soybean products)差别征税案(301 -53,1986.4.25)。

阿根廷药品专利保护案(301 -68,1988.9.25)。

阿根廷服装、纺织品和鞋关税及非关税壁垒(specific duties and non-tariff barriers affecting apparel, textiles and footwear)案(301 - 108, 1996.10.4)。

八、印度(6起,占比4.6%)

印度杏仁(almonds)市场准入限制案(301 - 59,1987.2.20)。

印度外国投资壁垒案(301 - 77,1989.6.16)。

印度保险服务市场准入限制案(301 - 78,1989.6.16)。

印度知识产权案(301 - 85,1991.5.26)。

印度药品和农化工产品专利保护(patent protection for pharmaceuticals and agricultural chemicals)案(301 - 106,1996.7.2)。

外国数字服务税(foreign digital services taxes)案(301 - 128,2020.6.2)。

九、中国(6起,占比4.6%)

日本与巴西、韩国及中国加捻丝线(thrown silk)协议案(301 - 12, 1977.3.29)。

中国知识产权保护(intellectual property protections)案(301 - 86, 1991.5.26)。

中国市场准入(market access)限制案(301 - 88,1991.10.10)。

中国知识产权(intellectual property rights)案(301 - 92,1994.6.30)。

中国清洁能源技术(trade and investment green technology)相关法律、政策及做法案(301 - 123,2010.10.15)。

中国技术转让、知识产权及创新(technology transfer, intellectual property and innovations)相关法律、政策及做法案(301 - 125,2017.8.18)。

十、泰国(3起,占比2.3%)

泰国香烟市场准入限制案(301－72,1989.5.25)。

泰国版权执法案(301－82,1990.12.21)。

泰国药品专利保护案(301－84,1991.3.15)。

十一、印度尼西亚(3起,占比2.3%)

印度尼西亚促进铅笔条(pencil slats)向第三国市场出口案(301－90,1992.10.2)。

印度尼西亚促进汽车产业(promotion of motor vehicle sector)措施案(301－109,1996.10.8)。

外国数字服务税(foreign digital services taxes)案(301－128,2020.6.2)。

十二、乌克兰(2起,占比1.5%)

乌克兰知识产权法及做法(intellectual property laws and practices)案(301－121,2001.4.6)。

乌克兰知识产权案(301－124,2013.5.20)。

十三、土耳其(2起,占比1.5%)

土耳其对电影票房收入歧视性征税(imposition of a discriminatory tax on box office revenues)案(301－105,1996.6.12)。

外国数字服务税(foreign digital services taxes)案(301－128,2020.6.2)。

十四、越南(2起,占比1.5%)

越南货币估值(currency valuation)案(301-129,2020.10)。

越南非法木材的进口和使用(import and use of illegal timber)案(301-130,2020.10)。

十五、其他经济体(11起,占比8.46%)

危地马拉货物海运优待(cargo preference)案(301-1,1975.7.1)。

苏联海运保险(marine insurance)市场国家垄断案(301-14,1977.11.10)。

瑞士眼镜架(eyeglasse frames)进口限制案(301-21,1979.12.6)。

挪威高速收费设备(toll equipment)政府采购案(301-79,1989.8.25)。

哥伦比亚向欧盟出口香蕉(exportation of bananas to EU)案(301-96,1995.1.9)。

哥斯达黎加向欧盟出口香蕉(exportation of bananas to EU)案(301-97,1995.1.9)。

巴基斯坦药品和农化工产品专利保护(patent protection for pharmaceuticals and agricultural chemicals)案(301-104,1996.4.30)。

澳大利亚皮革(leather)补贴案(301-107,1996.10.3)。

洪都拉斯知识产权保护(protection of intellectual property rights)案(301-116,1997.10.31)。

巴拉圭知识产权案(301-117,1998.2.17)。

墨西哥高果糖玉米浆措施(high fructose corn syrup)案(301-118,1998.5.15)。